ro
ro
ro

rororo

Die Redewendung «Klappe zu, Affe tot» geht zurück auf einen Affen, dessen Käfig um 1900 im Eingangsbereich eines Zirkus in Berlin stand. Als nun eines Tages die Klappe zu und von dem Affen nichts zu sehen war, kam der Verdacht auf, das Tier sei gestorben. Und die berühmte «Berliner Schnauze» stellte knapp fest: «Klappe zu, Affe tot.»

Tagtäglich benutzen wir Formulierungen und Ausdrücke wie eben «Klappe zu, Affe tot», deren Herkunft uns unbekannt ist. Dr. Wort hat die häufigsten Fragen seiner Hörer gesammelt. In diesem Band erklärt er aber nicht nur Redewendungen, sondern auch regionale Formulierungen und etymologische Herleitungen einzelner Wörter.

Jochen Krause, der als *Dr. Wort* zwischen 2009 und 2012 täglich in der Sendung «Guten Morgen Niedersachsen» (radio ffn) Wörter und Redewendungen der deutschen Sprache erklärte, war seit Ende der achtziger Jahre Moderator, Redakteur und Unterhaltungschef bei radio ffn.

Dr. Wort

Klappe zu, Affe tot

Mich laust der Affe

Woher unsere Redewendungen kommen

Rowohlt Taschenbuch Verlag

Sonderausgabe
Veröffentlicht im Rowohlt Taschenbuch Verlag,
Reinbek bei Hamburg, April 2014

Umschlaggestaltung ZERO Werbeagentur, München
(Umschlagabbildung: FinePic, München)
Satz aus der Minion PostScript, InDesign,
bei Pinkuin Satz und Datentechnik, Berlin
Druck und Bindung Druckerei C. H. Beck, Nördlingen
Printed in Germany
ISBN 978 3 499 61633 4

Klappe zu, Affe tot

Woher unsere Redewendungen kommen

Vorwort

Es war eine ganz normale Frühkonferenz beim norddeutschen Sender radio ffn im Februar 2009: Mögliche Themen wurden vorgestellt, es wurde diskutiert und geplant, und in diesem Zusammenhang meinte ein Redakteur: «Das Interview morgen geht klar, alles in Butter.»

Schnell tauchte am Konferenztisch die Frage auf, warum bei dem Kollegen eigentlich alles in Butter sei, obwohl er doch offensichtlich gar nicht in der Lebensmittelbranche tätig sei, und es erging der Auftrag an den einzigen Germanisten in der Runde, diese Frage doch bitte mal zu klären und die Herkunft der Redewendung zu erläutern. Zusätzlich wurde ihm spontan der Ehrentitel «Dr. Wort» verliehen.

Am nächsten Morgen ging Dr. Wort bei radio ffn on air und erklärte über einer Million Niedersachsen die Herkunft dieser Formulierung. Seitdem beantwortet er täglich Fragen zu Redewendungen oder auch einzelnen Wörtern, die von den Hörerinnen und Hörern gestellt werden.

Das rege Interesse an diesem Thema und die große Zahl an Zuschriften per E-Mail haben alle Beteiligten überrascht. Es gab Fragen, die Dr. Wort nur mit linguistischer Akribie und etymologischem Spürsinn klären konnte. Andere ließen sich schnell beantworten, werden aber trotzdem immer wieder gestellt, ganz einfach, weil nicht jeder radio-ffn-Hörer an jedem Morgen die Sendung verfolgen kann. Dazu gehören zum Beispiel die Redewendungen «Ach du grüne Neune» und «Es zieht wie Hechtsuppe».

Das war der Auslöser für die Idee, die häufigsten Fragen und Antworten in diesem Buch zusammenzufassen. Für viele

Redewendungen gibt es zwei oder noch mehr Herleitungen, in solchen Fällen wird hier im Allgemeinen die in der Fachliteratur am häufigsten genannte und plausibelste beschrieben, in einigen Fällen wurden aber auch gewissermaßen konkurrierende Erklärungen gegenübergestellt.

Es ist faszinierend und überraschend, zu erfahren, wie viele unserer heute üblichen Redewendungen uralte Wurzeln haben. Sie sind vor Jahrhunderten entstanden, und die Welt, aus der sie kommen, ist längst untergegangen – aber in unserer Alltagssprache haben sie überlebt.

In diesem Sinne: Viel Spaß beim Stöbern in dieser Sammlung!

Ihr Dr. Wort

Erläuterungen

Viele ganz alltägliche Redewendungen gehen auf zwei alte Sprachen zurück, die unsere Umgangssprache heute noch prägen: Rotwelsch und Jiddisch.

Rotwelsch ist gewissermaßen eine Sonderform innerhalb der deutschen Sprache, ein sogenannter Soziolekt, eine Gruppensprache. Es ist seit dem Mittelalter bekannt und war insbesondere die Sprache des sogenannten fahrenden Volkes, also zum Beispiel der reisenden Händler, Bettler, Landstreicher, Gauner und Prostituierten. In dieser Geheimsprache der sozialen Randgruppen vermischten sich deutsche und hebräische Wörter mit Begriffen aus der Sprache der Sinti, dem Französischen und Niederländischen.

Rotwelsch ist heute so gut wie ausgestorben, aber viele einzelne Begriffe aus dieser Sprache finden sich auch heute noch in unserer Alltagssprache, dazu gehören ausbaldowern für auskundschaften, Bammel für Angst, Kies und Schotter für Geld, Kohldampf für Hunger und Platte machen für im Freien leben.

Jiddisch

Auch die jiddische Sprache hat sich im Mittelalter herausgebildet. Sie stellt eine Mischung aus deutschen, hebräischen und slawischen Elementen dar. Noch heute wird Jiddisch von älteren Juden in den USA, in Lateinamerika oder in Israel gesprochen. Die Spuren des Jiddischen lassen sich nach wie vor in der deutschen Umgangssprache finden, und zwar in Wörtern wie meschugge für verrückt, Mischpoke für Familie / Sippe, Chuzpe für Dreistigkeit oder Maloche für Arbeit.

Abhauen

Mit Ach und Krach

Die Arschkarte ziehen Astrein

Wie ein Affe auf dem Schleifstein sitzen

Jemand abblitzen lassen

Sich einen Ast lachen

Jemand eine Abfuhr erteilen

Aufgedonnert sein

Abgefahren sein

Aufpimpen

Abgespannt sein

Jemand mit etwas abspeisen

Ausmerzen

Altweibersommer

Etwas ausbaden

Abgefeimt / Abschaum

Mit Ach und Krach

Wenn man etwas «mit Ach und Krach» schafft, dann gelingt es nur mit Mühe und unter großer Anstrengung, nachdem das Vorhaben bereits zu scheitern drohte.

Eine Herleitung dieser Redewendung ist schwierig, aber fest steht, dass sie zu den sogenannten reimgebundenen Zwillingsformen im Deutschen gehört.

Diese Redewendungen sind sehr beliebt, weil sie kurz und knackig sind und sich reimen, so wie in Saus und Braus, mit Sack und Pack, auf Schritt und Tritt und eben auch mit Ach und Krach.

Genauso beliebt sind übrigens alliterierende Zwillingsformen, bei denen die beiden Substantive zwar keinen Reim bilden, aber dafür den gleichen Anfangsbuchstaben haben. Hierzu gehören mit Mann und Maus untergehen sowie mit Schimpf und Schande davonjagen. Letzteres vielleicht, weil die betreffende Person die ihr aufgetragenen Arbeiten nur mit Ach und Krach schafft, wahrscheinlich nur mit großem Aufwand und Lärm (Krach), verbunden mit Stöhnen und Jammern («Ach!»).

Wie ein Affe auf dem Schleifstein sitzen

Wenn man «wie ein Affe auf dem Schleifstein sitzt», dann sitzt man unbequem und schaut ganz unglücklich dabei aus der Wäsche, im schlimmsten Fall gibt man auch noch ein mehr oder weniger lächerliches Bild ab.

Fahrende Händler, Musiker und auch Scherenschleifer sind im Mittelalter auf die Idee gekommen, einen kleinen Affen als Attraktion zu präsentieren, um mit seiner Hilfe Zuschauer und Kunden anzulocken. Das scheint eine recht erfolgreiche Idee gewesen zu sein, denn die Umsätze sollen dadurch tatsächlich steil in die Höhe gegangen sein.

Wenn nun so ein Affe mit dem Scherenschleifer unterwegs war, hat er natürlich manchmal auch auf dem Schleifstein gehockt. Und weil das nicht besonders bequem war, hat er eine entsprechend merkwürdige Sitzhaltung eingenommen und ein unglückliches Bild abgegeben, eben wie ein Affe auf dem Schleifstein.

Die Arschkarte ziehen

Wenn jemand «die Arschkarte gezogen» hat, dann ist für ihn die schlimmste aller erdenklichen Möglichkeiten eingetreten.

Die Redewendung kommt aus dem Fußball, und zwar aus der Zeit, als die Spiele im Fernsehen noch in Schwarz-Weiß übertragen wurden. Weil die Fernsehzuschauer nicht unterscheiden konnten, ob der Schiedsrichter einem Spieler die gelbe Karte für eine Verwarnung oder die rote Karte für einen Platzverweis zeigte, hat er die beiden Karten in unterschiedlichen Taschen aufbewahrt.

Wenn er die Karte aus seiner Brusttasche gezogen hat, gab es Gelb. Wenn er aber in die Gesäßtasche gegriffen hat, dann war er dabei, die rote Karte zu zücken, um einen Spieler vom Platz zu stellen, dann hat er für ihn die Arschkarte gezogen.

Sich einen Ast lachen

«Sich einen Ast lachen» bedeutet, dass man extrem lachen muss, dass der Grad des Lachens über das Normale hinausgeht. Einen «Ast» lacht man sich wirklich nur nach besonders guten Witzen, mittelmäßige haben da keine Chance.

Ein Ast ist der Teil, der bei Bäumen den Stamm mit den Zweigen und Blättern verbindet. Noch im 19. Jahrhundert bezeichnete das Wort «Ast» aber auch einen Buckel, den Menschen auf dem Rücken haben können.

Und wenn man so sehr lachen muss, dass man sich dabei krümmt und nicht mehr gerade stehen kann, dann sieht man schnell mal bucklig aus: Dann lacht man sich einen Ast, aber einen, der zum Glück auch wieder weggeht.

Astrein

Wenn etwas «astrein» ist, dann ist es völlig in Ordnung, es hat Topqualität und ist frei von Fehlern. Bescheinigt man einem Menschen, dass er «astrein» ist, dann ist der Betreffende charakterlich schwer in Ordnung.

Bei «astrein» handelt es sich um eine Wortschöpfung, die wahrscheinlich im 19. Jahrhundert mit Beginn der industriellen Möbelproduktion entstanden ist.

Weil durch die Massenfertigung der Holzverbrauch laufend anstieg, sind die damaligen Tischler dazu übergegangen, immer mehr Bretter zu verwenden, die auch sogenannte Asteinschlüsse enthielten. Solange die Stellen einigermaßen in die Maserung passten, wurden diese kleinen Macken im Holz akzeptiert. Es gab aber natürlich nach wie vor Schreiner und Tischler, die auf höchste Qualität geachtet haben. Bei ihnen wurde nur Holz verarbeitet, das frei von Stellen war, aus denen mal ein Ast herausgewachsen war. Diese Bretter waren sozusagen die Premium-Produkte im Holzhandwerk, denn sie waren astrein.

Jemand abblitzen lassen

Wenn man «jemand abblitzen lässt», dann weist man das Vorhaben einer Person zurück, lehnt es ab oder ignoriert es schlicht.

Bei altertümlichen Gewehren gab es ein häufiges Problem: Bis ins 19. Jahrhundert hinein konnte es vorkommen, dass das Schießpulver abbrannte, ohne dass sich ein Schuss löste. Und bei dieser Verpuffung entstand ein heller Blitz.

Wenn man also wieder einmal dastand, das rauchende Gewehr in den Händen, noch ganz geblendet von dem Blitz, aber sonst war nicht viel passiert – dann war man mit dem Plan, einen anständigen Schuss abzugeben, gescheitert: Man war damit abgeblitzt.

Jemand eine Abfuhr erteilen

Wenn man «jemand eine Abfuhr erteilt», lehnt man sein Ansinnen ab und weist ihn nicht sehr freundlich zurück.

Heutzutage sind schlagende Verbindungen selten geworden, doch früher waren sie recht häufig. Es handelt sich hierbei um eher konservative Studentenvereinigungen, deren Mitglieder sich Fechtkämpfe liefern, bei denen man sich die typischen Verletzungen und Narben einhandeln kann, die sogenannten Schmisse. Bei dem ein oder anderen alten Herrn, meist aus etwas besseren Kreisen, kann man diese Narben im Gesicht noch sehen.

Beide Seiten konnten bei einem solchen Kampf aus verschiedenen Gründen «eine Abfuhr erklären», wodurch die Auseinandersetzung vorzeitig beendet wurde. In der Regel erfolgte diese Maßnahme durch den jeweiligen Sekundanten der beiden Fechter gegenüber dem Unparteiischen. Gründe für eine Abfuhr waren gegeben, wenn ein Fechter (Paukant) so schwer verletzt war, dass er nicht mehr weiterkämpfen konnte, wenn einer der beiden Kontrahenten sich im Kampf regelwidrig verhielt oder auch wenn einer der beiden Kämpfer deutliche Angstreaktionen zeigte.

Aus welchen Gründen auch immer, der Betreffende hatte eine Niederlage erlitten, denn man hatte ihm «eine Abfuhr erteilt».

Abgefahren sein

Wenn eine Sache «abgefahren» ist, dann ist sie ausgesprochen ungewöhnlich, verrückt und bizarr. Und wenn jemand auf etwas «abfährt», dann ist er davon über die Maßen begeistert.

Die Redewendung stammt aus der Jugendsprache der frühen 1970er Jahre. Sogenannte leichte Drogen waren damals gang und gäbe und galten bei vielen als «bewusstseinserweiternd».

Vor allem das ziemlich gefährliche LSD wurde aus diesem

Grund konsumiert, und wer die Wirkung spürte, der war im damaligen Sprachgebrauch auf einem Trip, also auf einer Reise irgendwohin, er musste demzufolge vorher irgendwo abgefahren sein.

Kaum zu glauben, dass eine heute ganz alltägliche Redewendung ihren Ursprung in den drogenumwölkten 1970ern hat, aber hier ist noch ein Beispiel: Wenn jemand sich aufregt und sehr wütend ist, dann versuchen wir ihn mit den Worten zu beruhigen: «Nun komm mal wieder runter.» Diese Formulierung kommt aus derselben Zeit und bedeutete ursprünglich: «Du bist auf einem Drogentrip, du bist ‹voll drauf›, aber jetzt musst du bitte mal wieder runterkommen.»

Abgespannt sein

Wenn man «abgespannt» ist, dann ist man erschöpft oder ausgelaugt. Man hat sich überanstrengt und ist erholungsbedürftig.

Diese Redewendung stammt aus der Zeit, als Pferde die wichtigsten Zugtiere der Menschen waren. Sie wurden zur Arbeit in ein Geschirr eingespannt und sozusagen zum Feierabend wieder «abgespannt».

Das Ziehen von Bierwagen oder anderen Gefährten ist auch für kräftige Gäule ein harter Job, und so hat man den Tieren die Ermüdung und Mattigkeit auch angesehen, wenn sie ihr Geschirr denn los waren. Sie sahen eben abgespannt aus.

Die Beziehung zwischen Mensch und Pferd scheint wirklich eine ganz besonders enge zu sein: Wir fühlen uns nicht nur abgespannt, sondern hoffen auch – genauso wie die Tiere vermutlich – auf den Feierabend oder das nächste Wochenende, um mal wieder so richtig auszuspannen.

Aufgedonnert sein

Wenn eine Frau «aufgedonnert» ist, dann ist sie übertrieben gekleidet oder geschminkt. Ihre Aufmachung wirkt geschmacklos und aufdringlich.

Es kann durchaus passieren, dass man fürchterlich erschrickt, wenn man nichtsahnend einer aufgedonnerten Frau begegnet, der Schreck trifft einen förmlich wie ein Donnerschlag. Das wäre eine schöne Erklärung für diese Redewendung, wenn sie denn stimmen würde.

Tatsächlich stammt die aufgedonnerte Frau aber von *donna* ab, dem italienischen Wort für «Dame». War eine Frau aufgedonnert, dann hieß das also ursprünglich nur, dass sie wie eine Dame angezogen war. Seit dem 19. Jahrhundert ist die Formulierung in Deutschland geläufig – nach und nach hat sie dann ihren negativen Beigeschmack bekommen.

Abhauen

Wenn man «abhaut», dann verlässt man einen Ort, meistens in großer Eile, man macht sich schleunigst aus dem Staub.

Die Aufforderung «Lass uns abhauen!» wirkt zunächst völlig banal und selbstverständlich, weil sie ein fester Bestandteil der

Umgangssprache ist und wirklich jeder weiß, was damit gemeint ist. Die Frage ist nur: Was hat das Weglaufen mit dem Verb «hauen» zu tun?

«Hauen» ist schon seit dem 9. Jahrhundert bekannt, damals hatte es allerdings noch eine zweite Bedeutung, die heute verschwunden ist: Es hieß unter anderem sich beeilen oder etwas schnell erledigen. Darauf geht auch der Ausdruck «hau ruck!» zurück. Das hing damit zusammen, dass man Pferde mit Sporen oder Peitschen traktiert hat, um deren Gangart zu beschleunigen. Im berühmten Wörterbuch der Brüder Grimm wird «hauen» noch im 19. Jahrhundert auch mit «eilen» übersetzt und entsprechend erklärt: «diese bedeutung hat wol ihren ausgang von dem einhauen der sporen in des rosses weichen».

Kommen wir von den bedauernswerten Gäulen zur Präposition «ab». Hier ist die Situation klar: Wenn etwa ein Knopf ab ist, dann befindet er sich nicht mehr an dem Kleidungsstück, an dem er angebracht war, er ist also weg. Und wenn ein Zug aus Hannover abfährt, dann fährt er von Hannover weg und entfernt sich von dort.

Wenn man also einen Ort verlassen will und es dabei ziemlich eilig hat, dann kann man logischerweise nicht in Ruhe abgehen, sondern muss abhauen.

Jemand mit etwas abspeisen

Wenn man «jemand mit etwas abspeist», dann gibt man eine unbefriedigende oder nachlässige Antwort auf eine Frage, liefert eine minderwertige Leistung ab oder kommt einer Bitte nur ungenügend nach.

Manche Quellen führen die Redewendung auf die Armenspeisungen früherer Jahrhunderte zurück, bei denen die Bedürftigen ja nur mit dem Allernötigsten versorgt wurden. Höchstwahrscheinlich hat die Formulierung mit dem Abspeisen aber ihren Ursprung in einem alten Brauch bei der Brautwerbung.

Wenn der Bräutigam in spe im Laufe der Eheanbahnung die Eltern der Braut aufsuchte, um in Erfahrung zu bringen, ob sie mit ihm als Schwiegersohn denn überhaupt einverstanden waren, stand den potenziellen Schwiegereltern ein praktisches Verfahren zur Verfügung, mit dem lange und lästige Diskussionen vermieden wurden: Das Essen, das sie bei diesem Besuch auftischten, hat diese Frage beantwortet – wobei von Region zu Region kulinarische Unterschiede galten. In Hessen zum Beispiel galt ein Bräutigam als abgelehnt, wenn ihm statt Wurst und Schinken nur Käse angeboten wurde, in Teilen Westdeutschlands war ein geschmiertes Butterbrot ein Symbol der Ablehnung, und wer im Oldenburger Raum Rüben und Kartoffeln vorgesetzt bekam, der wusste, dass er bei den Brauteltern durchgefallen war. Man hatte ihn ganz einfach abgespeist.

Aufpimpen

Wenn man eine Person oder eine Sache «aufpimpt», dann motzt man sie auf, man verschönert oder verbessert sie – im negativen Fall wird sie übertrieben hergerichtet.

Die Bezeichnung «Pimp» ist in den USA seit vielen Jahrzehnten eine üblich Bezeichnung für Zuhälter, und die US-amerikanischen haben genauso wie die deutschen Zuhälter häufig eine

Vorliebe für teure Uhren, klobigen Schmuck, PS-starke Autos mit großem Hubraum sowie vollbusige Beifahrerinnen.

Eigentlich logisch, dass mit dem Aufkommen und dem Erfolg der Musikrichtung Gangsta-Rap, die genau solche Stereotype bedient, auch die Pimps und ihr Stil schwer in Mode kamen. Und spätestens seit der Rapper 50 Cent sich erfolgreich als P.I.M.P. dargestellt hat, ist der Begriff auch im deutschen Sprachraum immer populärer geworden. Pimp hat inzwischen seine enge Bindung ans Ludenmilieu verloren und wurde immer mehr zur Beschreibung eines gewissen *styles*, eines Lebensstils.

Der Höhepunkt war dann erreicht, als 2006 eine neue Fernsehserie auf MTV sich ausschließlich um die Restauration und «Aufbrezelung» von vergammelten Autos drehte. Die Serie hieß ins Deutsche übersetzt: «Motz meine Karre auf!» Der Originaltitel lautete: «Pimp my ride!»

Etwas ausbaden

Wenn man «etwas ausbadet», dann muss man für etwas geradestehen, was ein anderer zu verantworten hat, man wird quasi an seiner Stelle bestraft.

Die ständige Verfügbarkeit von warmem Wasser war nicht immer eine Selbstverständlichkeit, und noch bis in die 1950er Jahre war es durchaus üblich, dass mehrere Familienmitglieder nacheinander dasselbe Badewasser benutzten. Der Letzte musste im bereits kühlen und mit Sicherheit nicht mehr ganz so sauberen Wasser baden. Das war im wahrsten Sinne des Wortes kein reines Vergnügen mehr, aber immerhin hat Mutti dann häufig die Wanne gereinigt.

In früheren Jahrhunderten erging es dem Letztbadenden da weitaus schlimmer. Nicht nur, dass er im schmuddeligen Gebrauchtwasser gebadet hatte, er konnte nicht einmal auf Mutti zählen, denn es gehörte zu seinen Aufgaben, anschließend die Wanne zu reinigen. Er war genauso wenig zu beneiden wie Mutti in den 1950ern – die beiden mussten das Ganze wirklich bis zum bitteren Ende ausbaden.

Ausmerzen

«Ausmerzen» bedeutet so viel wie vernichten, beseitigen oder endgültig abschaffen.

«Ausmerzen» ist wirklich kein schönes Wort, denn es beschreibt eine überaus unangenehme Tätigkeit, aber es ist uralt und auch heute noch überall im Gebrauch.

Fakt ist, dass dieser Begriff seit dem 16. Jahrhundert bei Schafzüchtern und Hirten gebräuchlich war. Er bezeichnete die Auswahl der Schafe, die krank oder nicht für die Zucht tauglich waren und die man nicht mehr in der Herde behalten wollte. Diese Auswahl haben die Schäfer in der Regel im Frühling vorgenommen, also bevor die neue Schafsaison losging: Im März wurden die untauglichen Tiere unnachsichtig ausgemerzt.

Doch nicht nur Schafe, sondern jegliches Nutzvieh durchlief diese gnadenlose Prozedur. Und weil man die Tiere, die den Zuchtanforderungen nicht gerecht wurden, für entbehrlich hielt und ausmerzte, bezeichnete man sie artübergreifend als Merzvieh.

Altweibersommer

Als «Altweibersommer» bezeichnet man eine im Allgemeinen recht warme Wetterphase von Mitte bis Ende September, die sich durch ein relativ stabiles Spätsommerwetter mit warmen Tagestemperaturen auszeichnet.

Zumindest die Nächte sind im September deutlich kühler als im Hochsommer, und in den Morgenstunden findet man oft Spinnennetze mit Tautropfen daran oder auch einzelne Spinnfäden, die durch die Luft segeln. Auf oder an diesen Fäden sitzen die winzig kleinen Baldachinspinnen und lassen sich auf diese Weise transportieren. Diese silbrigen Fäden sind aller Wahrscheinlichkeit nach der Ursprung des Begriffs «Altweibersommer», doch über die Deutung gehen die Meinungen auseinander.

In der Tat erinnern die silbrig glänzenden Fäden an das weiße Haar älterer Damen, die dementsprechend für das Wort «Altweibersommer» Pate gestanden haben sollen.

Einer anderen Herleitung zufolge verdanken wir den Begriff aber den Germanen, die mit dem Wort «weiben» das Weben oder Knüpfen von Spinnennetzen beschrieben. Nach germanischer Überzeugung glitzerten die von den Schicksalsgöttinnen, den Nornen, gesponnenen Lebensfäden der Menschen in der Morgensonne – und das offensichtlich nicht nur gegen Ende der heißen Jahreszeit, sondern auch zu Beginn. Da die wesentliche Einteilung der Jahreszeiten lange Zeit hauptsächlich Sommer und Winter unterschied, wurden die Übergänge, die heute Frühling und Herbst heißen, noch um 1800 herum junger Weibersommer und alter Weibersommer genannt. Im deutschen Sprachgebrauch hat sich allerdings nur der Altweibersommer behaupten können.

Auch wenn dieser Begriff also höchstwahrscheinlich gar nichts mit älteren Damen zu tun hat, scheinen an dieser Stelle dennoch ein paar klärende Worte in Sachen Political Correctness angebracht: Die deutschen Seniorinnen werden durch das Wort «Altweibersommer» in keiner Weise diskriminiert, und es darf ohne jegliche Bedenken benutzt werden. Das hat das Landgericht Darmstadt 1989 ganz offiziell verkündet. Eine ältere Dame hatte sich durch die Verwendung des Begriffs in den Meldungen des Deutschen Wetterdienstes diskriminiert gefühlt und Klage erhoben, weil sie sich beleidigt fühlte. Das Gericht stellte allerdings fest, sie sei im Hinblick auf die Bezeichnung «Altweibersommer» in Wetterberichten nicht «beleidigungsfähig» und wies die Klage ab.

Wer also auf justiziablen Ärger mit der reiferen Damenwelt aus ist, muss sich Alternativen zum Altweibersommer ausdenken, zum Beispiel Bezeichnungen wie Oma-Sommer oder Ü-70-Sommer.

Abgefeimt / Abschaum

«Abgefeimt» ist man, wenn man seine Sache durch und durch perfekt macht, absolut professionell, aber auch ohne moralische Bedenken. Das Wort hat also einen negativen Beigeschmack. So spricht man von abgefeimten Verbrechern, Verkäufern oder Fußballprofis. So langsam scheint das Wort «abgefeimt» aber auszusterben, es wird zunehmend häufig durch die Bezeichnung «ausgekocht» ersetzt.

«Feim» war im Mittelhochdeutschen die Bezeichnung für Schaum. Abgefeimt zu sein war also grundsätzlich etwas Positives, denn man war jetzt abgeschäumt, also sauber. Weder Dreck noch Seifenreste waren noch auf der Haut, man war sozusagen porentief rein. Ein abgefeimter Ritter war demzufolge ein echter Ritter ohne Verunreinigungen, und ein abgefeimter Schurke war ein echter Schurke, durch und durch.

Der Dreck und der alte Schaum, also das, was beim Abfeimen übrig blieb, wurde als Abschaum bezeichnet. Dieses Wort gibt es heute noch, und es hat eine eindeutig negative Bedeutung: Man spricht zum Beispiel vom Abschaum der Gesellschaft.

Baff sein

Den Buckel runterrutschen

Jemand auf etwas Brief und Siegel geben

Ein Brett vor dem Kopf haben

Bankrott

In die Binsen gehen

Alles in Butter

Boykott

Bauklötze staunen

Buxtehude, wo die Hunde mit dem Schwanz bellen

Für jemand in die Bresche springen

Banause

Blauäugig sein

Jemand einen Bärendienst erweisen

In die Bredouille geraten

Nur Bahnhof verstehen

Aus der Bahn geworfen werden

Bock haben

Kein Blatt vor den Mund nehmen

Ein Bäuerchen machen

Bistro

Bauklötze staunen

Um «Bauklötze zu staunen» muss man schon mehr als nur verwundert sein, man kann einen Vorgang kaum begreifen oder hat etwas völlig Verblüffendes beobachtet.

Zunächst mal guckt man ja oft etwas komisch, wenn man wirklich verblüfft ist und staunt. Oft wirkt dieser Gesichtsausdruck auch nicht besonders intelligent, sondern leicht dümmlich. Der total überraschte Mensch steht oft mit offenem Mund da und schaut ungläubig mit großen Augen: Er glotzt.

Im sprachlich ohnehin sehr kreativen Berliner Dialekt ist aus diesem Glotzen irgendwann das Klotzen geworden und daraus wiederum die Klötze. Von da war es dann nur noch ein kleiner Weg bis zu den Bauklötzen, die man staunt, wenn man total verblüfft ist.

Alles in Butter

Alles ist in Ordnung, alles läuft korrekt, alles ist o.k., wenn «alles in Butter» ist.

Für eine derart beliebte Redewendung kann eine Erklärung nicht ausreichen, daher stehen auch mindestens zwei zur Auswahl. Dann ist ja alles in Butter.

Eine Herleitung für diese Formulierung geht zurück bis ins 19. Jahrhundert: 1869 hatte Napoleon III. den Auftrag gegeben, eine billige Alternative zu natürlicher Butter zu entwickeln, und schon bald hatte ein französischer Chemieprofessor die Rezeptur für eine Ersatzbutter ausgetüftelt, die seither unter dem Namen «Margarine» in ganz Europa erfolgreich verkauft wird. Natürlich sind viele Köche und Gastronomen auf das billige Konkurrenzprodukt zur echten Butter ausgewichen, die aber nach wie vor als hochwertiger und geschmackvoller galt. Ein cleverer Berliner Gastwirt soll genau aus diesem Grund eine pfiffige Marketingidee und den entsprechenden Werbespruch entwickelt haben: Der Legende nach hat er damit geworben, dass in seiner Qualitätsküche keine Margarine zum Einsatz komme, sondern nur das hochwertige Originalprodukt: Bei seinen Gerichten sei alles in Butter.

Das kann so gewesen sein, muss aber nicht, denn es gibt eine zweite und mindestens genauso plausible Erklärung: Im Mittelalter war es üblich, Gläser, Porzellan und andere empfindliche Gegenstände für den Transport in Butterfett einzulassen. So war die wertvolle Fracht selbst auf den holperigsten Wegen und Straßen gut gegen Stöße abgesichert. Da konnte auch ruhig mal ein Fass vom Wagen fallen, es wurde dennoch nichts beschädigt. Am Zielort wurde das Butterfett wieder erhitzt und die kostbare Fracht entnommen – es war noch alles ganz, denn es war alles in Butter!

Jemand auf etwas Brief und Siegel geben

Mit dieser Redewendung betont man, dass eine Behauptung oder die Darstellung eines Sachverhaltes wirklich stimmt und der Wahrheit entspricht. Der Angesprochene kann sich absolut auf das Gesagte verlassen.

Briefe waren früher nicht nur mehr oder weniger private Schreiben wie etwa Liebesbriefe, sondern vor allem auch Dokumente im juristischen und öffentlichen Leben. Heute sind aus dieser Zeit noch Formulierungen übrig geblieben wie der Frachtbrief, der Steckbrief oder das verbriefte Recht, das jemand hat.

Solche Briefe wurden allerdings von den Gerichten als Dokumente nur dann als gültig anerkannt, wenn sie mit einem Siegel versehen waren. Wenn man sich also zum Beispiel auf einen geschlossenen Vertrag berufen wollte, dann ging das nur, wenn man den entsprechenden Brief inklusive Siegel vorlegen konnte.

Jemand einen Bärendienst erweisen

Wenn man «jemand einen Bärendienst erweist», tut man das in guter Absicht. Man möchte einem anderen Menschen helfen oder ihm etwas Gutes tun, bewirkt aber genau das Gegenteil. Mit anderen Worten: Man hat die Situation verschlimmbessert.

Im Mittelalter galten Bären als so gut wie unzähmbar. Man konnte sie zwar brutal als Tanzbären abrichten, aber eine sinnvolle Dressur war der gängigen Auffassung zufolge nicht möglich. Von daher war ein Bär als «Dienstleister» nicht geeignet und ein Bärendienst nicht wirklich hilfreich.

Der französische Schriftsteller Jean de la Fontaine hat diesen Umstand in einer Fabel bildhaft beschrieben und populär gemacht: Die Hauptrolle haben ein Einsiedler und sein bester Kumpel und Freund, ein Bär. Eines Tages legt sich der Einsiedler hin und macht einen Mittagsschlaf, als sich eine lästige Fliege mitten auf sein Gesicht setzt. Der Bär sieht das, will seinem Kumpel helfen, nimmt einen Stein und wirft ihn mit den besten

Absichten nach der Fliege. Ergebnis: Beide mausetot, Fliege und bester Freund! Der Bär hatte seinem Kumpel mit dem Steinwurf einen echten Bärendienst erwiesen.

Nur Bahnhof verstehen

Wenn man «nur Bahnhof versteht», kann man einem Gespräch nicht folgen, man versteht den Inhalt nicht und kapiert überhaupt nicht, worum es geht.

Diese Redensart ist mit ziemlicher Sicherheit gegen Ende des Ersten Weltkriegs entstanden. Die deutschen Soldaten waren demoralisiert, übermüdet und körperlich am Ende. Und die meisten von ihnen hatten nur ein Ziel: so schnell wie möglich nach Hause zu gelangen. Das Symbol für diesen Wunsch war der Bahnhof, vom dem aus sie endlich wieder in die Heimat fahren konnten.

Und bei mehr als einem Kriegsheimkehrer soll es vorgekommen sein, dass er bei einem Gespräch überhaupt nicht richtig zugehört hat, weil er an nichts anderes denken konnte als an die ersehnte Heimreise. Egal, was sein Gesprächspartner sagte, er hat immer nur Bahnhof verstanden.

Baff sein

«Baff» ist man, wenn man aus irgendeinem Grund total überrascht, verwirrt oder erschrocken ist.

Das Wort «Baff» ist schon im 17. Jahrhundert verwendet worden, und zwar als Bezeichnung für einen lauten Knall oder Schuss. So wie «Peng, Peng» für nicht ganz so wuchtige Pistolenschüsse war «Baff» die lautmalerische Umschreibung für einen richtig großen Kracher oder Knall.

Und weil man auf so ein lautes Geräusch im Allgemeinen mit Erschrecken und Sprachlosigkeit reagiert, wurde das Wort dann auf die überraschte Reaktion übertragen und hat sich bis heute als Zustandsbeschreibung erhalten.

Eine überraschende Herleitung – da ist man wirklich baff!

Kein Blatt vor den Mund nehmen

Wer «kein Blatt vor den Mund nimmt», der redet frei heraus und nicht um den heißen Brei herum. Er sagt deutlich seine Meinung, ohne zu beschönigen.

Diese Redewendung ist schon im 16. Jahrhundert benutzt worden, und es ist bekannt, dass auch Martin Luther sie verwendet hat. Sie geht zurück auf eine alte Theatersitte: Wenn Schauspieler heikle Texte zu sprechen hatten, etwa mit anstößigen, obszönen oder auch politisch brisanten Inhalten, dann verbargen sie ihre Gesichter hinter einem Blatt Papier oder einem symbolischen Feigenblatt.

Auf diese Weise konnten sie nicht erkannt werden und entgingen einer möglichen Bestrafung durch die Obrigkeit – sie hatten ja schlauerweise ein Blatt vor den Mund genommen.

In die Bredouille geraten

Wenn man «in die Bredouille geraten» ist, dann ist man in Schwierigkeiten oder in Bedrängnis. Man steckt in einer unangenehmen Situation, aus der man so ohne weiteres nicht wieder herauskommt.

Was ist diese Bredouille eigentlich? Vielleicht eine unwirtliche Region in Frankreich, aus der man möglichst schnell wieder verschwinden möchte, aus der aber kaum ein Weg hinausführt?

Das Wort «Bredouille» ist im 18. Jahrhundert tatsächlich aus der französischen Sprache ins Deutsche importiert worden. Ursprünglich bedeutete es so viel wie Dreck oder Matsch, in dem man festsitzt und nicht weiterkommt. Das Wort spielte aber auch eine Rolle bei dem alten Brettspiel Tricktrack. Wenn man hier in die Bredouille geriet, dann saß man spieltechnisch in der Falle und kam nicht weiter.

Wie auch immer: Ob man nun im Matsch festsitzt, beim Brettspiel in die Falle getappt ist oder sich ganz allgemein in einer misslichen Lage befindet: In der Bredouille zu sein ist nun wirklich nichts Angenehmes!

In die Binsen gehen

Wenn etwas «in die Binsen gegangen» ist, dann ist es in der Regel verloren gegangen oder verschwunden. Es kann aber auch gemeint sein, dass ein Vorhaben gescheitert oder missglückt ist.

Binsen sind Pflanzen, die bevorzugt in der Nähe von Gewässern vorkommen. Ein Binsendickicht kann ziemlich hoch und undurchdringlich sein.

Wenn es bei der Entenjagd einzelnen Vögeln gelang, sich im Binsendickicht zu verstecken, oder getroffene Vögel ausgerechnet hier hineinfielen, dann waren sie für die Jäger beziehungsweise ihre Jagdhunde unauffindbar. Die Jagd war damit gescheitert, weil die Enten wortwörtlich in die Binsen gegangen waren.

Für jemand in die Bresche springen

Wenn man «für jemand in die Bresche springt», dann hilft man ihm in einer brenzligen Situation, man springt für ihn ein und übernimmt eine unangenehme Aufgabe für ihn.

Der Ursprung des Wortes «Bresche», das im 17. Jahrhundert in der deutschen Sprache auftaucht, hat französische Wurzeln: *brèche* bedeutet so viel wie Bruch oder Riss.

Die Bresche bezeichnete damals eine Lücke, die im Kriegsfall von Angreifern in eine Festungsanlage oder -mauer gerissen wurde und durch die sie dann eindringen konnten. War eine Bresche erst einmal entstanden, wurde es in der Regel sehr eng für die Verteidiger, sodass sie häufig kapituliert haben. Nur wer extrem mutig war, hat wirklich alles für die Verteidigung gegeben und ist für seine Kameraden reingesprungen, mitten in die Bresche.

Buxtehude, wo die Hunde mit dem Schwanz bellen

Diese merkwürdige Formulierung wird manchmal abwertend gebraucht, um einen entlegenen, rückständigen Ort zu charakterisieren. In Buxtehude selbst sieht man die Sache eher selbstbewusst und lokalpatriotisch. In der Bahnhofstraße wurde für den «Buxtehuder Hund» sogar ein Denkmal aufgestellt.

Buxtehude ist eine Stadt in der Nähe von Hamburg, die im 13. Jahrhundert von holländischen Wasserbauern gegründet wurde und in der die Holländer deshalb eine einflussreiche Bevölkerungsgruppe darstellten. Ihretwegen bellen in Buxtehude die Glocken mit dem Schwanz.

Die Holländer haben nämlich später das Glockenläuten in Buxtehude revolutioniert, wo man damals noch ziemlich rustikal mit einem großen Hammer auf die Glocke im Kirchturm eindrosch. Die Holländer bedienten sich einer ausgefeilteren Technik, die sie den Buxtehudern zeigten: Sie haben an der Glocke, die bei ihnen Hunte hieß, einen Schwanz befestigt, ein langes Seil. Zog man die Hunte am Schwanz, begann sie zu bellen, das niederländische Wort für läuten oder klingeln. (So heißt Glocke im Englischen auch *bell.*) Wenn in Buxtehunde die Hunde mit dem Schwanz bellen, dann läuten dort also die Kirchenglocken – auf ganz und gar nicht rückständige Weise.

Den Buckel runterrutschen

Die Aufforderung «Du kannst mir mal den Buckel runterrutschen» ist die unmissverständliche Ansage, dass jemand mich überhaupt nicht interessiert und dass der Betreffende mich gefälligst in Ruhe lassen soll.

Mit dem Wort «Buckel» hat man im frühen Mittelalter den rundlichen Beschlag auf der Mitte eines Schildes bezeichnet. Im Kampf hat dieser sogenannte Schildbuckel dafür gesorgt, dass Angriffe mit Schwertern oder Speeren besser aufgefangen und abgelenkt werden konnten.

Wenn ein von vorn kommender Angreifer mit diesem Schutzschild erfolgreich abgewehrt und dann im Kampf verletzt oder getötet wurde, dann ist er sang- und klanglos an diesem Schildbuckel nach unten gerutscht. Beim Buckelrunterrutschen ist es also ursprünglich um Leben und Tod gegangen, heute ist es ein relativ harmloser Ausdruck für Desinteresse.

Ein Brett vor dem Kopf haben

Wenn man «ein Brett vor dem Kopf hat», dann kann man die naheliegende Lösung für ein Problem nicht finden, man verhält sich nicht gerade intelligent und tritt gedanklich auf der Stelle.

Ochsen waren früher wichtige Zugtiere für Wagen oder Pflug, aber sie waren ausgesprochen eigenwillig und oft auch sehr störrisch. So kamen sie des Öfteren auf die Idee, vom vorgeschriebenen Pfad abzuweichen und andere Wege einzuschlagen. Und um das zu verhindern, wurden sie ins Joch gezwungen, wie man damals gesagt hat. Man hat ihnen ein Kopfgeschirr aus Holz angelegt, sodass sie den Kopf kaum noch bewegen konnten, und so sind sie dann stur geradeaus gegangen, was natürlich nicht besonders intelligent und pfiffig wirkte.

Das Ganze wurde dann auf dümmlich wirkende, begriffsstutzige Menschen übertragen.

Die Schriftstellerin Marie von Ebner-Eschenbach hatte zu dieser Redewendung übrigens eine ganz eigene Meinung: «Jeder Mensch hat ein Brett vor dem Kopf, es kommt nur auf die Entfernung an.»

Aus der Bahn geworfen werden

Wenn jemand «aus der Bahn geworfen wird», dann ist ein bestimmtes Ereignis der Auslöser dafür, dass es mit ihm bergab geht. Seine Lebensplanung lässt sich nicht aufrechterhalten, es besteht sogar die Gefahr, dass er endgültig scheitert.

Mit der Bahn als Verkehrsmittel, aus der man als Schwarzfahrer hinausgeworfen wird, hat diese Redewendung nichts zu tun. Wie viele andere geht sie zurück auf die Zeit der Ritterturniere. Schwertkämpfe, Lanzenstechen, Bogenschießen oder auch Massengefechte mit stumpfen Waffen wurden auf vorgeschriebenen Kampfbahnen ausgetragen. Und wer hier verlor, der wurde im wörtlichen oder übertragenen Sinne «aus der Bahn» geworfen.

Die historische Bezeichnung «Kampfbahn» hat sich noch bis in unsere Zeit gehalten: Vor der kommerziellen Umbenennung hatte das Fußballstadion auf Schalke den beeindruckenden Namen *Kampfbahn Glückauf*, und das Stadion in Dortmund hieß nicht weniger eindrucksvoll *Kampfbahn Rothe Erde*.

Ein Bäuerchen machen

Wenn ein Baby ein «Bäuerchen macht», dann ist das die verharmlosende Umschreibung dafür, dass es aufstößt oder rülpst.

Im Mittelalter ist es noch recht ungezwungen zugegangen, was Rülpsen und andere Körpergeräusche betraf. Man tat sich in dieser Richtung keinen Zwang an und verhielt sich völlig ungeniert. Noch Martin Luther wird ja immer wieder eine angebliche Äußerung unterstellt, in der er lautes Aufstoßen und abgehende Blähungen nach einem gelungenen Mahl ausdrücklich befürwortete.

Spätestens im 19. Jahrhundert war es vorbei mit diesen Freiheiten. Die bürgerliche Schicht in den Städten orientierte sich im Verhalten immer mehr an den Adeligen und distanzierte sich von der in ihren Augen unkultivierten Landbevölkerung.

So wurden Körpergeräusche zum Tabu – aber nicht für Babys. Das Aufstoßen ist bei Säuglingen unvermeidbar und wichtig für die Verdauung, das wusste man auch damals schon. Zur Verharmlosung und Verschleierung wurde der Rülpser allerdings jetzt verniedlichend umbenannt in «kleiner Bauer», also in «Bäuerchen».

Die Landbevölkerung durfte weiter blähen und rülpsen wie gewohnt, aber im gepflegten städtischen Bürgermilieu wurde so etwas Ungehöriges verdrängt, und erlaubt war nur noch das niedliche «Bäuerchen» der Babys. Wen wundert's in einer Zeit, die das Verdrängen und Tabuisieren auf die Spitze trieb und in der zum Beispiel Damenunterhosen als die Unaussprechlichen bezeichnet wurden.

Bankrott

Wenn jemand bankrott ist, dann ist er zahlungsunfähig, pleite, oder – um es etwas dezenter auszudrücken – er ist in die Insolvenz gegangen.

Der Ausdruck «bankrott» stammt aus Italien, wo das heutige Finanz- und Bankwesen quasi erfunden wurde. Die Geldwechsler haben dort früher ihr Geld auf einem Tisch ausgelegt, der eher wie eine langgezogene Bank aussah, und deshalb nennen wir unsere Geldhäuser auch heute noch Banken.

Wenn ein Geldwechsler aber zahlungsunfähig wurde, war es üblich, dass die Gläubiger ihm diesen Tisch, also seine Bank, zerschlagen haben – darauf berufen sich zumindest die meisten Herleitungen. Einige wenige behaupten, die Bank sei nur symbolisch zerstört worden, weil diese Person keine Geschäfte mehr machen konnte. Wie dem auch sei, ob nun symbolisch oder real, die Bank war kaputt oder, wie der Italiener sagt: *La banca è rotta.* Und genau hier liegt der Ursprung für unser Wort «bankrott».

Banause

Ein «Banause» ist jemand, der von etwas nur wenig oder gar nichts versteht. Er hat keine Ahnung von der Sache, mit der er sich gerade beschäftigt oder über die er spricht. Besonders häufig ist die Bezeichnung «Kunstbanause» für jemanden, der von Kunst, Literatur oder Musik nichts versteht.

Das Wort «Banause» ist abgeleitet von dem schönen alten griechischen Wort *banausos.* Und das bedeutete im antiken Griechenland «der am Ofen arbeitet». Wo der Ofen herkommt, ist nicht geklärt, aber es handelte sich auf jeden Fall um einen Menschen, der von seiner Hände Arbeit lebt, also im weitesten Sinne um einen Handwerker. Und Handwerker, die sich keine Sklaven leisten konnten und selbst körperlich arbeiten mussten, genossen kein besonderes Ansehen bei den alten Griechen. Selbst Kunsthandwerkern war der Zugang zu den hoch angesehenen sogenannten Freien Künsten verwehrt.

Gesellschaftlich akzeptiert waren nur Menschen, die sich mit Philosophie, Kunst oder anderen geistigen Dingen beschäftigt haben, und das ohne jegliche Erwerbsabsichten. Aus heutiger Sicht hat man auf die relativ ungebildeten Leute, die hinter dem Ofen gerackert haben, überheblich herabgeblickt: Das waren eben nur *banausos*.

Boykott

Ein «Boykott» ist ein wirtschaftliches Zwangsmittel, durch das eine Person, ein Unternehmen oder ein Staat vom Handel ausgeschlossen wird. Im übertragenen Sinn «boykottiert» man aber auch Veranstaltungen oder bestimmte Personen, indem man sich von ihnen fernhält.

Charles Cunningham Boycott war ein irischer Gutsverwalter, der extrem rücksichtslos mit seinen Pächtern umgegangen ist und nur eines wollte: möglichst hohe Zinsen eintreiben.

Die Pächter waren aber gut organisiert, und zwar in der «Irish Land League». Diese Organisation hat den Pächtern 1879 ganz offiziell erlaubt, den Handel mit diesem unsäglichen Mr.

Boycott völlig einzustellen. Niemand hat mehr etwas von ihm gekauft oder etwas an ihn verkauft, keiner hat mehr für ihn gearbeitet.

Der üble Gutsverwalter Boycott war dank dieser Maßnahmen, die noch heute seinen Namen tragen, im Übrigen ein Jahr später gezwungen, aus Irland wegzugehen.

Bock haben

«Bock auf etwas haben» bedeutet, dass man Lust auf etwas hat, etwas unbedingt tun oder haben möchte.

Der Bock, den man haben kann, stammt aus dem Rotwelsch. In dieser Sprache hieß das Wort «Bokh» so viel wie Hunger, und wenn man Bokh hatte, dann war man hungrig.

Nach 1910 ist das Wort dann etwas abgeändert und mit einer erweiterten Bedeutung in die Umgangssprache übergegangen, jetzt stand Bock ganz allgemein für Lust und Gier, auch im sexuellen Sinne. So erklärt sich der sprichwörtliche geile Bock in der Umgangssprache.

In den späten 1970er Jahren ist «Bock haben» dann in der Bedeutung von «Lust haben» in der Jugendsprache aufgetaucht und erstaunlicherweise bis heute als Redewendung populär geblieben.

Blauäugig sein

Wenn man von jemandem sagt, er sei «blauäugig», drückt man damit aus, dass man ihn für unerfahren oder naiv hält, für absolut harmlos und häufig auch für etwas dumm.

Seit der Mitte des 19. Jahrhunderts ist diese Redewendung bekannt, und ein Grund hierfür dürfte in der Tatsache liegen, dass neugeborene Babys zumindest in Mitteleuropa zunächst einmal blaue Augen haben, die erst später ihre endgültige Farbe annehmen. Babys sind natürlich niedlich und rührend, aber auch völlig naiv, unschuldig und noch recht unschlau.

Ein anderer Ursprung dieser Redewendung findet sich in der Literatur und der populären Unterhaltungskunst unseres westlichen Kulturkreises: Die raffinierte, trickreiche Frau, die gefährliche Verführerin, wird häufig als brünett oder schwarzhaarig und glutäugig beschrieben. Das Gegenteil, die naive, unschuldige und schutzbedürftige Frau, ist häufig blond, mit heller Haut und blauen Augen – ein Klischee, das auch heute noch in vielen trivialen Unterhaltungsproduktionen weiterlebt und für dessen Erklärung ein Dutzend tiefenpsychologischer Bücher sicher nicht ausreichen würde.

Warum wurden 1953 in einer berühmten Filmkomödie «Blondinen bevorzugt»? Warum färbte sich die brünette Norma Jeane Baker die Haare blond, bevor sie als Marilyn Monroe weltberühmt wurde? Warum heißt der Kultfilm von 1933 *Tarzan und die weiße Frau*? Warum gibt es überhaupt Blondinenwitze? Und warum sang Udo Jürgens in den 1960ern *Siebzehn Jahr, blondes Haar*? Der Grund zumindest in diesem speziellen Fall ist klar: Die Angesungene ist ein schönes, naives und relativ unschuldiges Teenie-Girl. Und eins ist sie mit Sicherheit: ziemlich blauäugig.

Bistro

Als «Bistro» bezeichnet man ein kleines, gemütliches Lokal, ursprünglich im französischen Stil. Doch auch Schnellrestaurants und kleine Cafés ganz allgemein werden heute so genannt.

Wie so häufig gibt es viele Geschichten und Theorien zum Ursprung. Fest steht nur eines: Das Wort kommt aus dem Russischen, wo es die Bedeutung «schnell» hat und sich dann im Laufe des 19. Jahrhunderts in Frankreich etablierte. Es werden im Wesentlichen drei Möglichkeiten genannt, wie es von Russland nach Frankreich gekommen sein könnte.

So könnte es 1814 infolge der Befreiungskriege gegen Napoleon nach Paris gekommen sein, als Paris von Kosaken besetzt wurde. Weil sich die Besatzer als die wahren Herrscher von Paris sahen, haben sie sich auch entsprechend benommen, so auch in den Pariser Restaurants und Kneipen. Man verlangte einfach, dass es schnell gehen möge mit dem Servieren des Essens, und zwar durch den Ruf *«Bystro, bystro!»*. Aber auch aus Russland zurückgekehrte französische Soldaten könnten das Wort gewissermaßen importiert haben.

Eine weitere Theorie besagt, dass das Wort «Bistro» erst Jahrzehnte später von russischen Aristokraten mitgebracht wurde, die während der Oktoberrevolution nach Frankreich emigrierten. Ihrer adligen Herkunft entsprechend, forderten sie in den Lokalen hochnäsig und arrogant nach einem schnell zubereiteten guten Essen.

Welche Herleitung auch immer die richtige ist, Fakt ist: Die eine Hälfte vom Bistro stammt aus Frankreich und die andere aus Russland.

Cool

Countdown

Als Countdown bezeichnet man das Rückwärtszählen bei Raketenstarts. Bei *zero*, also bei null, wird gezündet, und die Rakete hebt ab.

Am 15. Oktober 1929 ist ein bemerkenswerter Film des berühmten deutschen Regisseurs Fritz Lang in die Kinos gekommen. Er heißt *Die Frau im Mond* und war einer der ersten Science-Fiction-Filme überhaupt.

In diesem Raumfahrer-Epos wurden natürlich auch Weltraumraketen ins All geschickt. Und Fritz Lang hatte die Idee, den Moment des Starts besonders dramatisch zu inszenieren, indem unmittelbar vorher rückwärts von zehn bis null gezählt wurde. Er selbst hat erklärt: «Wenn ich eins, zwei, drei oder auch bis 50 oder 100 zähle, weiß das Publikum ja nie, wann die Rakete losgeht. Aber wenn ich rückwärts zähle, von zehn bis null – dann verstehen sie's sofort.»

Die US-amerikanische Weltraumbehörde Nasa hat die Idee des Countdowns später übernommen, und inzwischen zählen die meisten Menschen zu Silvester regelmäßig die Sekunden runter, um das neue Jahr pünktlich willkommen zu heißen.

Cool

«Cool» kann heute fast alles sein, was man gut findet und positiv bewertet, außer völlig unbedeutenden Alltagsgegenständen oder Vorgängen.

Cool zu sein war in den 1950er Jahren groß in Mode. Man gab sich lässig, introvertiert und auch gern kühl und distanziert. Es gab den *Cool Jazz*, und James Dean war für die Jugendlichen ein ultracooler Star. Seit den 1960ern wurden dann auch Rockgruppen in cool und definitiv uncool unterschieden.

Das Wort «cool» hat auch die nächsten Jahrzehnte in der Jugendsprache überlebt, dabei allerdings immer wieder seine Bedeutung geändert. In den 1990ern konnten auch besonders gute schulische Leistungen als cool gelten – das wäre vorher undenkbar gewesen. Und ungefähr seit der Jahrtausendwende finden Kids alles Mögliche cool, von Markenklamotten bis zum Meerschweinchen.

Dauerbrenner

Etwas halten wie ein Dachdecker

Jemand die Daumen drücken

Auf Draht sein

Mit jemand durch dick und dünn gehen

Dreck am Stecken haben

Dusel haben

Etwas halten wie ein Dachdecker

«Das kannst du halten wie ein Dachdecker» bedeutet, dass man es bei etwas nicht so genau nehmen muss, es kommt nicht so genau darauf an.

Der Ausdruck ist vor rund 100 Jahren entstanden und kommt daher, dass Dachdecker schwer zu kontrollieren waren. Kaum einer der Bauherren hatte den Mut, aufs Dach zu klettern und die Qualität der Arbeit dort oben zu überprüfen.

Von daher hatte man als Arbeiter oben auf dem Dach jede Menge Freiheiten und konnte es halten wie ein Dachdecker.

Jemand die Daumen drücken

«Jemand die Daumen drücken» bedeutet, ihm Glück zu wünschen und symbolisch Unglück von ihm abzuhalten.

Die Redewendung geht auf einen alten germanischen Volksglauben zurück. Der Daumen hatte hier quasi eine doppelte Bedeutung. Einerseits war er der wichtigste Finger und galt als Glücksfinger mit übersinnlichen Kräften. Andererseits konnte der Daumen aber auch einen Kobold symbolisieren, der Unheil anrichtet und den man deshalb unter Kontrolle halten muss.

Damit die beiden Daumen der betreffenden Person nicht schaden konnten, hat man sie mit den anderen Fingern umschlossen und festgehalten. Man hat diesem Menschen die Daumen gedrückt.

Mit jemand durch dick und dünn gehen

Die Formulierung bedeutet, dass man jemand fest zur Seite steht, ihm in allen Lebenslagen bedingungslos hilft, egal, was kommt.

Wenn zwei Menschen erfolglos versuchen abzunehmen, aber durch den berüchtigten Jo-Jo-Effekt immer wieder zunehmen, dann gehen sie gemeinsam durch dick und dünn. Das wäre eine nette Erklärung, wenn sie denn stimmen würde. Tatsächlich kommt die Redewendung aber von dem Wort «dick» in seiner alten Bedeutung «dicht». Dichte Sträucher oder Baumflächen nennt man ja auch heute noch «Dickicht».

Die Formulierung heißt also eigentlich, «mit jemand durch dicht und dünn bewaldetes Gelände gehen». Wer früher bereit war, mit jemand loszuziehen, egal ob über Wiesen oder durch dichtes Gestrüpp und gefährliche Wälder, der war ein echter Kumpel, denn er ging mit dem Freund durch dick und dünn.

Dreck am Stecken haben

Wenn jemand «Dreck am Stecken» hat, dann hat er etwas Unschönes zu verbergen, er hat möglicherweise eine kriminelle Vergangenheit.

Vor rund 500 Jahren waren nur sehr wenige Wege mit Steinen gepflastert. Wer zu Fuß unterwegs war, ging also über Sand, Gras, Matsch und Schlamm, und dass die Schuhe dabei manchmal ganz schön schmutzig wurden, blieb nicht aus. Wenn der Wanderer nun bei irgendjemand das Haus betrat, hat er in der Regel die Schuhe erst mal sauber gemacht, um den Dreck nicht hineinzutragen. Und für diese Reinigung wurde meistens der damals übliche Wanderstock benutzt, der sogenannte Stecken, manchmal mussten auch die Ärmel herhalten. In beiden Fällen waren die Schuhe nachher relativ sauber, aber die Ärmel und der Stecken natürlich nicht.

Dreck und Schmutz galten damals als Symbole für etwas Schlimmes, zum Beispiel für die Sünde. Das Gegenteil, die Unschuld, galt als sauber und rein. Wir sprechen ja noch heute von der reinen Unschuld. Vor diesem Hintergrund ist dann die Redewendung entstanden, um Leute zu kennzeichnen, die ihre schmutzige oder sündige Vergangenheit verbergen wollen, die man aber nach wie vor erkennen kann: nämlich am Dreck, der noch am Stecken klebt!

Auf Draht sein

Wenn jemand «auf Draht ist», dann ist diese Person sehr aufgeweckt und fit, sodass sie im entscheidenden Moment richtig handelt, schneller reagieren kann als andere und ihre Chancen wahrnimmt.

Die Redewendung geht auf das 19. und frühe 20. Jahrhundert zurück, und zwar auf die damals moderne Technik der Telegraphie. Mit ihrer Hilfe konnten Texte zum ersten Mal in kurzer Zeit über weite Strecken von einem Schreibtelegraphen zum nächsten übertragen werden. Die Buchstaben der Nachricht wurden im sogenannten Morsecode beziehungsweise im Morsealphabet übertragen, benannt nach Samuel Morse, dem Erfinder dieser Technik.

Die Telegraphen waren durch Kupferkabel miteinander verbunden, die, auf riesige Telegraphenmasten gespannt, die Landschaft verschandelten. Und diese Kupferkabel sind der Draht, der hier gemeint ist. Wenn man damals zum Beispiel als Geschäftsmann wirklich erfolgreich sein wollte, dann musste man wie heute auch kommunikationstechnisch auf der Höhe der Zeit und immer erreichbar sein. Was heute Mobiltelefone, Smartphones, E-Mails, Twitter oder Facebook sind, war damals der Telegraph – und wer wirklich modern und voll im Trend war, der war schwer auf Draht.

Dusel haben

«Dusel haben» ist gleichbedeutend mit «Glück haben».

Das Wort «Dusel» kommt aus dem Plattdeutschen und bedeutet ursprünglich so viel wie Rausch, Dämmerzustand oder Betäubung. Wer im Dusel ist, der ist nicht ganz bei Bewusstsein, geistig nicht so richtig fit – eventuell auch alkoholbedingt. Eng verwandt mit dem Dusel ist das Dösen, womit eine Verfassung gemeint ist, bei der man sich im Halbschlaf befindet.

Tief im Volksglauben verwurzelt ist die Vorstellung, dass man in einem solchen Zustand vor vielen Gefahren gefeit ist und einem nicht viel passieren kann. Noch heute hört man oft das Sprichwort «Kinder und Betrunkene haben einen (eigenen) Schutzengel». Und schon in der Bibel heißt es im Psalm 127, Vers 2: «Den Seinen gibt's der Herr im Schlaf.» Demnach sind die dösenden Menschen, die sich also im Dusel befinden, glückliche Menschen. Deswegen ist jemand, der Dusel hat, nach heutigem Verständnis eine Person, die Glück hat.

Dauerbrenner

Vor allem im Showgeschäft wird dieser Ausdruck häufig verwendet, etwa wenn ein Musiktitel sich ungewöhnlich lange in den Charts hält. Das Wort kann sich aber auch auf bestimmte Produkte beziehen, die sich über lange Zeit erfolgreich am Markt behaupten. Ein Dauerbrenner ist das Gegenteil eines kurzlebigen Erfolges.

Normale Öfen, mit denen man teilweise bis in die 1970er Jahre die Wohnungen beheizt hat, konnten immer nur für eine bestimmte Zahl von Stunden für Wärme sorgen, ohne neu mit Brennstoff bestückt zu werden. Es gab aber auch fortschrittlichere Varianten, die so konstruiert waren, dass sie zum Beispiel in der Nacht durchheizen konnten, ohne Neustart. Das waren die sogenannten Dauerbrandöfen oder auch Dauerbrenner.

Durch das Aufkommen der modernen Zentralheizungen sind diese Dauerbrenner inzwischen weitgehend vom Markt verschwunden, aber in der Redewendung haben sie überlebt.

Eselsbrücke

Höchste Eisenbahn sein

Jemand erdrosseln

Eselsbrücke

«Eselsbrücken» sind kleine Sprüche oder Reime, durch die man sich Fakten, Daten oder Jahreszahlen leichter merken kann.

Esel gelten als extrem störrisch und eigensinnig. Das liegt aber auch daran, dass sie ausgesprochen intelligente und vorsichtige Tiere sind. Sie weigern sich unter anderem, selbst durch kleinste Wasserläufe zu gehen, weil sie nicht genau sehen können, wo sie hintreten.

Daher haben die Bauern ihren Lasteseln früher kleine Behelfsbrücken gebaut, über die die Tiere dann anstandslos gegangen sind. Wenn man also ein pfiffiges Hilfsmittel benutzt, um ans Ziel zu kommen, dann hat man sich eine Eselsbrücke gebaut.

Jemand erdrosseln

Wenn ein Opfer «erdrosselt» wird, dann wird es durch Zudrücken oder Zuschnüren der Kehle getötet, es wird erwürgt.

Die beliebten Drosseln, also unsere sympathischen Singvögel, haben mit dieser Redewendung nichts zu tun. In diesem Zusammenhang kommt eine zweite Bedeutung des Wortes «Drossel» zum Tragen:

In der Technik bezeichnet man Vorrichtungen, mit denen man Durchflussmengen, zum Beispiel von Wasser, regulieren kann, als Drosseln. Die menschliche Kehle wiederum regelt den Durchfluss von Luft, Nahrung oder Flüssigkeiten. Deshalb war Drossel früher ein gebräuchliches Wort für die Kehle. Und wenn man jemand die Kehle zudrückt, dann setzt man gewissermaßen das

Ventil außer Kraft, das die Zufuhr dieser lebenswichtigen Stoffe regelt, und unterbricht die Versorgung – man erdrosselt ihn.

Es gibt eine zweite Formulierung, in der die Drossel in dieser Bedeutung überlebt hat: Wenn jemand reichlich Alkohol durch die Kehle rinnen lässt, dann sagt man noch heute: «Das ist 'ne echte ‹Schnapsdrossel›.»

Höchste Eisenbahn sein

Wenn es mal wieder «höchste Eisenbahn» ist, dann muss etwas ganz dringend erledigt werden, weil die Angelegenheit höchst eilig ist.

Diese Redewendung geht zurück auf ein Theaterstück des Schriftstellers Adolf Glaßbrenner aus dem Jahr 1847. Genauso wie heutige Comedyautoren hat auch er versucht, seine Figuren mit ganz besonderen, schrägen und schrulligen Charakterzügen auszustatten, damit sie sich dank des Wiedererkennungswertes bei den Zuschauern einprägten.

In Glaßbrenners Stück *Ein Heiratsantrag in der Niederwallstraße* sorgt unter anderem ein Postbote für Lacher, der einen Sprachfehler hat und wiederholt Worte und Satzteile durcheinanderwirft. Als der junge Mann in einer Szene seinen urplötzlichen Aufbruch zum Bahnhof zu erklären versucht, wo schon längst die Post angekommen ist, die er auszutragen hat, entschuldigt er sich in der ihn kennzeichnenden unbeholfenen Art und Weise: «Es ist allerhöchste Eisenbahn, die Zeit ist schon vor 3 Stunden angekommen.» Das Berliner Publikum war sehr amüsiert, geradezu begeistert, und in kurzer Zeit ist dieser Ausspruch in die ganz normale Alltagssprache eingegangen.

Mit Fug und Recht

Dem Fass den Boden ausschlagen

Den Faden verlieren

Flohmarkt / Trödelmarkt

Fuchsteufelswild

Einen Föhn kriegen

Unter der Fuchtel stehen

Eine Flasche sein

Ins Fettnäpfchen treten

Nicht viel Federlesens machen

Den Faden verlieren

Wer «den Faden verliert», weiß nicht mehr weiter, kommt nicht mehr zielgerichtet voran, verzettelt sich. Auch im Gespräch kann man «den Faden verlieren», man weiß dann zum Beispiel nicht mehr, was man eigentlich genau sagen wollte.

Höchstwahrscheinlich geht die Redewendung auf eine Geschichte aus der griechischen Sagenwelt zurück. Ariadne war die Tochter von König Minos auf Kreta. Sie war schwer verliebt in einen gewissen Theseus, und der liebte auch sie.

Aber für jeden, der seine Tochter heiraten wollte, hielt der Vater eine so gut wie unlösbare Aufgabe bereit. Jeder Aspirant musste in ein finsteres Labyrinth steigen und dort das fiese Monster Minotaurus töten. Eine ganze Reihe von Bewerbern war dem Monster oder dem Labyrinth schon zum Opfer gefallen, aber für Theseus hatte Ariadne ein perfektes Navigationssystem ersonnen: ein Knäuel mit roter Wolle, das der Held im Labyrinth abrollen sollte, um so nach gelungener Monsterschlachtung wieder den Weg zum Ausgang zu finden.

Der Trick hat funktioniert, und Theseus entstieg dem Labyrinth unversehrt, weil er den Faden nicht verloren hatte.

Dem Fass den Boden ausschlagen

Wenn etwas «dem Fass den Boden ausschlägt», dann ist die Empörung groß, dann reicht es wirklich und man ist echt sauer.

Wenn jemand heute den Nachnamen Böttcher trägt, dann war unter seinen Vorfahren vermutlich ein Fassmacher, vielleicht sogar mehrere, denn die nannte man früher Böttcher.

Die Herstellung von Fässern war schon immer eine technisch anspruchsvolle Tätigkeit. Denn wenn ein Böttcher bei der Herstellung eines Fasses den sogenannten Fassreifen zu stark zur Mitte hin schlug, konnte es passieren, dass sich ein zu hoher Druck aufbaute, durch den der Boden aus dem Fass sprang: Er hatte dem Fass aus Versehen den Boden ausgeschlagen.

Eine andere Erklärung für diese Redewendung geht auf das bayrische Reinheitsgebot für Bier von 1516 zurück. Dieses Reinheitsgebot wurde streng überprüft, und wenn ein Bierpanscher erwischt wurde, der sich nicht daran gehalten hatte, dann wurde das Bier vernichtet, indem man dem Fass den Boden ausschlug, sodass es auslief.

Ins Fettnäpfchen treten

Ist man «ins Fettnäpfchen getreten», dann hat man einen anderen Menschen durch eine unüberlegte Äußerung oder Handlung verärgert oder seinen Missmut hervorgerufen. Womöglich hat man auch ein Thema angesprochen, das für den anderen unangenehm ist.

Diese Formulierung ist seit dem 19. Jahrhundert belegt, und zu der Zeit gab es auch tatsächlich noch ganz echte Fettnäpfe, die in den Bauernhäusern auf dem Fußboden standen, meistens in der Nähe des Herdes. Sie enthielten Stiefelfett zum Imprägnieren der Schuhe. Andere Quellen beziehen sich auf Fettnäpfchen, die dazu dienten, das Fett aufzufangen, das von den Würsten oder Schinken tropfte, die zum Räuchern an der Decke aufgehängt worden waren.

Völlig unabhängig davon, welches Fett denn nun im Napf war: Wer nicht aufpasste und versehentlich in einen solchen Napf hineintrat, hat hinterher natürlich den ganzen Fußboden mit Fett verschmiert – und sich den Zorn der Hausfrau zugezogen, die nun zusätzliche Arbeit hatte, weil dieser Trottel ins Fettnäpfchen getreten war.

Mit Fug und Recht

Man tut oder sagt etwas «mit Fug und Recht», wenn es stimmt, wenn es in Ordnung und absolut berechtigt ist.

Das «Recht» in dieser Redewendung erklärt sich von selbst, doch wo kommt das «Fug» her? Es ist aus dem mittelhochdeutschen Wort «vuoc» hervorgegangen, und das bedeutete früher ebenfalls «Recht» oder «das, was erlaubt ist». Strenggenommen heißt mit Fug und Recht also einfach nur mit Recht und Recht, frei nach dem Motto: Doppelt gemoppelt hält besser.

Die Redewendung enthält also zwei Wörter mit annähernd derselben Bedeutung, was sie zu einem sogenannten Hendiadyoin macht. Auch wenn der Name es nicht unbedingt vermuten lässt, es handelt sich hierbei um eine in der deutschen Sprache sehr beliebte und häufige Stilfigur mit vielen Beispielen: frank und frei, rank und schlank, klipp und klar und so weiter.

Das Wort «Fug» ist im heutigen Deutsch so gut wie ausgestorben, als Wortbestandteil wie in «Befugnis» hat es aber überlebt. Das Gegenteil von Fug steht interessanterweise immer noch hoch im Kurs und ist überall im Gebrauch: Wenn etwas nicht in Ordnung ist, wenn es unsinnig ist, dann sagen wir auch heute noch: Das ist Unfug.

Fuchsteufelswild

Wenn jemand «fuchsteufelswild» ist, dann ist er extrem wütend und verhält sich auch dementsprechend.

Es kann schon mal vorkommen, dass ein Fuchs sich ziemlich wild aufführt, zum Beispiel wenn er in einer Falle sitzt und sich befreien will oder auch wenn er von der Tollwut befallen ist. Und in diesem Sinne ist das Wort «fuchswild» schon im 16. Jahrhundert gebraucht worden. Später wurde es dann verändert und erweitert, quasi als Steigerung. Im berühmten Wörterbuch der Brüder Grimm steht als Erläuterung: «Fuchsteufelswild bedeutet, dass jemand im höchsten Grade aufgebracht ist, als wenn er des Teufels wäre».

Fazit: Ein wilder Fuchs an sich ist schon ein unangenehmer Gegner, aber wenn er zusätzlich noch vom Teufel besessen ist, dann sollte man ihm besser aus dem Weg gehen.

Einen Föhn kriegen

«Einen Föhn kriegt» man, wenn man sich über etwas aufregt, wenn man hochgradig genervt ist, wenn einen eine Sache wirklich ärgert.

Wenn man einen Haartrockner geschenkt bekommt, ist das vielleicht nicht das originellste Geschenk der Welt, aber ein Grund, sich zu ärgern, ist es nun auch wieder nicht. Immerhin sind die Dinger ja praktisch und nützlich.

Der Ursprung dieser Redewendung dürfte bei einem anderen Föhn liegen: Auch die Fallwinde, die in der Nähe von größeren Gebirgen auftreten können, heißen Föhn. Besonders in der Alpenregion kommt es relativ häufig zu sogenannten Föhnwetterlagen, die von diesen relativ warmen und trockenen Winden bestimmt werden. Wetterfühligen Menschen ist dann leicht unwohl, sie leiden unter Kopfschmerzen oder Herz- und Kreislaufproblemen, sie bekommen im wahrsten Sinne des Wortes einen Föhn.

Flohmarkt / Trödelmarkt

Auf «Flohmärkten» oder auch «Trödelmärkten» verkaufen vorwiegend Privatleute gebrauchte Gegenstände, ohne kommerziellen Erwerbsdruck. Es gibt aber auch halbprofessionelle oder professionelle Händler auf solchen Märkten.

Im späten Mittelalter war es üblich, dass die Fürsten dem Volk getragene Kleidungsstücke überließen, und so entstanden Märkte, auf denen mit diesen sogenannten Kleidergaben gehandelt wurde. Mehr als ein Menschenfloh hat dabei die Gelegenheit genutzt, den Wirt zu wechseln, sodass sich die Bezeichnung «Flohmarkt» entwickelte.

Das Wort «Trödelmarkt» wiederum geht auf eine von zwei Bedeutungen zurück, die das Verb «trödeln» früher hatte, allerdings nicht die, die heute noch gebräuchlich ist: Wer trödelt, der tut etwas zu langsam und braucht zu lange, um ans Ziel zu kommen. Früher hieß trödeln aber auch mit Kleinkram handeln, und hier liegt der Ursprung des Wortes «Trödelmarkt».

Unter der Fuchtel stehen

«Unter der Fuchtel» steht man, wenn man von jemand streng geführt, von ihm dominiert, unterdrückt und beherrscht wird.

Die Fuchtel war ein relativ stumpfer Degen mit breiter Klinge, der im preußischen Heer nicht nur als Kampfwaffe benutzt wurde: Schläge mit der (flachen) Klinge der Fuchtel waren bis 1806 eine häufig angewendete Strafe. Die so bestraften Soldaten standen im wahrsten Sinne des Wortes «unter der Fuchtel».

Dementsprechend steht das Wort «Fuchtel» für die Gewalt oder Macht, der jemand unterworfen ist.

Von der Fuchtel ist außerdem noch ein Tätigkeitswort abgeleitet, das wir benutzen, wenn jemand seine Arme besonders heftig und unkoordiniert bewegt. Dann sprechen wir davon, dass diese Person herumfuchtelt.

Eine Flasche sein

Wenn jemand «eine Flasche ist», dann ist er unfähig und leistet nichts, er ist schlicht und ergreifend ein Versager.

Diese Redewendung hat ihren Ursprung in Italien. Dort wurden nämlich schlechten Schauspielern und Sängern, aber auch untreuen Frauen bis ins 18. Jahrhundert hinein als Zeichen der

Missachtung und Verspottung Flaschen um den Hals gehängt. Aus dem Versager, der eine Flasche umgehängt hatte, ist dann sprachlich quasi die Gesamtflasche, der Mensch «Flasche» geworden.

Interessant ist auch, wie eine bauchige Korbflasche auf Italienisch heißt, nämlich *fiasco*. Auch dieses Wort ist in die deutsche Sprache eingegangen als Synonym für ein Totalversagen und ein Debakel.

Irgendwie scheinen die Italiener ein besonderes Verhältnis zu Flaschen zu haben. Wir erinnern uns an eine legendäre Pressekonferenz des FC Bayern am 10. März 1998, als der damalige Trainer Giovanni Trapattoni die unsterblichen Worte fand: «In diese Spiel es waren zwei, drei oder vier Spieler, die waren schwach wie eine Flasche leer!»

Nicht viel Federlesens machen

Wer «nicht viel Federlesens» macht, der kommt sofort zur Sache und macht nicht viele Umstände. Er legt sofort mit seinem Vorhaben los.

Wenn ein Angestellter morgens im Anzug zur Arbeit geht, ist es nicht unüblich, dass die treu sorgende Ehefrau ihm noch schnell ein paar Haare, Schuppen oder andere Anhaftungen von der Kleidung «liest», damit er wirklich gepflegt aussieht.

Im Mittelalter gehörten zu diesen Anhaftungen an der Kleidung oft auch kleine Federn, ganz einfach weil das Geflügel in unmittelbarer Nähe zu den Wohnräumen gehalten wurde. Menschen mit einem niedrigeren Rang haben Ranghöheren oder

Adligen diese Federn häufig von ihren Gewändern «gelesen». Auf diese demütige und unterwürfige Geste geht die Redewendung zurück.

Von Außenstehenden wurde dieses Verhalten oft als kriecherische Schmeichelei interpretiert, als unsinniges und närrisches Handeln. Und so entstand die Redewendung mit der Bedeutung: Mach nicht viel Federlesens, also keinen Unsinn, sondern fange sofort mit etwas an.

Gardinenpredigt

Dasselbe in Grün

Gedöns

Hinter schwedischen Gardinen sitzen

Etwas an die große Glocke hängen

Weiß der Geier

Geld auf der hohen Kante haben

Geld auf den Kopf hauen

Geheimratsecken

Gefahr im Verzug

Ein Geschäft machen

Sich gerädert fühlen

Geschlaucht sein

Gardinenpredigt

Von einer «Gardinenpredigt» spricht man, wenn eine Frau lautstark mit ihrem Mann schimpft und ihm heftige Vorwürfe macht.

Mit Gardinen wurden früher die Vorhänge bezeichnet, die Betten oder Schlafkojen vom restlichen Raum abtrennten. Die Gardinenpredigt hat also nichts mit unseren heutigen Fenstergardinen zu tun, sondern hängt mit diesen Bettvorhängen zusammen.

Mehr als einmal ist es wohl vorgekommen, dass hinter diesen Vorhängen die Ehefrau lag und schlief, während der Mann mehr oder weniger betrunken nach Hause kam. Wenn die Frau nun dadurch aufwachte, schimpfte und meckerte sie natürlich entsprechend los – mit anderen Worten: Ihr Mann durfte sich eine deftige «Gardinenpredigt» anhören.

Hinter schwedischen Gardinen sitzen

Wer «hinter schwedischen Gardinen sitzt», sitzt schlicht und ergreifend im Gefängnis.

Stahl aus Schweden hatte schon immer den Ruf, besonders haltbar und widerstandsfähig zu sein. Der sogenannte Schwedenstahl wurde zum Beispiel auch als Qualitätsmerkmal schwedischer Autos immer wieder werbewirksam propagiert.

Dank dieser speziellen Eigenschaften hat man früher bei der Herstellung von Gefängnisgittern besonders gern auf schwedischen Stahl zurückgegriffen. Wer im Knast saß, konnte also bestenfalls durch ein solches Gitter einen Blick nach draußen werfen und saß somit hinter schwedischen Gardinen. Die

Redewendung ist im späten 19. Jahrhundert in der deutschen Gaunersprache aufgekommen und von da ins normale Alltagsdeutsch übergegangen.

Gefahr im Verzug

Wenn «Gefahr im Verzug» ist, muss augenblicklich gehandelt werden, zum Beispiel um ein Verbrechen zu verhindern.

Schon eigenartig: «Gefahr im Verzug» hört sich ja eher so an, als verringere sich die Gefahr, als «verziehe» sie sich quasi wieder. Aber das Gegenteil ist der Fall. Diese Redewendung geht zurück auf den römischen Geschichtsschreiber Titus Livius.

Bei der Beschreibung einer Schlacht hat er die Formulierung *«periculum in mora»* gebraucht, was so viel heißt wie «Gefahr bei Verzögerung» – also für den Fall, dass nicht rasch gehandelt würde. Aus dieser lateinischen Redewendung ist schließlich das deutsche «Gefahr im Verzug» hervorgegangen und in der Sprache der Juristen und Polizisten ein feststehender Begriff geworden.

Weiß der Geier

«Weiß der Geier» sagt man, wenn man etwas überhaupt nicht weiß oder man eine Frage definitiv nicht beantworten kann. Oft ist mit der Redewendung auch eine leicht abwertende Haltung verbunden, die verdeutlicht, dass man an der Antwort auch nicht sonderlich interessiert ist.

Geier sind ja bekanntlich sehr nützliche Vögel, denn sie sind Aasfresser. Doch die aasfressenden Totenvögel waren den Menschen noch nie sonderlich sympathisch, und ein besonders positives Image hatten sie auch nicht, ganz im Gegenteil.

Im Volksglauben hat man Geier, genauso übrigens wie Raben, deshalb häufig mit dem Teufel gleichgesetzt. Und so sagt man seit über 500 Jahren: «Weiß der Geier», wenn man eigentlich meint: «Das weiß nur einer, der allwissende Teufel.»

Ein Geschäft machen

Wer «ein Geschäft macht», hat einen Deal abgeschlossen, er war auf wirtschaftlichem Gebiet erfolgreich. Das ist die eine Bedeutung dieser Formulierung, auf die an dieser Stelle aber nicht weiter eingegangen werden soll. Das Augenmerk soll vielmehr auf dem Geschehen auf der Toilette liegen, bei dem besonders feinsinnige Zeitgenossen sogar zwischen dem großen und dem kleinen Geschäft unterscheiden. Wer glaubt, das Ganze sei ein menschliches Privileg, irrt übrigens, auch Hunde, mit denen man Gassi geht, machen ein Geschäft.

Wenn man rund 2000 Jahre zurückgeht in unserer Kulturgeschichte, dann landet man im alten Rom. Und die Menschen damals hatten ein sehr unverkrampftes Verhältnis zu ihren Körperfunktionen. So gab es beispielsweise keine Einzeltoiletten, wie wir sie kennen, sondern die sogenannten Latrinen, in denen bis zu 80 Leute gesellig plaudernd nebeneinandersaßen und ihr Geschäft verrichteten.

Dass man in diesem Zusammenhang davon spricht, dass man ein Geschäft macht, ist naheliegender, als man denkt. Es gab nämlich auch die Luxusausgaben der normalen Latrinen, mit Marmorsitzen und sogar Fußbodenheizung. Das waren öffentliche Toiletten für die römische High Society, und – ob man's glaubt oder nicht – hier wurde nicht nur über dies und das geredet, sondern hier wurden im wahrsten Sinne des Wortes ganz reale Geschäfte abgeschlossen. Und seitdem gehen auch wir auf unser Einzelklo und machen dort unser ganz eigenes Geschäft.

Etwas an die große Glocke hängen

Wenn man «etwas an die große Glocke hängt», dann bringt man etwas Privates oder Vertrauliches an die Öffentlichkeit, indem man es herausposaunt oder herumerzählt.

Wichtige Bekanntmachungen und Mitteilungen für die Öffentlichkeit wurden früher durch Glockenläuten angekündigt. Dabei konnte die Schelle des Gemeindedieners zum Einsatz kommen oder bei sehr wichtigen Anlässen die Kirchenglocken. Auch Gerichtsverhandlungen wurden auf diese Weise angekündigt. Wenn beispielsweise ein Schuldner seinen Zahlungen nicht nachgekommen war, dann wurde er «verläutet», wie man damals gesagt hat.

Wenn also ein Streit oder ein Geschehen aus dem rein privaten Bereich zu einem öffentlichen Vorgang wurde, dann hatte man die Sache an die große Glocke gehängt.

Dasselbe in Grün

«Dasselbe in Grün» bezeichnet Dinge, die sich ähneln oder fast identisch sind.

Es gibt zwei Herleitungen für diese Redewendung, die eines ganz sicher nicht sind: dasselbe in Grün.

Johanna Schopenhauer war die Mutter des Philosophen Arthur Schopenhauer und veröffentlichte um 1800 ihr Tagebuch *Im Wechsel der Zeiten, im Gedränge der Welt*. Darin schildert sie unter anderem, wie ein Dienstmädchen in einem Laden ein rosarotes Band vorzeigt und nach «derselben Couleur, aber in Grün» verlangt. Damit verschaffte sie dieser Anekdote eine breite Aufmerksamkeit und sorgte womöglich für den Einzug der entsprechenden Redewendung in die deutsche Sprache.

Einer anderen Theorie zufolge, die wesentlich verbreiteter ist, war jedoch ein Auto der Anlass für diese Formulierung, und zwar ein Fahrzeug von Opel, das ab 1924 gebaut wurde. Opel gehörte damals noch nicht zum Autobauer General Motors, die Übernahme durch die US-Amerikaner fand erst fünf Jahre später statt. Als erster Autohersteller in Deutschland hatte Opel das von Ford in den USA eingeführte Fließbandprinzip übernommen. Produziert wurde der vergleichsweise kleine Opel 4 PS. Es gab ihn zwar in verschiedenen Versionen, aber eines hatten sie alle gemeinsam: Sie wurden grundsätzlich in Grün geliefert. Diese Beschränkung war nicht weiter ungewöhnlich, denn in diesen Tagen war man in Sachen Autofarben noch recht unflexibel. Legendär ist der Hinweis von Henry Ford zu seinem T-Modell: «Meinen Ford kann der Kunde in allen Farben bestellen, einzige Bedingung, er muss schwarz sein.» Der Opel 4 PS war dank seiner Farbe jedenfalls bald als «Opel Laubfrosch» bekannt.

Fachleuten, Kfz-Schraubern und Autofans fiel damals sehr schnell auf: Der Opel Laubfrosch war die exakte Kopie des französischen Wagens Citroën 5CV, der in Zitronengelb auf dem Markt war. Die Plagiatsvorwürfe der Franzosen wurden von deutschen Gerichten letztlich nur aufgrund eines unterschiedlich gearbeiteten Kühlergrills zurückgewiesen – einer der wenigen Unterschiede, abgesehen von der Farbe. Der Opel Laubfrosch war ganz offensichtlich keine Eigenkonstruktion der deutschen Autobauer, sondern schlicht ein Nachbau des gelben Citroën CV5 – es war dasselbe Auto in Grün.

Geld auf der hohen Kante haben

Beneidenswert, wer «Geld auf der hohen Kante hat». Er hat nämlich etwas gespart. Wer erst dabei ist, Rücklagen zu bilden, der «legt sein Geld auf die hohe Kante».

Die Formulierung stammt aus den Zeiten, als die Betten wohlhabender Bürger noch reich ausgestattet und gewissermaßen überdacht waren. Von diversen Filmen und Bildern kennt man die Baldachine, die von einer Balkenkonstruktion getragen wurden, die ziemlich hoch aufragen konnte. Und dort haben die Menschen ihre Wertgegenstände versteckt, indem sie ihr Geld und ihren Schmuck entweder in Fächern verstauten, die in diese Balken eingelassen waren, oder aber einfach «auf die hohe Kante legten».

Eine clevere Methode gegen Diebstahl in Zeiten, als es noch kein entwickeltes Bankensystem gab – vorausgesetzt, man war kein ausgesprochener Tiefschläfer – und darüber hinaus eine interessante frühe Form des Homebankings …

Geld auf den Kopf hauen

Wenn man «Geld auf den Kopf haut», dann gibt man es hemmungslos aus, ohne Rücksicht auf Verluste. «Geld auf den Kopf hauen» ist das absolute Gegenteil von sparen.

Ursprünglich hatte diese Redewendung nicht die Bedeutung von «verprassen» oder «sich's mal so richtig gut gehen lassen». Sie bezeichnete schlicht den völlig normalen Zahlungsvorgang, meistens mit Münzgeld, das schon im Mittelalter Kopf und Zahl hatte, so wie heute.

Da es seinerzeit wegen der vielen Kleinstaaten innerhalb Deutschlands allerdings eine Menge verschiedener Währungen gab, war es nicht unbedingt ohne weiteres möglich, die Münzen zweifelsfrei zu erkennen und zuzuordnen. Dementsprechend war es üblich, die Münzen beim Bezahlen immer mit der Wertangabe – also mit der Zahl – nach oben hinzulegen oder in Kneipen auch mal kräftig auf den Tisch zu «hauen». Somit lag die Münze immer mit dem Kopf nach unten, man hatte das Geldstück quasi auf den «Kopf gehauen».

Gedöns

Wenn jemand ein «Gedöns» veranstaltet, dann gibt es ein langes Hin und Her, ein großes Aufhebens und viel Wind um eine Sache, die es eigentlich gar nicht wert ist.

Im Mittelhochdeutschen gab es das Wort «gedense», das so viel wie «hin und her ziehen» bedeutete. Auf den ersten Blick scheint das vielleicht nicht besonders aufschlussreich zu sein, doch der berühmte Spruchdichter und Meistersinger Hans Sachs aus dem 16. Jahrhundert bringt mit seiner Beschreibung des alljährlichen Aufbruchs der Zugvögel ein wenig Licht ins Dunkel: «Dergleichen kummen auch die wildgens, die krench (Kraniche), machen ein lang gedens.»

Er beschreibt also, dass die Vögel erst mehrmals und scheinbar planlos hin und her fliegen, bevor sie endlich endgültig in ihre Winterquartiere aufbrechen, sie machen also ein großes «gedense». Und aus diesem Wort für Hin und Her hat sich dann in Norddeutschland das Gedöns entwickelt, das man inzwischen nach Belieben deutschlandweit machen kann.

Das Gedöns ist aber nicht nur in der Umgangssprache ausgesprochen erfolgreich, es hat es sogar bis in die hohe Politik geschafft: Unvergessen ist eine herablassende Äußerung des frischgewählten Bundeskanzlers Gerhard Schröder aus dem Oktober 1998, in der er das Familienministerium als Ministerium für «Frauenpolitik und Gedöns» bezeichnete.

Geheimratsecken

Mit dem Wort «Geheimratsecken» bezeichnet man altersbedingten Haarausfall bei Männern, der an den Schläfen beginnt.

Früher, als Deutschland noch in verschiedene Königreiche und Herzogtümer aufgeteilt war, führten die hochgestellten Regierungsbeamten, die dem jeweiligen Herrscher direkt unterstellt waren, die Bezeichnung «Geheimer Rat». Später wurde dieser Titel auch besonders verdienten Bürgern, meistens Spitzenbeamten, verliehen.

Geheim, das bedeutete damals, anders als heute, nicht nur «heimlich» oder «versteckt», sondern auch «vertraut». Ein Geheimrat war also ein Vertrauter seines Fürsten: ein Ratgeber, dem dieser vertraute. Logischerweise konnte ein junger Mann nicht gleich Geheimrat werden, denn dazu gehörte eine Menge Erfahrung, Reife und ein verdienstvolles Vorleben. Geheimräte waren also keine Jünglinge mehr und neigten deswegen schon mal zum Haarausfall in der Schläfengegend.

Übrigens, andere Länder, andere Ecken: In Österreich spricht man nicht von Geheimratsecken, sondern von Hofratsecken und in der Schweiz von Ratsherrnecken.

Geschlaucht sein

«Geschlaucht ist» man, wenn man körperlich völlig fertig ist, sei es vor Müdigkeit oder vor Anstrengung.

Man könnte denken, der Ausdruck «geschlaucht sein» kommt von irgendeinem Schlauch, der vielleicht überbeansprucht oder zu stark belastet wurde und als Konsequenz kaputtgegangen ist. Aber weit gefehlt!

«Geschlaucht sein» kommt vielmehr aus dem Jiddischen. Hier existiert das Wort «schlacha», das so viel bedeutet wie «etwas hinwerfen, auf den Boden schmeißen». Auf dieses «schlacha» geht die Redewendung zurück: Ist man völlig fertig, als sei man zu Boden gegangen oder als habe einen jemand in die Ecke geschleudert wie einen nassen Sack, dann ist man geschlaucht.

Sich gerädert fühlen

Wer «sich gerädert fühlt» , ist kaputt, erschöpft oder völlig fertig.

Begriffe wie «humaner Strafvollzug» oder «Resozialisierung» waren in früheren Jahrhunderten noch völlig unbekannt. Und bis ins 18. Jahrhundert hinein ist bei Schwerverbrechern unter anderem eine besonders grausame Art der Bestrafung angewandt worden, das sogenannte Rädern.

Dem Verurteilten wurden zunächst Arme und Beine gebrochen, dann wurde er auf ein großes Rad gebunden oder teilweise auch in das Rad «eingeflochten», was durch die gebrochenen Gliedmaßen möglich wurde. Der auf diese Weise geräderte, aber noch lebende Straftäter wurde dann zur Schau gestellt, bis der Tod eintrat. Wenn wir uns heute wie gerädert fühlen, dann geht es uns also vergleichsweise gut. Die Redensart erinnert uns aber an finstere und brutale Zeiten, die zum Glück vergangen sind.

Humbug

Grinsen wie ein Honigkuchenpferd

Hansdampf in allen Gassen

Jemand hänseln

Hals- und Beinbruch!

Sich zum Horst machen

Da wird ja der Hund in der Pfanne verrückt!

Jemand zeigen, was eine Harke ist

Auf dem Holzweg sein

Mit etwas nichts am Hut haben

Für jemand die Hand ins Feuer legen

Hot Dog

Jemand die Hammelbeine langziehen

Wie Hechtsuppe ziehen

Aus seinem Herzen keine Mördergrube machen

Vor die Hunde gehen

Haare auf den Zähnen haben

Auf den Hund gekommen

Das Heft in der Hand halten /
Das Heft aus der Hand geben

Hinz und Kunz

Wie bei Hempels unterm Sofa

Jackpot

Jemand zeigen, was eine Harke ist

Diese Redewendung bedeutet, dass man jemand ziemlich schroff auf den Boden der Tatsachen zurückholt, dass man ihm die Grundlagen eines Vorgangs erklärt, dass man ihm zeigt, wie etwas in der Realität wirklich abläuft.

Die Herkunft dieser Redensart ist einigermaßen sicher belegt: Sie geht zurück auf die im 16. Jahrhundert in Norddeutschland sehr populäre moralisch-lehrhafte Geschichte *Der ungerathene Sohn* (1540) von Hans Ackermann.

Die Geschichte handelt von einem Bauernjungen, der die seltene Gelegenheit bekommt, auf einer Lateinschule in der Stadt eine höhere Bildung zu erhalten. Diese Chance, sozial aufzusteigen verdirbt den Jungen und macht ihn zu einem überheblichen Schnösel. Als er eines Tages auf den elterlichen Bauernhof zurückkehrt, erklärt er hochnäsig und arrogant, er verstehe die Sprache der einfachen Leute nicht mehr. Mehr noch: Angeblich hat er inzwischen sämtliche Bezeichnungen für ganz alltägliche Gegenstände vergessen. Als Strafe für sein anmaßendes Verhalten tritt er infolge einer Unachtsamkeit auf eine Harke, sodass ihm, wie in einem schönen Stummfilm-Slapstick, der Stiel schmerzhaft an den Kopf knallt. Auf diese Weise erfährt er noch einmal eindringlich, was eine Harke ist. Eine Lektion, die er womöglich nicht so schnell vergisst.

Für jemand die Hand ins Feuer legen

«Für jemand die Hand ins Feuer legen» bedeutet, dass man einem Menschen voll vertraut und deswegen auch die Unschuld dieses Menschen beteuern kann.

Zur Entstehung der Redewendung gibt es mehrere Theorien. Die am häufigsten genannte geht auf ein Gottesurteil im Mittelalter zurück. Wenn man als Angeklagter seine Unschuld beweisen wollte, musste man bei einem sogenannten Feuerurteil seine Hand tatsächlich in ein Feuer legen.

Unschuldig war man, wenn die Finger nicht verbrannt waren. Je stärker allerdings die Verbrennungen waren, desto schlimmer wurde man bestraft. Wer wirklich nichts verbrochen hatte, musste angeblich nichts zu befürchten haben und konnte demnach ohne Probleme die Hand ins Feuer legen. Die brutale Prozedur war also ursprünglich kein Freundschaftsdienst, wie die Redewendung vielleicht vermuten lässt, sondern für viele vielmehr die letzte Chance, einer schweren Verurteilung zu entgehen.

Jemand die Hammelbeine langziehen

Wenn man «jemand die Hammelbeine langzieht», dann weist man ihn zurecht, man behandelt ihn streng und diszipliniert ihn.

Die Redewendung bezieht sich auf ein althergebrachtes Verfahren, mit dem man Schafe ruhigstellen kann. Ob man diese Technik vor der Schlachtung oder bei der Kastration angewendet hat, darüber gehen die Meinungen auseinander.

Wie auch immer, klar ist, dass die Formulierung aus dem Jargon der Schafzüchter kommt und vor gut 100 Jahren beim Militär Mode wurde. Wenn die Rekruten zum Beispiel beim Appell nicht ordentlich strammstanden, dann bellte der Feldwebel gerne mal: «Euch zieh ich gleich die Hammelbeine lang!»

Haare auf den Zähnen haben

Diese Redewendung wird dann angewendet, wenn eine Frau besonders durchsetzungsfähig, robust, aber auch kratzbürstig und rabiat ist. Vor Frauen, die Haare auf den Zähnen haben, muss man auf der Hut sein, sie können nämlich sehr unangenehm werden. In Bezug auf Männer wird die Formulierung so gut wie nie gebraucht.

Eine starke Behaarung galt in früheren Zeiten als Zeichen für ausgeprägte Männlichkeit, für Kraft und Vitalität. Wuchsen bei einem Menschen Haare an normalerweise unbehaarten Körperstellen, dann galt dies in ganz besonderem Maße. (Anders als heute, wo Körperbehaarung weitgehend als unästhetisch empfunden und radikal eliminiert wird.)

Aber auch damals war es schon aus rein biologischen Gründen nicht möglich, Haare auf den Zähnen zu haben, und so stellt diese Redewendung die maßlose Übertreibung eines alten Volksglaubens dar. Auf Frauen übertragen, verkehrte sich die positive Wahrnehmung der starken Behaarung, getreu der Vorstellung, Frauen mit als männlich geltenden Eigenschaften seien besser mit Vorsicht zu genießen.

Hals- und Beinbruch!

Man wünscht dem Betreffenden mit dieser Redensart nichts Schlechtes, sondern das genaue Gegenteil. Es gibt inzwischen viele Spaßvarianten: Man wünscht zum Beispiel Sängern «Hals- und Stimmbruch!» oder Fernseh- und Radioschaffenden «Hals- und Quoteneinbruch!».

«Hals- und Beinbruch!» stammt nicht, wie man vielleicht vermuten könnte, aus dem Jargon der Orthopädie. Gleich zwei Erklärungen versuchen dieser etwas brachialen Redewendung ihren Schrecken zu nehmen:

Die eine Herleitung geht von einem simplen Missverständnis aus: Der ausgesprochen freundliche Wunsch «Glück und Segen!» lautet auf Jiddisch «hazloche un broche». Er könnte von deutschsprachigen Zuhörern falsch verstanden worden sein und dann als «Hals- und Beinbruch» Eingang in die deutsche Sprache gefunden haben.

Die andere Herleitung begibt sich in die Untiefen des Aberglaubens: Weil man in den Zeiten vor der Aufklärung davon überzeugt war, dass die Schicksalsmächte gute Wünsche auch gerne mal ins Gegenteil verkehren, schien es angebracht, niemandem etwas Gutes zu wünschen, damit das Schicksal nicht womöglich hinterrücks zuschlug. Um das Schicksal auszutricksen, galt es also, etwas möglichst Schlechtes zu wünschen. So entwickelte sich mit «Hals- und Beinbruch!» eine Wunschformel, die das genaue Gegenteil von dem meint, was sie wörtlich besagt.

Hansdampf in allen Gassen

Ein «Hansdampf in allen Gassen» ist ein sehr vielseitiger Mensch, der auf allen möglichen Gebieten aktiv ist, ein sogenannter Tausendsassa. Oft wird die Bezeichnung auch abwertend gebraucht, für jemand, der sehr viele Dinge gleichzeitig erledigt, aber nichts davon gründlich und mit Sachverstand.

Der Reformator und Schriftsteller Johannes Agricola hat 1529 einen Menschentypus beschrieben, von dem er nicht viel hielt und den er für unseriös und oberflächlich befand: «Er ist Hans in allen Gassen. Ein Stein, den man hin und wieder wälzet, bewächst selten, also lernet nichts redliches. Denn der in allen Gassen wohnet, der wohnet übel.»

So weit also Agricolas Beschreibung vom Hans, der in allen Gassen zugleich wohnt, aber nirgends wirklich zu Hause ist. Der «Nachname» Dampf ist schließlich 1814 dazugekommen, als der Schriftsteller Heinrich Zschokke eine Erzählung veröffentlicht hat, in der es um einen sehr umtriebigen, vielseitigen Menschen geht, und zwar um Hans, den Sohn des Bürgermeisters Peter Dampf. Auch dank der gleichnamige Erzählung ist die Redewendung dann über die Maßen populär geworden, bis Vor- und Nachname gewissermaßen zu einem feststehenden Begriff verschmolzen: Heutzutage nennt man einen vermeintlichen Alleskönner – unabhängig von seinem Namen – Hansdampf in allen Gassen.

Grinsen wie ein Honigkuchenpferd

Wenn jemand grinst oder lacht wie ein Honigkuchenpferd, dann tut er das in übertriebener Weise, er sieht albern oder dämlich dabei aus, sein Lachen oder Grinsen übersteigt jedenfalls das normale Maß.

Das Honigkuchenpferd, ein süßes Gebäck aus Honigkuchen, also aus lebkuchenartigem Teig, in Form eines Pferdes, war früher ziemlich weit verbreitet. Insbesondere der Nürnberger Raum war für diese Spezialität bekannt.

Die Konditoren haben kleine Mandelstücke in den Teig gedrückt, um diesen gebackenen Pferden sichtbare Zähne und Augen und einen möglichst lustigen Gesichtsausdruck zu verpassen. Dabei ist manch schräges Pferdegesicht entstanden, das so komisch gegrinst hat, wie es eben nur ein Honigkuchenpferd kann.

Aus seinem Herzen keine Mördergrube machen

Gemeint ist hiermit die Aufforderung, endlich zu sagen, was einen wirklich beschäftigt, ganz ehrlich zu sein und wahrheitsgemäß zu erzählen, was man empfindet.

Diese Redewendung ist entstanden, weil Martin Luther bei seiner Bibelübersetzung nicht ganz genau gewesen ist oder sich zumindest einige kreative Freiheiten gegönnt hat.

Im Evangelium des Matthäus gibt es eine Geschichte, in der Jesus gegen die Zustände im Tempel in Jerusalem protestiert, weil sich dort nicht nur Gläubige, sondern auch jede Menge Geschäftemacher, Geldwechsler und zwielichtige Gestalten aufhalten. Und dabei wird er laut Bibel auch durchaus handgreiflich. Er wirft Tische und Stühle um und ruft laut: «Mein Haus soll ein Bethaus sein, ihr aber habt eine Räuberhöhle daraus gemacht» (Matthäus-Evangelium, Kapitel 21, Vers 13). Die Räuberhöhle hat Luther in seiner Übersetzung kurzerhand durch die berühmte Mördergrube ersetzt, und in der Kombination mit dem Herzen, aus dem man eben keine machen soll, ist dann die populäre Redewendung entstanden.

Da wird ja der Hund in der Pfanne verrückt!

Dieser Ausruf ist Zeichen größter Überraschung und Fassungslosigkeit nach dem Motto «Das gibt's doch nicht! Das darf doch nicht wahr sein!».

Es gibt zwei Theorien zu dem Hund, der in der Pfanne durchdreht:

Nach der ersten stammt die Redewendung aus Berlin und ist eine von vielen gebräuchlichen Formulierungen, mit denen man etwas völlig Abwegiges oder Unwahrscheinliches quittiert, wie zum Beispiel «Ich glaub, mich knutscht ein Elch!» oder «Da brat mir einer 'nen Storch!» – ganz einfach, weil das so gut wie nie passiert.

Die zweite Theorie macht den legendären Schelm Till Eulenspiegel dafür verantwortlich. In einer seiner Episoden soll er als Geselle in einer Brauerei in Einbeck auf Befehl des Meisters den Hopfen sieden, also aufkochen. Dummerweise hat der Meister aber einen Hund, der «Hopf» heißt, und so nehmen die Dinge ihren Lauf: Statt des Hopfens befördert Till Eulenspiegel den Hund namens «Hopf» in die Pfanne. Wen wundert's, dass das arme Tier dort verrückt geworden ist?

Vor die Hunde gehen

Wenn jemand «vor die Hunde geht» , ist er wirklich nicht zu beneiden. Es geht ihm nicht gut, finanziell, beruflich, privat oder auch gesundheitlich. Er droht zu scheitern oder sogar zu sterben. Im übertragenen Sinne können auch Gegenstände «vor die Hunde gehen».

Es gibt im Wesentlichen zwei Erklärungen für diese Redewendung. Man kann sich also gewissermaßen aussuchen, wo die Hunde sprachlich herkommen, vor die man geht. Vielleicht ist das dem einen oder der anderen ja ein Trost …

Einer Herleitung zufolge ist der Ursprung dieses Ausdrucks im Bergbau zu suchen: Wenn ein Bergmann früher schlecht gearbeitet hatte, musste er zur Strafe die Lore im Bergwerk ziehen, also den Transportkarren – und diesen Karren nennen die Bergleute Hunt beziehungsweise in der Mehrzahl Hunte. Somit ging dieser Bergmann im wörtlichen Sinne vor die Hunte – und das war alles andere als angenehm.

Nach der zweiten Herkunftsdeutung kommt die Redewendung aus der Sprache der Jäger: Krankes oder angeschossenes Wild wird bei der Jagd besonders leicht ein Opfer der Jagdmeute – es gerät wirklich im wahrsten Sinne des Wortes vor die Hunde.

Auf den Hund gekommen

Ein Mensch ist «auf den Hund gekommen», wenn er finanziell am Ende ist, total verarmt und ruiniert. Die Formulierung wird auch in Bezug auf die Gesundheit oder die berufliche und soziale Stellung eines Menschen verwendet.

Es gibt unzählige Herleitungen für diese Redewendung.

Manche leiten sich aus der Sprache der Bergleute ab, in der man den Förderwagen zum Transport von Kohle oder Erz Hunt nennt, andere beziehen sich auf die Kriegskassen früherer Jahrhunderte, bei denen der sogenannte Hund die letzte Reserve darstellte.

Eine der häufigsten und plausibelsten Erklärungen geht zurück auf die Zeiten, in denen Könige, Fürsten und auch reiche Bürger ihr Vermögen noch in Schatztruhen aufbewahrten. Oft war im Inneren solcher Truhen auf dem Boden ein symbolisches Schutztier aufgemalt, im Allgemeinen ein Wachhund, der auf das Geld oder die anderen Schätze aufpassen sollte. Wenn man sein Vermögen langsam, aber sicher aufgebraucht hatte, wurde schließlich der Truhenboden sichtbar, und das war ziemlich bitter – spätestens jetzt war man auf den Hund gekommen.

Die Brüder Grimm beschreiben in ihrem Wörterbuch eine weitere mögliche Herkunft, die Bezug auf eine gängige Bestrafungsmethode nimmt: Verurteilte Straftäter mussten neben dem Strick um den Hals auch einen Hund tragen, um so symbolisch darzustellen, dass sie es wert seien, «gleich einem hund erschlagen und aufgehängt sowie an der seite eines hunds aufgehängt zu werden». Schon im Mittelalter war das Hundetragen eine Strafe, die ursprünglich bei den Franken und Schwaben und später im gesamten Reichsgebiet für Adlige üblich war, die aufgrund von Landfriedensbruch verurteilt worden waren.

Eins steht jedenfalls fest: Egal ob man die letzten Reserven der Kriegskasse beziehungsweise seines Privatvermögens aufbrauchen muss, als Bergmann vor den Förderwagen gespannt oder als verurteilter Straftäter gedemütigt wird, man ist in jedem Fall unbestreitbar auf den Hund gekommen.

Mit etwas nichts am Hut haben

Wenn man mit einer Sache oder einem Menschen «nichts am Hut hat», dann will man damit nichts zu tun haben und distanziert sich davon.

Hüte hatten früher eine große symbolische Bedeutung und tauchen daher in vielen Redensarten und Formulierungen auf. Der Hut galt oft als Symbol für die Persönlichkeit eines Menschen.

So war es zum Beispiel üblich, alle möglichen Plaketten, Abzeichen oder Aufnäher am Hut anzubringen und damit Auskunft über Vorlieben, Hobbys oder Vereinszugehörigkeiten zu geben. Sachen, die man nicht leiden konnte, hatten logischerweise keinen Platz am Hut – anders ausgedrückt, man hatte mit ihnen «nichts am Hut».

Erstaunlich: Etwa seit Mitte des 20. Jahrhunderts geht die Zahl der einen Hut tragenden Menschen kontinuierlich zurück – die Redensart erfreut sich aber nach wie vor größter Beliebtheit.

Sich zum Horst machen

Jemand, der «sich zum Horst macht», verhält sich ungeschickt, macht sich lächerlich und setzt sich dem Spott seiner Umwelt aus.

Es ist gar nicht besonders ungewöhnlich, dass man Menschen, über die man sich lustig machen möchte, bestimmte Namen verleiht – sozusagen als Gattungsbezeichnung.

Der Vorname Horst war 1933 und 1934 der am häufigsten vergebene Jungenname in Deutschland. Dann wurden aber immer weniger Jungs so getauft, und spätestens seit 1970 ist der Name völlig aus der Mode gekommen. Heutzutage sind also die weitaus meisten Horsts schon lang im Seniorenalter, wahrscheinlich nicht unbedingt trendbewusst oder hip, und vielleicht auch schon ein wenig vertrottelt. Und entsprechend verhält sich ja auch jemand, der sich zum Horst macht.

Möglicherweise spielt auch die Tatsache eine Rolle, dass der Name Horst recht häufig in Witzeleien über Homosexualität herhalten muss. So fliegt der schwule Adler in einem weitverbreiteten Scherz zu seinem Horst, und männliche Flugbegleiter, die einem gängigen Klischee zufolge überdurchschnittlich häufig schwul sind, werden schon mal als «Horstessen» verunglimpft.

Horst teilt sich sein Schicksal noch mit anderen Vornamen, die gemeinhin als veraltet gelten. In manchen Gegenden kann man sich so zum Heinz oder zum Otto machen. Besonders originell ist es in Bayern: Da sagt man über jemanden, der sich leicht aufregt, der «macht sich zum Hoeneß».

Wie Hechtsuppe ziehen

Wenn es unangenehm stark zieht, sodass es fast schon windig ist, dann sagt man, dass es «zieht wie Hechtsuppe».

Für diese Redewendung existieren zwei Herleitungen: Die eine bezieht sich auf einen kulinarischen Ursprung, die andere auf einen meteorologischen.

Relativ häufig wird die Formulierung auf die Tatsache zurückgeführt, dass Suppen generell und vor allem Fischsuppen lange ziehen müssen, bevor man sie essen kann. Es bleibt aber die Frage, warum es dann nicht wie Fischsuppe, sondern ausgerechnet wie Hechtsuppe zieht.

Wo kommt also der Hecht her? Höchstwahrscheinlich aus der jiddischen Sprache, in der *hech* dem deutschen wie entspricht und *supha* so viel wie Sturm heißt. Mit anderen Worten, es zieht wie ein Sturm. Und von *hech supha* war es nur ein kurzer Weg zur deutschen Hechtsuppe, als diese Redewendung in die deutsche Umgangssprache eingezogen ist.

Das Heft in der Hand halten / Das Heft aus der Hand geben

Wer «das Heft in der Hand hält», besitzt Macht. Er hat die Führung inne, hat die Initiative ergriffen, ist sozusagen «Chef im Ring» und bestimmt das Geschehen.

Entscheidend für diese Redewendung ist die Tatsache, dass das hier angesprochene Heft kein Papierheft ist, sondern eine Bezeichnung für den Griff von Waffen (zum Beispiel Schwertern und Messern) und Werkzeugen (zum Beispiel Feilen). Und wer einen Griff nebst zugehöriger Klinge in der Hand hält, der ist einem Unbewaffneten deutlich überlegen.

So erklären sich auch die anderen Formulierungen, bei denen ein Heft eine Rolle spielt: Wenn man das Heft aus der Hand gibt, dann gibt man damit die Macht und die Initiative ab, wenn man das Heft aber wieder in die Hand nimmt, dann holt man sie sich zurück.

Wie bei Hempels unterm Sofa

Wenn es irgendwo aussieht «wie bei Hempels unterm Sofa», dann herrschen heillose Unordnung und Chaos. Es ist ein einziges Durcheinander, das Gegenteil von aufgeräumten und ordentlichen Verhältnissen.

Es gibt viele Ansätze zur Erklärung dieser Redewendung, und in einem sind sie sich einig: Schmutz und Abfall haben die fiese Eigenschaft, sich unter Wohn- und Sitzgelegenheiten zusammenzurotten und ihre Besitzer in einem denkbar schlechten Licht erscheinen zu lassen, wenn man nicht beherzt und aktiv gegen den Unrat vorgeht.

Um 1900 soll es einen unordentlichen Zirkusartisten namens Hempel gegeben haben, der seinen Müll unter dem Wohnwagen deponierte, anstatt ihn zu entsorgen, wie es sich gehört hätte. Damit war der Ausspruch «Hier sieht's aus wie bei Hempel unterm Wohnwagen» geboren. Warum dieser Wohnwagen sich später in ein Sofa verwandelte, lässt sich mit dieser Herleitung allerdings nicht klären.

Eine andere Theorie hingegen erklärt nicht nur das Sofa, sondern gibt auch allen Familien, deren Nachname Hempel lautet, Anlass aufzuatmen: Wie es aussieht, sind sie mit dieser Formulierung definitiv nicht gemeint. Das Wort «Hempel» geht vielmehr als sogenannte Nebenform zurück auf das Wort «Hampel», mit dem man wiederum schon vor 400 Jahren Leute bezeichnet hat, die als ziemlich einfältig, unkultiviert und dumm galten. So entstand auch die bekannte Witzfigur des Hampelmanns.

Auch wenn sich unter jedem Sofa gern Staub und Unrat ansammeln – bei den Hempels, die von Haus aus verlottert und schlampig sind, nehmen dementsprechend auch die Zustände unter dem Sofa gewaltige Dimensionen an.

Auf dem Holzweg sein

Wenn man «auf dem Holzweg ist», dann macht man etwas falsch, irrt sich und erreicht das angestrebte Ziel nicht.

Diese Redewendung ist schon seit dem Mittelalter bekannt, denn Holzwege waren einfache Waldwege, die dem Abtransport von geschlagenem Holz dienten.

Wenn nun zum Beispiel ein leicht desorientierter Wanderer irrtümlich auf so einen Weg geriet und auf ihm in der falschen Richtung weiterlief, dann ist er nicht an seinem Ziel angekommen, sondern stattdessen mitten im Wald auf einem profanen Holzsammelplatz gelandet: Er war leider auf dem Holzweg. Heute würden wir sagen: «Pech gehabt, dumm gelaufen».

Humbug

«Humbug» bedeutet so viel wie Unsinn, Firlefanz oder grober Unfug.

Die Herkunft dieses Begriffes ist nicht geklärt, in der englischen Umgangssprache scheint das Wort allerdings schon zu Beginn des 18. Jahrhunderts gebräuchlich gewesen zu sein. Seit dem späten 19. Jahrhundert ist diese Bezeichnung dann auch im Deutschen aufgetaucht. Für ihre zunehmende Popularität wird immer wieder folgende Anekdote zitiert:

George Washington Carver war ein bedeutender Botaniker in den USA. Aber nicht nur das, er war auch einer der ersten Schwarzen, die in der zweiten Hälfte des 19. Jahrhunderts dort studieren durften. Carver war außerdem ein absoluter Experte, insbesondere für Pflanzen, aber auch für Insekten. So sind seine Studenten eines Tages auf die Idee gekommen, ihm einen Streich zu spielen: Sie haben auf den Rumpf eines Käfer die Flügel einer Fliege und diverse Mückenteile montiert. Dann legten die Spaßvögel dem Fachmann ihre Bastelei vor, verbunden mit der Bitte, dieses Insekt doch bitte mal zu identifizieren. Carver soll sich das Ding kurz angeguckt haben, um dann trocken zu antworten: «*This is a humbug*», Carver hat demnach also die alte Bedeutung des Wortes im Sinne von «Unfug» gemeint, aber auch das Verb *to hum* (brummen, summen) und das Wort *bug* (Käfer, Insekt) schlagfertig kombiniert.

Hinz und Kunz

Wenn jemand «Hinz und Kunz» kennt, dann kennt er wirklich so gut wie jeden: Er hat einen riesigen Bekanntenkreis. Heute würde man sagen, er ist gut vernetzt.

Vor gut hundert Jahren wurden viele deutsche Kinder Wilhelm oder davon abgeleitet Wilhelmine genannt. Die Namen waren schwer in Mode, weil der deutsche Kaiser so hieß. Nicht viel anders sah die Situation im Hochmittelalter aus, also vom 11. bis 13. Jahrhundert. Zu der Zeit hießen viele deutsche Herrscher Heinrich, kurz Hinz, und Konrad, kurz Kunz, mit dem Effekt, dass auch damals viele Eltern ihre Kinder entsprechend benannt haben.

Dementsprechend gab es gewissermaßen eine Inflation an Männern, die Hinz oder eben Kunz hießen. Daraus hat sich im Laufe der nächsten Jahrhunderte schließlich die Spottbezeichnung «Hinz und Kunz» für alle und jeden entwickelt.

Eine entsprechende Redewendung mit besonders häufigen Namen gibt es in vielen Ländern, so auch in England. Dort kennt man aber natürlich nicht Hinz und Kunz, sondern Tom, Dick und Harry.

Hot Dog

Im Allgemeinen besteht ein «Hot Dog» hierzulande aus einer Brühwurst und einem weichen Weizenbrötchen, denen wahlweise Senf, Ketchup oder Mayonnaise beigegeben wird.

Auch wenn die Wurst natürlich nicht aus Hundefleisch besteht – wenn man es mal von den sprachlichen Ursprüngen her betrachtet, dann steckt in den Brötchen dennoch ein Hund.

Im 19. Jahrhundert waren in den USA, der Heimat des Hot Dogs, deutsche Hunde sehr beliebt, vor allem die kurzbeinigen Dackel. Und die neigen bekanntlich dazu, bei zu viel Futter fett zu werden, was ihnen dann ein leicht wurstähnliches Aussehen verleiht. Kein Wunder, dass man sie mit allerlei entsprechenden Namen belegt hat: Wiener Dog, Frankfurter Dog oder Sausage Dog, also schlicht Wursthund. Irgendwann hat man dann nicht nur den Hund als Wurst betitelt, sondern ist dazu übergegangen, das Würstchen als Hund, also als Dog, zu bezeichnen. 1895 wurde die Wurst im Brötchen dann zum ersten Mal offiziell als «Hot Dog» verkauft, im ursprünglichen Sinne also als «Heißer Dackel».

Jemand hänseln

«Gehänselt» wird jemand, wenn man sich in seiner Gegenwart über ihn lustig macht, wenn man ihn durch Lästern, Ironie oder fiese Sprüche niedermacht und verspottet.

«Hänseln» geht nicht auf den früher häufigen Vornamen Hans zurück, wie man denken könnte – der Ursprung liegt vielmehr in dem Wort «Hanse».

Ursprünglich sind Hansen ganz allgemein mittelalterliche Zusammenschlüsse von Fuhrleuten oder Handeltreibenden gewesen. Daraus hat sich später das berühmte norddeutsche Handelsbündnis entwickelt, auf das auch unsere Hansestädte zurückgehen. Allen Hansen war gemeinsam, dass es relativ unangenehme Aufnahmerituale gab, also richtig fiese, harte Prüfungen, peinliche Befragungen und vor allem in der frühen Zeit auch üble Mutproben. Hier liegt der Ursprung des Wortes «hänseln»: Wenn jemand diese Aufnahmerituale durchstehen musste, weil er in die Hanse aufgenommen werden wollte, dann wurde er zunächst einmal gehänselt.

Jackpot

Unter einem «Jackpot» versteht man einen symbolischen Topf oder Pott, in dem sich die Einsätze befinden, die sich im Laufe eines Spiels ansammeln.

Wenn sich in diesem Topf oder Pott kein Jack befindet, er keinem Jack gehört und man auch nicht Jack heißen muss, um ihn zu bekommen – wie ist er dann zu seinem Namen gekommen?

Beim Pokern gibt es viele verschiedene Spielvarianten, und eine davon heißt Draw Poker. Bei dieser Version zahlt jeder Spieler einen vereinbarten Betrag in den Pott – auf Englisch *pot* –, bevor die Karten ausgeteilt werden. Und dann kommt auch schon der Jack ins Spiel, denn so heißt in US-amerikanischen Kartenspielen der Bube: Das Spiel eröffnet nämlich ein Spieler mit mindestens zwei Buben in seinem Blatt. Hat kein Spieler zwei Jacks auf der Hand, bleiben die Einsätze im «Bubentopf», also im Jackpot, und die Karten werden neu ausgegeben.

Auf keine Kuhhaut gehen

Auf den Keks gehen

Jemand durch den Kakao ziehen

Unter aller Kanone

Auf Krawall gebürstet sein

Alter Knacker

Für jemand die Kastanien aus dem Feuer holen

Einen Kater haben

Krokodilstränen weinen

Etwas auf dem Kerbholz haben

Kindergarten

Einen Korb bekommen

Die Kirche im Dorf lassen

Sich streiten wie die Kesselflicker

Mit Kind und Kegel

Die Katze im Sack kaufen

Klappe zu, Affe tot

Mit jemand nicht gut Kirschen essen sein

Nicht in den Kram passen

Einen feuchten Kehricht angehen

Mit dem Klammerbeutel gepudert

Arm wie eine Kirchenmaus sein

Einen Kater haben

«Einen Kater hat» man nach einer durchzechten Nacht als Folge des heftigen Alkoholgenusses.

Der Kater geht zurück auf das griechische Wort *katarrhein*, was so viel bedeutet wie «herunterfließen» oder «abfließen». Hieraus entstand im Deutschen der Katarrh, mit dem eine Entzündung der Schleimhäute oder der Atmungsorgane bezeichnet wird, bei der tatsächlich oft Sekrete abfließen.

Früher hat man das mit dem Katarrh aber nicht so eng gesehen und alle möglichen Formen des Unwohlseins Katarrh genannt, so auch das Befinden nach einem Saufgelage. Es waren Studenten aus Sachsen, die im 19. Jahrhundert aus Spaß einen Kater aus dem Katarrh gemacht haben, und der hat als Redewendung bis heute überlebt.

Dieser Kater ist übrigens ein sehr vielseitiges Tier, er quält nicht nur Trunkenbolde, sondern als Muskelkater auch unsere Arme und Beine, wenn wir es beim Sport übertrieben haben.

Unter aller Kanone

«Unter aller Kanone» ist eine Leistung, die extrem schwach ist, nicht dem Standard entspricht und die schlicht und ergreifend saumäßig ist.

Viele Redewendungen sind aus dem militärischen Bereich in die Alltagssprache eingegangen, aber die Kanone in dieser Redewendung hat nichts zu tun mit den Kanonen, die beim Militär im Einsatz sind. Sie kommt aus dem Bereich der Pädagogik und der Wissenschaft.

Im Kontext von Schule und Hochschule bezeichnet man mit Kanon eine Richtschnur, einen Maßstab oder eine Messlatte. Früher, als Lateinisch noch die Sprache der Wissenschaft war, gab es die Formulierung, eine Leistung sei *sub omni canone*, also unter jedem Kanon. Man kann sich leicht vorstellen, dass es nicht lange gedauert hat, bis die Studenten diese Redewendung ganz bewusst verballhornt und aus dem Kanon eine Kanone gemacht haben.

Für jemand die Kastanien aus dem Feuer holen

Wer «für jemand die Kastanien aus dem Feuer holt», der begibt sich für diese Person in eine schwierige oder auch gefährliche Situation. Er rettet die Situation oder löst das Problem für den anderen – und erntet obendrein häufig nichts als Undank.

Bei den Kastanien, die hier gemeint sind, handelt es sich um die leckeren Esskastanien, also um Maronen, die auch heute noch in der kalten Jahreszeit unter freiem Himmel geröstet und verkauft werden.

Der französische Autor Jean de la Fontaine hat im 17. Jahrhundert in einer Fabel geschildert, wie der Affe Bertrand und die Katze Raton (was übrigens das französische Wort für Ratte ist) an einer solchen Feuerstelle zusammensitzen und zunehmend Appetit auf die schmackhaften Maronen bekommen, die da im Feuer vor sich hin brutzeln. In dieser Fabel dürfte der Ursprung der Redensart zu finden sein. Denn der charakterlich fragwürdige Affe überredet die Katze, für beide die Kastanien aus dem Feuer zu holen. Und während diese sich danach die verbrannten Pfoten leckt, frisst der fiese Affe alle Kastanien auf, die die Katze (auch für ihn) aus dem Feuer geholt hat.

Nicht in den Kram passen

Wenn mir etwas «nicht in den Kram passt», dann gefällt es mir nicht, es ist mir unangenehm. Ich empfinde ein Ding oder ein Vorhaben als für mich unpassend und lehne es ab.

Schon im Althochdeutschen kannte man das Wort «chram» als Bezeichnung für einen Marktstand oder die Bude eines Händlers.

Unter «chram» verstand man aber nicht nur den Verkaufsstand an sich, sondern auch das gesamte dort angebotene Warensortiment – und wer «chram» besitzt und damit Handel betreibt, den nennt man auch heute noch einen Krämer. Wenn also solch ein Krämer der Meinung war, dass etwas für sein Warensortiment unpassend war, dann hat er die Ablehnung der Ware mit den Worten begründet: «Das passt mir nicht in den Kram.»

Jemand durch den Kakao ziehen

Wenn man jemand «durch den Kakao zieht», dann veralbert oder verspottet man ihn und lässt ihn lächerlich aussehen.

Es gibt nach wie vor viele Menschen, für die der Gebrauch diverser Vulgärausdrücke unschicklich und deshalb tabu ist. Bei uns in Deutschland sind viele dieser Ausdrücke eng an menschliche Ausscheidungen aller Art gebunden. So ist es auch mit der hier zugrunde liegenden Redewendung.

Ursprünglich wurde jemand nicht durch den Kakao, sondern schlicht und ergreifend durch die Kacke gezogen. Diese Formulierung war manchem wohl zu derb, jedenfalls wurde das Verdauungsprodukt ersetzt durch etwas Harmloses, durch das der eine oder die andere ja vielleicht sogar ganz gern einmal gezogen werden würde. Der Wiedererkennung willen hat man sich für etwas entschieden, das mit derselben Silbe beginnt: Kakao. Sprachwissenschaftler nennen einen solchen beschönigenden oder verhüllenden Ausdruck Euphemismus. Ausgesprochen praktisch, um ordinäre Redewendungen quasi familientauglich und salonfähig zu machen.

Dem beliebtesten Schimpfwort der Deutschen, das mit «Sch» anfängt, ist es übrigens ganz ähnlich ergangen: Es gibt auch heute noch hochanständige Menschen, die es vorziehen, die brutale Wahrheit nicht auszusprechen und bei einem Wutanfall lieber vornehm fluchen: «So ein Scheibenkleister!»

Die Katze im Sack kaufen

Wenn man «die Katze im Sack kauft», dann erwirbt man eine Sache, ohne sie vorher gründlich geprüft zu haben. Man verlässt sich einfach auf die Angaben des Verkäufers.

Schon seit 700 Jahren ist die «Katze im Sack» als Redewendung bekannt. Sie geht höchstwahrscheinlich zurück auf die Märkte im Mittelalter, wo man bis weit in die Neuzeit hinein auch mit Tieren gehandelt hat.

Eine beliebte Betrugsmasche der damaligen Händler war es, den Käufern wertlose Katzen anstatt der gewünschten Hasen, Kaninchen oder Ferkel anzudrehen, verkaufsfertig verpackt in einem Sack. Wenn der Käufer diesen Sack nicht öffnete, um wenigstens einen kurzen prüfenden Blick hineinzuwerfen, machte er eventuell ein schlechtes Geschäft, denn er kaufte womöglich die Katze im Sack.

Die Kirche im Dorf lassen

«Jetzt wollen wir die Kirche aber mal im Dorf lassen» bedeutet, dass wir nicht übertreiben und einen Sachverhalt nicht künstlich aufblähen wollen.

Diese Redewendung stammt aus dem Mittelalter, wo die Kirche traditionell der Mittelpunkt jedes kleinen Dorfes war.

Von diesen Kirchen gingen über das Jahr verteilt diverse Umzüge und Prozessionen aus. Und wenn diese Prozessionen so groß waren, dass sie nicht mehr im Dorf selbst stattfinden konnten, hat man sie nach außerhalb verlegt. Man hat also die Kirche – gemeint ist hier nicht das Gebäude, sondern die Kirchengemeinde, also die Gemeinschaft der Gläubigen – für die Dauer des Umzuges aus dem Dorf herausgeführt. Solche Großveranstaltungen haben manchmal aber auch übertrieben und unpassend gewirkt, und die Verantwortlichen haben, wahrscheinlich in einem Anflug von Selbstkritik, danach gemeint: «Vielleicht sollten wir die Prozession nächstes Jahr wieder kleiner machen und die Kirche im Dorf lassen.»

Klappe zu, Affe tot

«Klappe zu, Affe tot» – das heißt: Eine Sache ist definitiv abgeschlossen, sie ist erledigt. Ende, aus, finito.

Bis heute ist sich die Fachwelt nicht einig über die Herkunft dieser Redewendung. Eine Erklärung ist aber eindeutig die plausibelste – es kommt jedenfalls ein Affe darin vor.

Demzufolge gab es um 1900 einen Zirkus in Berlin, in dessen Eingangsbereich ein kleiner Affenkäfig stand. Das war damals üblich, denn Affen gehörten zu den Hauptattraktionen im Schaustellergewerbe. Als nun eines Tages die Klappe zu und von dem Affen nichts zu sehen war, hat es nicht lange gedauert, bis der Verdacht aufkam, das Tier sei gestorben. Und die berühmte «Berliner Schnauze» stellte knapp fest: «Klappe zu, Affe tot.»

Der Berliner scheint diese kurzen, aber prägnanten Diagnosen zu lieben. Erinnert sei hier an den Boxer Graciano «Rocky» Rocchigiani, der zwar kein geborener Berliner, aber ein begnadeter Sprecher dieses Idioms ist. Auf die Frage nach seinem Motto äußerte er mal in grandioser Schlichtheit: «Gegner am Boden, jutet Jefühl.»

Krokodilstränen weinen

«Krokodilstränen» sind falsche Tränen. Man weint sie nicht etwa, weil man traurig oder gerührt ist, sondern in heuchlerischer Absicht. Wer Krokodilstränen weint, täuscht aus niederen Motiven Traurigkeit oder Mitgefühl vor.

Auch für diese Redensart gibt es zwei Erklärungsansätze, und in beiden Fällen werden – ganz vorsätzlich – unechte Tränen verdrückt.

Manche Sprachwissenschaftler führen diese Redensart auf die Harpyien der griechischen Mythologie zurück, ziemlich üble Fabelwesen, die geweint haben, um mitleidige Menschen anzulocken und sie dann gnadenlos zu fressen. Im Mittelalter sei diese Verhaltensweise dann den Krokodilen zugeschrieben worden.

Die andere Herleitung stützt sich auf die Tatsache, dass bei Krokodilen tatsächlich manchmal Tränen fließen, wenn auch selten und nur in sehr geringem Maß. Das hat aber gar nichts mit einem reichen und sensiblen Gefühlsleben dieser Reptilien zu tun, sondern erfüllt eine biologische Funktion. Durch eine Drüse im Auge (Hardersche Drüse) können Krokodile eine antibakterielle Flüssigkeit ausscheiden, die das Auge schützt. Anders gesagt: Damit die Reptilien effektiv auf die Jagd gehen können, verdrücken sie vorher schon mal ein paar Krokodilstränen.

Die Redewendung ist international verbreitet, in Frankreich fließen «larmes de crocodile», in Italien «lacrime di coccodrillo» und in England «crocodile tears».

Mit Kind und Kegel

Wenn jemand «mit Kind und Kegel» unterwegs ist, dann hat er wirklich seine komplette Familie und eventuell auch noch entferntere Verwandte dabei.

Man könnte ja fast annehmen, dass hier jemand mit der gesamten Familie unterwegs ist und außerdem noch eine komplette Kegelbahnausrüstung dabeihat. Doch der Kegel aus dieser Redewendung leitet sich aus dem Wort «Kegil» ab, womit man im Mittelalter uneheliche Kinder bezeichnete.

Wenn also damals jemand mit Kind und Kegel zu Besuch kam, dann stand womöglich eine Patchworkfamilie des Mittelalters vor der Haustür, also eine eher umfangreiche Reisegruppe.

Mit dem Klammerbeutel gepudert

Wenn jemand «mit dem Klammerbeutel gepudert» worden ist, dann kann man ihn nicht ernst nehmen, weil er nicht so recht bei Verstand ist und nicht durchblickt.

Diese Redensart ist erst gut hundert Jahre alt und hat in etwa die gleiche Bedeutung wie die nicht besonders freundliche Feststellung «Du bist wohl als Kind zu heiß gebadet worden». In beiden Fällen ist in der Kindheit etwas derart schiefgelaufen, dass der Erwachsene noch heute unter den Folgen leidet.

Babys werden heute nur noch gepudert, wenn sie wunde Stellen haben. Das war früher anders. Nach einem Bad sind sie häufig am ganzen Körper eingepudert worden. Dazu wurde als Puderquastenersatz ein kleiner Beutel benutzt, der den Puder enthielt. Wenn die Mutter nun aus Versehen den Beutel mit den harten Wäscheklammern und nicht den Puderbeutel benutzt hat, und dabei womöglich das Kind auch noch am Kopf getroffen hat, dann war das für die geistige Fitness des Babys nicht grade förderlich. Das Kind hat, zumindest wenn man dieser Redensart Glauben schenken darf, bleibende Schäden erlitten, weil es mit dem Klammerbeutel gepudert worden war.

Mit jemand nicht gut Kirschen essen sein

Wenn man findet, dass «mit jemand nicht gut Kirschen essen ist», dann kommt man mit dieser Person nicht gut aus. Man versteht sich nicht mit ihr, vor allem, weil diese Person sehr unangenehm, aggressiv und pampig werden kann.

Bis ins 18. Jahrhundert waren Kirschen sehr selten und deswegen auch ziemlich teuer. Nur wirklich gutbetuchte Leute konnten sich Kirschen leisten, und Kirschbäume standen nur in den Gärten von Klöstern oder von reichen Adligen. Daher ist es üblich gewesen, dass man sich in den vornehmeren Kreisen gelegentlich zum gemeinsamen Kirschenessen getroffen hat, wobei peinlich darauf geachtet wurde, dass keine unerwünschten Gäste an dem Essen teilnahmen.

Wenn man dann trotzdem uneingeladene oder nicht standesgemäße Gäste in der noblen Runde entdeckte, wurden diese ziemlich undiplomatisch mit den Kirschkernen und Stielen bespuckt. Das wurde so lange gemacht, bis die Störenfriede wieder verschwunden waren. Mit der feinen Gesellschaft war aus Sicht der Bespuckten einfach nicht gut Kirschen essen.

Einen feuchten Kehricht angehen

Wenn man jemand sagt, etwas «gehe ihn einen feuchten Kehricht an», dann geht es ihn überhaupt nichts an, es hat ihn nicht zu interessieren, er soll sich da besser raushalten.

Das Wort «Kehricht» ist im gesamten deutschen Sprachraum verbreitet. In der Schweiz bezeichnet es zum Beispiel ganz allgemein den Hausmüll, der entsprechend von der Kehrichtabfuhr entsorgt wird. Hierzulande nennt man das, was man mit einem Besen zusammengekehrt hat, den Kehricht: einen Haufen aus Dreck, Schmutz oder Unrat.

Weder besonders interessant noch ästhetisch ansprechend, dieser Kehricht, und geradezu eklig ist es, wenn dieser Müll auch noch feucht ist, dann bleibt er nämlich schon mal gern am Besen kleben. Der feuchte Kehricht ist also eine absolut lästige, unangenehme Sache ohne jeden Wert, um die man sich wirklich nicht kümmern sollte.

Etwas auf dem Kerbholz haben

Wenn jemand «etwas auf dem Kerbholz hat» , dann ist er kein unbeschriebenes Blatt und hat sich etwas zuschulden kommen lassen.

Das Kerbholz war ein im Mittelalter gebräuchliches längliches Holzstück, in das Symbole eingeritzt wurden, mit denen man Geschäftsabschlüsse und ausstehende sowie noch zu leistende Zahlungen markierte. Es ermöglichte so eine einfache Art der Buchführung für Warenlieferungen, Schulden und andere Vereinbarungen. Nach Abschluss des Geschäfts wurde das Holzstück in der Längsrichtung gespalten, sodass beide Vertragspartner eine Dokumentation für ihr Abkommen in der Hand hatten.

An einem vorher vereinbarten Termin, dem sogenannten Zahltag, präsentierten beide Parteien ihr jeweiliges Stück des Kerbholzes, sodass kontrolliert werden konnte, ob eines der beiden Stücke zwischenzeitlich manipuliert worden war. Wer nun

Schulden hatte, die er nicht begleichen konnte, oder womöglich sogar als Betrüger entlarvt wurde, hatte etwas auf dem Kerbholz.

Auf keine Kuhhaut gehen

Wenn negative Dinge überhandgenommen haben oder ein Zustand einfach nicht mehr auszuhalten ist, dann «geht das auf keine Kuhhaut».

Die Formulierung ist seit dem Mittelalter bekannt, als die Menschen noch auf Pergament, also bearbeiteter Tierhaut, geschrieben haben und nicht auf Papier. Und das konnten in Ausnahmefällen auch große Kuhhäute sein, die immerhin bis zu vier Quadratmeter umfassen konnten.

Man hat damals geglaubt, dass der Teufel die Sünden jedes einzelnen Menschen auf einem großen Pergamentblatt notiert, um sie ihm dann am Sterbebett vorzuhalten. Und wenn jemand in seinem Leben wirklich viel gesündigt hatte und die Liste deswegen sehr lang geworden war, dann passte sie nicht mehr auf das Pergamentblatt, auch nicht, wenn es riesige Ausmaße hatte. Das Ganze ging also noch nicht mal auf eine Kuhhaut.

Auf Krawall gebürstet sein

«Auf Krawall gebürstet» ist man, wenn man sehr streitlustig und aggressiv ist und sich sozusagen voll auf Konfrontationskurs befindet.

Beim ersten Teil der Redewendung, dem «Krawall», ist unklar, woher er stammt. Aber einiges spricht dafür, dass dieses Wort zurückgeht auf das französische *charivari*, das so viel bedeutet wie Radau, Lärm oder Krach. Höchstwahrscheinlich hat sich das Wort *charivari* zu «Krawall» verändert und ist dann eingedeutscht worden. Jedenfalls ist «Krawall» seit dem 19. Jahrhundert Bestandteil der deutschen Umgangssprache.

Stellt sich die Frage, was der Krawall mit dem Bürsten zu tun hat. Es gibt auch noch andere Formulierungen, in denen diese Art der Körperpflege mit Streit und Ärger in Verbindung gebracht wird. Wenn man zum Beispiel Katzen nicht sachgerecht bürstet, dann werden sie sauer, weil es ihnen gegen den Strich geht. Und wenn man feststellt, jemand sei eine echte Kratzbürste, dann ist das keineswegs als Kompliment gemeint.

Mit einiger Sicherheit kann man davon ausgehen, dass bürsten in diesem Zusammenhang bildlich gemeint ist. Man hat sich für den Radau in Stimmung und in Form gebracht, man hat sich im übertragenen Sinne dafür sogar extra frisiert, man hat sich auf Krawall gebürstet.

Auf den Keks gehen

Wenn mir etwas «auf den Keks geht», dann nervt es mich, es ärgert mich, es regt mich wahnsinnig auf.

Man stößt immer wieder auf Redewendungen, für die es keine vernünftigen Herleitungen zu geben scheint, sie waren einfach irgendwann da und sind anscheinend aus dem Nichts entstanden. Fest steht bei dieser Formulierung eigentlich nur, dass sie noch nicht sehr alt ist. Ihr Ursprung ist aber ungeklärt.

Einige Erklärungsversuche verweisen darauf, dass das Wort Keks manchmal als Synonym für den Kopf gebraucht wird, zum Beispiel, wenn man einen weichen Keks hat, weil man nicht ganz bei Trost ist. Und damit kann man anderen wiederum tatsächlich ganz gehörig auf den Keks gehen.

Einiges spricht aber dafür, dass Sprüche wie der mit dem Keks in den 1960er und 1970er Jahren im Umfeld zweier damals enorm populärer Fernsehserien entstanden sind: *Tennisschläger und Kanonen* mit Robert Culp und Bill Cosby sowie *Die 2* mit Roger Moore und Tony Curtis. Die deutsche Synchronisation erfolgte bei der legendären Berliner Synchron nach den Drehbüchern Rainer Brandts, der die relativ langweiligen und einfallslosen Originaldialoge durch Gags und Blödeleien ersetzte, die beim deutschen Publikum ausgesprochen gut ankamen. Vor allem bei den damaligen Jugendlichen erreichten diese Dialoge teilweise Kultstatus.

In den synchronisierten Folgen wimmelte es nur so von Sprüchen à la «Du hast wohl einen an der Waffel!», «Spann mal deine Lauscher auf!», «Hände hoch – ich bin Achselfetischist!» und dergleichen Blödeleien mehr. Gut möglich, dass die Redewendung mit dem Keks damals von der Mattscheibe auf die deutschen Schulhöfe und von dort ihren Weg in die Alltagssprache fand, wo sie bis heute überlebt hat.

Sich streiten wie die Kesselflicker

Wenn Personen «sich streiten wie die Kesselflicker», dann streiten sie sich ungezügelt, extrem und unkontrolliert. Man kann sich aber auch prügeln oder mit anderen saufen «wie die Kesselflicker».

Wenn in früheren Jahrhunderten Töpfe, Pfannen oder Kessel kaputt waren, dann hat man sie im Allgemeinen zur Reparatur zu einem der niedergelassenen Kupferschmiede gebracht. Außer diesen «ordentlichen», in der Schmiedezunft organisierten Schmieden gab es aber auch viele, die über Land zogen und entsprechende Dienste anboten, die sogenannten Kesselflicker.

Sie gehörten also zu den Vaganten beziehungsweise zum fahrenden Volk, das als soziale Randgruppe verpönt war und verachtet wurde, weil auch jede Menge zwielichtige Gestalten zu dieser sozialen Schicht gehörten. Und so hat man den reisenden Handwerkern alle schlechten Eigenschaften nachgesagt, die man sich nur denken kann. Ob streiten, saufen oder sich prügeln – keine Gruppe war dabei angeblich so rabiat wie die Kesselflicker.

Arm wie eine Kirchenmaus sein

Wenn jemand «arm wie eine Kirchenmaus ist», dann ist er sehr arm, mittellos, finanziell absolut am Ende.

Mäuse sind bekanntlich sehr verfressen: Gräser, Kräuter, Sämereien, Körner, Wurzeln und Knollen, alles wird weggeputzt, besonders gern aber das, was auch den Menschen schmeckt, vom Brot bis zum Müsliriegel. Das alles gibt es in einer Kirche natürlich nicht, denn hier gibt es keine Vorratskammer, keinen Speiseschrank und keinen lecker gedeckten Tisch, von dem hin und wieder auch mal etwas herunterfällt. Vielleicht finden sich ab und an mal ein paar Oblatenkrümel, aber die ergeben insgesamt ein eher kümmerliches Menü.

Wenn man unter solchen Umständen lebt, sodass man kaum das Nötigste zum Leben hat, absoluter Mangel herrscht und man sich kaum vernünftig ernähren kann, dann ist man arm wie eine Kirchenmaus.

Einen Korb bekommen

Wenn jemand «einen Korb bekommt», dann wird sein Ansinnen, eine Liebesbeziehung einzugehen, oder sein Heiratsantrag abgelehnt.

Die Erklärung für diese Redewendung klingt unglaublich, ist aber durch viele Quellen, Lieder und Erzählungen belegt: Wenn im Mittelalter ein Fräulein von einem Verehrer umworben wurde, war es üblich, dass sie ihn in einem Korb zu ihrem Fenster hochzog. Doch manchmal ging die Sache auch gründlich schief: Wenn sie nämlich keinen Wert auf den Aspiranten legte, konnte sie ihre Ablehnung durch eine Manipulation am Korb deutlich machen. Sie lockerte ganz einfach den Boden, sodass der unglückliche Kandidat sang- und klanglos durchrutschte und runterfiel.

Die Anbahnungsversuche fanden in aller Regel im Schutz der Dunkelheit statt, sodass eine andere, auch nicht besonders nette Variante darin bestand, den jungen Mann in seinem Korb auf halber Höhe einfach bis zum Morgen hängen zu lassen. Seine Misere war dann für jeden öffentlich sichtbar.

Die harmloseste Variante, wie man zu einem Korb gelangte, soll darin bestanden haben, dass die Dame dem unerwünschten Verehrer einen Korb ohne Boden zusandte – auf postalischem Weg …

Alter Knacker

«Alter Knacker» ist eine leicht abschätzige Bezeichnung für einen älteren Mann. Die entsprechende Bezeichnung für Frauen gibt es nicht, jedenfalls gibt es keine «alten Knackerinnen».

Der «alte Knacker» hat seinen Ursprung in der Flachsbearbeitung. Bei der Verarbeitung von Flachs beziehungsweise der Produktion von Leinenstoffen wurde früher ein Spinnrad benutzt, auf dem die Flachsfäden gesponnen wurden. Nach einer bestimmten Anzahl von Umdrehungen hat dieses Spinnrad ein deutliches Knacken von sich gegeben, sodass man die Länge des Fadens im Auge behielt.

Weil für diese Arbeit nicht viel Kraft erforderlich war, hat man gern ältere, schon etwas gebrechliche Familienmitglieder an die Spinnräder gesetzt, und die ließen es mit ihren Spinnrädern dann so richtig knacken. Und so wurden zumindest die älteren Herren, die zum Beispiel bei der Feldarbeit nicht mehr behilflich sein konnten, zu alten Knackern.

Kindergarten

Am 28. Juni 1840 wurde auf Betreiben des Pädagogen Friedrich Fröbel in Blankenburg in Thüringen die Stiftung «Allgemeiner Deutscher Kindergarten» gegründet. Er lehnte die damals üblichen und oft übermäßig strengen Erziehungsanstalten strikt ab und forderte, dass die 3- bis 6-Jährigen sich frei entwickeln könnten, so wie die Pflanzen in einem Garten.

So kam es zu der Bezeichnung Kindergarten für solche Einrichtungen, in denen Kinder altersgerecht gebildet und betreut werden und sich nach Möglichkeit frei entfalten können. Inzwischen ist dieses Wort wahrscheinlich das beliebteste deutsche Wort im Ausland: Es wird weltweit in 22 Ländern benutzt, darunter in den USA, England, Spanien, Italien, Schweden und Japan.

Den Löffel abgeben

Die Leviten lesen

L

Durch die Lappen gehen

Durch die Lappen gehen

Wenn mir etwas «durch die Lappen» gegangen ist, dann ist es mir quasi entwischt. Ich habe etwas sicher Geglaubtes nicht bekommen oder mir vor der Nase wegschnappen lassen.

Die Redewendung stammt aus der Sprache der Jäger und ist im 18. Jahrhundert in den allgemeinen Sprachgebrauch eingegangen.

Früher wurden bei Treibjagden häufig Bettlaken oder andere Stoffe, also im weitesten Sinne Lappen, an Seilen zwischen den Bäumen aufgehängt, um das gejagte Wild an der Flucht in eine bestimmte Richtung zu hindern. Diese sogenannte Lappjagd hat ziemlich gut funktioniert. Dennoch ist es hin und wieder einmal vorgekommen, dass ein Wildtier durchgebrochen ist und für die Jäger verloren war. Es ist ihnen im wörtlichen Sinn durch die Lappen gegangen.

Die Leviten lesen

Wenn man die «Leviten gelesen» bekommt, dann wird man streng getadelt, ausgeschimpft oder ermahnt.

Diese Redewendung lässt sich zurückverfolgen bis in die Klöster des 8. Jahrhunderts. Dort mussten die Mönche sich in regelmäßigen Abständen geistlichen Übungen, den sogenannten Exerzitien, unterwerfen. Dazu las der Bischof häufig aus dem 3. Buch Mose vor, dessen lateinischer Name Leviticus lautet.

Inhaltlich ging es im Leviticus vor allem um strenge Verhaltensregeln, um Ermahnungen und Strafandrohungen. Mit anderen Worten: Die armen Mönche kriegten ganz schön Druck, und es ging hart und streng zur Sache, wenn ihnen die Leviten gelesen wurden.

Den Löffel abgeben

Wenn jemand «den Löffel abgegeben» hat, dann ist er schlicht und ergreifend gestorben.

In einem heutigen Haushalt dürften im Durchschnitt so um die 20 bis 30 Löffel vorhanden sein, und ob man den einen oder anderen davon abgibt, ist relativ unerheblich. Das war früher anders: Im Mittelalter war der eigene Löffel ein extrem kostbares Essbesteck, das man immer und überall dabeihatte. Wenn man ihn aus irgendeinem Grund abgeben musste, dann war das ein einschneidendes Erlebnis.

Im Schwarzwald zum Beispiel bekamen die Knechte von dem Bauern, bei dem sie arbeiteten, für die Dauer ihres Dienstes einen Löffel leihweise überlassen, und den mussten sie dann nach Beendigung ihres Dienstes wieder abgeben. Und wenn die Bauern sich auf das sogenannte Altenteil zurückgezogen haben, dann hat die alte Bäuerin ihren Kochlöffel an die junge Bauersfrau abgegeben, also in der Regel die Schwiegertochter. So ist sie auch symbolisch von ihrer Position als Herrin auf dem Hof zurückgetreten und hat Platz für die jüngere Generation gemacht.

Das Löffelabgeben war also zu Lebzeiten ein Zeichen des Machtverlusts. Und wenn man dann starb, hat man den Löffel im wahrsten Sinne des Wortes endgültig abgegeben. So hat sich im Laufe der Zeit diese Umschreibung für das Sterben entwickelt.

Mauerblümchen

Mumpitz

Jemand zur Minna machen

Milchmädchenrechnung

Jemand zur Minna machen

Die Redewendung bedeutet: Jemand heftig tadeln, scharf zurechtweisen, unverhältnismäßig streng behandeln.

Minna ist heutzutage kein gebräuchlicher Mädchenname mehr, aber das war vor gut 100 Jahren noch ganz anders. Minna ist die Kurzform von Wilhelmine, und beide Namen waren im Deutschen Kaiserreich, das nach Wilhelm II. auch Wilhelminisches Kaiserreich genannt wird, ausgesprochen beliebt.

In den sogenannten besseren Kreisen war es üblich, die Dienstmädchen der Einfachheit halber Minna zu rufen – auch wenn sie eigentlich ganz anders hießen. Es gab so viele Wilhelmines beziehungsweise Minnas unter den Dienstmädchen, dass man den Namen ganz einfach als Sammelbegriff benutzte. Zugleich konnten die Herrschaften ihren Bediensteten so vor Augen führen, welchen Wert beziehungsweise Stand sie in ihren Augen hatten, nämlich so gut wie keinen. Vor diesem Hintergrund ist es kaum erstaunlich, dass die Lebens- und Arbeitsbedingungen der Minnas meist mehr als bescheiden waren. Und es war erst recht nicht unüblich, dass sie auch für kleinere Fehler streng getadelt und somit zur Minna gemacht wurden

Mauerblümchen

Als «Mauerblümchen» werden Mädchen oder junge Frauen – und so gut wie nie junge Männer – bezeichnet, die unscheinbar aussehen, weniger attraktiv sind und nur schwer Verehrer oder Liebhaber finden.

Mauern stellen für Pflanzen nun wirklich nicht die idealen Lebensräume dar, ganz im Gegenteil: Die Steine bieten kaum Nährstoffe, die Wurzeln finden nur schlecht Halt. Zwischen den Steinen gibt es aber häufig kleine Ritzen, und manche Pflanze oder Blume schafft es, sich dort anzusiedeln.

Die Pflanzen, die mit einer solch kargen und unwirtlichen Umgebung zurechtkommen, sind allerdings nicht besonders üppig und prächtig, sondern klein und unauffällig. Sie zeichnen sich, wenn überhaupt, durch unscheinbare Blüten aus und stehen oft allein, also relativ weit von Artgenossen entfernt. Unscheinbar, nicht besonders attraktiv und allein – diese Eigenschaften beschreiben das perfekte Mauerblümchen.

Milchmädchenrechnung

Mit dem Ausdruck «Milchmädchenrechnung» werden Pläne bezeichnet, die nicht ausführbar sind, weil wichtige Aspekte nicht berücksichtigt wurden. Eine «Milchmädchenrechnung» ist eine Rechnung, die nicht aufgeht.

Zu dieser Redewendung existieren zwei verschiedene Herleitungen, aber immerhin spielen Milchmädchen bei beiden eine tragende Rolle.

Der einen Erklärung zufolge soll diese Redewendung auf die eigenwilligen Rechenmethoden von realen Berliner Milchmädchen zurückgehen, die den Preis der ausgelieferten Milch recht umständlich mit den Fingern beider Hände berechnet haben sollen.

Es erscheint allerdings wahrscheinlicher, dass die «Milchmädchenrechnung» auf eine Fabel des französischen Dichters Jean de la Fontaine aus dem 17. Jahrhundert zurückgeht, die in einer ganz ähnlichen Version auch von dem deutschen Schriftsteller Johann Wilhelm Ludwig Gleim vorliegt. Darin bringt eine Bauernmagd einen Topf mit Milch in die Stadt, um sie auf dem Markt zu verkaufen. Unterwegs malt sie sich aus, wie viel Geld sie dafür wohl bekommen wird und was sie damit alles machen könnte: womöglich ein Huhn kaufen, die Eier verkaufen, von dem Erlös eine Kuh erwerben, später vielleicht sogar ein Schwein. Während sie so vor sich hin träumt, stolpert sie und verschüttet die Milch. Ihre schönen Zukunftspläne sind damit zerronnen, es war alles nur eine Milchmädchenrechnung.

Mumpitz

Wenn man etwas als «Mumpitz» bezeichnet, dann macht man damit deutlich, dass man es für Unsinn, Quatsch oder Firlefanz hält. Um «Mumpitz» braucht man sich nicht weiter zu kümmern, weil es sowieso Blödsinn ist.

«Mumpitz» bezeichnete im 17. Jahrhundert eine sogenannte Schreckgestalt, die in erster Linie als Vogelscheuche eingesetzt wurde. Hervorgegangen ist der Mumpitz aus dem noch älteren Mummelputz, und in diesem putzigen Wort wiederum stecken Teile des Verbs «sich vermummen» sowie das Substantiv «Butz», das auch in der Kinderschreckfigur Bi-Ba-Butzemann enthalten ist.

Nachdem aus dem Mummelputz der Mumpitz geworden war, ist das Wort im späten 19. Jahrhundert an der Berliner Börse populär geworden, und zwar als Bezeichnung für Gerüchte aller Art, für unwahre Behauptungen, für unsinniges Gerede. Und von der Berliner Börse aus ist der Mumpitz dann in die Umgangssprache eingegangen.

Nesthäkchen

Auf beziehungsweise unter den Nägeln brennen

Nachhaltigkeit

Ach du grüne Neune

Mein Name ist Hase, ich weiß von nichts

Mein Name ist Hase, ich weiß von nichts

Mit dieser merkwürdigen Formulierung drückt man aus, dass man von einem Vorgang überhaupt nichts weiß, wirklich gar nichts über die Hintergründe sagen kann und in keinster Weise etwas damit zu tun hat.

Den nichts wissenden Hasen hat es tatsächlich gegeben. Er geht zurück auf ein Ereignis im Jahr 1854.

Damals hatte ein Student in Heidelberg einen Gegner im Duell getötet und war auf seiner Flucht nach Frankreich in Straßburg gefasst worden. Bei ihm wurde der Studentenausweis eines Victor von Hase gefunden. Nun galt es herauszufinden, ob dieser gewisse von Hase dem Flüchtigen seinen Ausweis absichtlich überlassen hatte oder nicht. Zu Beginn der Verhandlung vor dem Universitätsgericht beteuerte er seine Unschuld mit den inzwischen legendären Worten: «Mein Name ist Hase, ich weiß von nichts.»

Auf beziehungsweise unter den Nägeln brennen

Wenn etwas «auf oder unter den Nägeln brennt», dann möchte man eine Sache dringend in Angriff nehmen und erledigen. Man hat es eilig, diese Angelegenheit endlich zum Abschluss zu bringen.

Die Herleitungen für diese Redewendung gehen ins Mittelalter zurück und sind nichts für Zartbesaitete, aber das lässt sich ja auch schon erahnen.

Eine Erklärung beruft sich auf Foltermethoden, bei denen

die Verdächtigen an den entsprechenden Stellen mit glühenden Kohlen traktiert wurden. Man kann sich vorstellen, dass die Betreffenden sich nichts sehnlicher wünschten, als dass die Maßnahme möglichst schnell vorbei wäre.

Einem sehr viel häufigeren Deutungsansatz zufolge geht die Formulierung jedoch auf die Mönche des Mittelalters zurück. Bei den Morgen- und Abendmessen war es im Inneren der Klöster oft noch sehr dunkel, jedenfalls zu dunkel zum Lesen. Um hier Abhilfe zu schaffen, haben sich die Mönche kleine Wachskerzen auf die Fingernägel geklebt. Und wenn sie Pech hatten, dann sind diese Kerzen heruntergebrannt bis auf die Nägel, noch bevor die Messe beendet war – das tat dann richtig weh. Und um diesen schmerzhaften Vorgang zu verhindern, haben sie sich angeblich besonders beeilt und ganz schnell gemacht, damit es ihnen nicht auf den Nägeln brannte.

Ach du grüne Neune

Der Ausruf «Ach du grüne Neune» drückt aus, dass man über irgendetwas erstaunt ist, überrascht oder auch ein wenig entsetzt.

Die Berliner mit ihrer sprichwörtlichen Schnauze waren ja schon immer als kreative Sprücheklopfer bekannt, und aller Wahrscheinlichkeit nach ist auch diese Redewendung im 19. Jahrhundert an der Spree entstanden. In Berlin gab es damals das ziemlich populäre Tanzlokal *Conventgarten*, mit dem es ab 1852 plötzlich und rapide bergab ging. Das Niveau der Gäste ließ nach, es verkehrten immer mehr Kleinkriminelle dort, und es häuften sich die Schlägereien. Die Adresse des Lokals mit dem inzwischen schlechten Ruf war zwar Blumenstraße 9, aber der Haupteingang lag am Grünen Weg, und daher hieß das Lokal im Volksmund «grüne Neune». Und wenn irgendwo in Berlin etwas Verrücktes oder Ungewöhnliches passiert ist, dann hat der Berliner in Anspielung auf dieses schräge Etablissement erstaunt gerufen: «Ach du grüne Neune!»

Eine andere Theorie zu dieser Redewendung geht darauf zurück, dass die französische Spielkarte «Pik Neun» der deutschen Spielkarte «Grün Neun» entspricht. Diese Karte bedeutet beim Kartenlegen nichts Gutes, und vielleicht hat der bedauernswerte Empfänger deswegen tatsächlich erschrocken gemurmelt: «Ach du grüne Neune.» Welche Erklärung die richtige ist, kann heute nicht mehr geklärt werden, aber irgendwie ist die mit dem Berliner Bumslokal die charmantere …

Nesthäkchen

Als «Nesthäkchen» bezeichnet man das jüngste Kind in einer Familie, manchmal auch das jüngste Mitglied in einem Team oder einer Gruppe.

Die interessante Frage bei diesem Begriff ist: Wo kommt das Häkchen im Nesthäkchen her? Man könnte ja meinen, dass der kleine Schnabel des jungen Vogels gemeint ist oder dass der jüngste Nachkomme, der ja am längsten im Nest bleibt, sich da im übertragenen Sinne festhakt.

Tatsache ist, dass das Nesthäkchen in früheren Jahrhunderten noch anders hieß. Es trug den schönen Namen «Nesthöckelchen», was so viel bedeutet wie kleiner Nesthocker.

Aus dem Nesthöckelchen ist dann das Nestheckl ein geworden, und von da war es sprachlich nur noch ein kleiner Schritt bis zum heutigen Nesthäkchen.

Nachhaltigkeit

Wenn etwas einen nachhaltigen Eindruck hinterlässt, dann vergisst man es nicht, es bleibt dauerhaft im Gedächtnis erhalten. Man kann aber auch Produkte nachhaltig erstellen. Dann berücksichtigt man bei der Produktion neben den ökonomischen auch ökologische und soziale beziehungsweise kulturelle Aspekte.

«Nachhaltigkeit» ist ein Begriff, der noch vor gut 30 Jahren so gut wie gar nicht benutzt wurde, inzwischen ist er aber vor allem bei Politikern schwer in Mode.

Erstmals aufgetaucht ist der Begriff im 18. Jahrhundert in einem Fachbuch über Forstwirtschaft. Der Ratschlag dort lautete, man solle den Wald nicht wahllos abholzen, sondern genügend Bäume stehen lassen, damit sie – und mit ihnen der dringend benötigte Rohstoff Holz – in ausreichender Menge nachwachsen können. Im 20. Jahrhundert ist der Gedanke der Nachhaltigkeit dank der Umweltbewegung nach und nach populär geworden, und inzwischen herrscht weitestgehend Einigkeit darüber, dass dieses Prinzip sich auf alle erdenklichen Rohstoffe und Produktionsprozesse anwenden lässt. Nachhaltigkeit wird heutzutage sogar als ein generelles normatives Leitbild verstanden.

Nachdem die Grünen in den 1990er Jahren begonnen haben, Nachhaltigkeit in den politischen Diskurs zu integrieren, wird sie heute von allen Parteien für alle Themen in Anspruch genommen, auch wenn häufig nicht viel mehr als das ursprüngliche Verständnis von nachhaltig im Sinne von dauerhaft zugrunde liegt. Man könnte fast sagen: Egal ob Finanz-, Sozial- oder Wirtschaftspolitik: Hauptsache nachhaltig – das klingt immer gut.

Otto Normalverbraucher

Sich etwas hinter die Ohren schreiben

O

Es faustdick hinter den Ohren haben

Stolz wie Oskar sein

Oberwasser haben

Die Ohren steifhalten

Jemand übers Ohr hauen

Ohrwurm

Oberwasser haben

Wenn man «Oberwasser hat», dann ist man jemandem gegenüber im Vorteil, man kann sich in einer Auseinandersetzung oder im Wettkampf gegen ihn durchsetzen, man dominiert.

Mühlen sind in der Vergangenheit traditionell als Wind- oder Wassermühlen konstruiert gewesen. Und das Oberwasser ist im 19. Jahrhundert aus der Welt der Wassermühlen in die Umgangssprache eingewandert.

Eine solche Wassermühle wurde an einem Gewässer errichtet, das man oberhalb des Gebäudes durch ein Wehr staute. Mit dem abfließenden Wasser wurde die Mühle betrieben. Das Wasser oberhalb der Mühle war als Oberwasser bekannt, das Wasser unterhalb der Mühle dementsprechend als Unterwasser. Nur der Müller, der genügend Oberwasser hatte, verfügte also über die entsprechenden Mittel und die Antriebskraft, um seine Mühle anständig am Laufen zu halten. Nur er befand sich, wie man heute sagen würde, auf der sicheren Seite.

Die Ohren steifhalten

Wenn man zu jemandem – meistens beim Abschied – sagt, er solle «die Ohren steifhalten», dann rät man ihm, immer aufmerksam, pfiffig und hellwach zu sein. Es kann aber auch die Bedeutung haben, dass er durchhalten und sich nicht unterkriegen lassen soll.

Die Redewendung geht zurück auf die Beobachtung unserer Haus- und Nutztiere beziehungsweise der je nach Stimmung unterschiedlichen Position ihrer Hörorgane.

Bei vielen Hunderassen zum Beispiel lassen die Tiere ihre Ohren schlaff und uninspiriert herunterhängen, wenn sie träge und unaufmerksam sind. Und auch bei Pferden und Eseln kann man an der Stellung und Aktivität ihrer Ohren den Grad der Aufmerksamkeit erkennen. Wenn sie aufmerksam und hellwach sind, stellen sie ihre Ohren auf, sie «halten sie steif». Wer also die Ohren steif hält, ist präsent und aktiv, quasi fit für den Lebenskampf.

Auf uns Menschen bezogen, ergibt diese Redewendung eigentlich nicht so recht Sinn: Wir brauchen die Ohren gar nicht extra steif zu halten, bei uns sind sie ja quasi von Haus aus steif. Aber es kann ja nicht schaden, das hin und wieder mal – zumindest gedanklich – zu überprüfen.

Sich etwas hinter die Ohren schreiben

Wenn jemand etwas auf gar keinen Fall vergessen darf, dann rät man ihm, dass er es sich «hinter die Ohren schreiben» soll.

Im Mittelalter konnten bekanntlich die meisten Menschen weder lesen noch schreiben. Daher wurden Verträge nicht schriftlich abgeschlossen, stattdessen überwogen mündliche Vereinbarungen. Entsprechend waren Zeugen wichtig, die das Abkommen nicht nur vor Gericht bestätigen, sondern auch der nächsten Generation noch davon berichten konnten.

Deswegen war es üblich, dass die Kinder der Beteiligten als Zeugen hinzugezogen wurden, besonders bei Grundsteinlegungen und vor allem bei der Festlegung von Grundstücksgrenzen. Den Nachwuchs hat es aber natürlich meistens nicht wirklich interessiert, was bei solchen langweiligen Vertragsverhandlungen besprochen wurde. Damit die Kinder dennoch – gezwungenermaßen – aufpassten und das Geschehen dauerhaft im Gedächtnis behielten, haben die Eltern sie häufig ziemlich schmerzhaft und pädagogisch unfein an den Ohren gezogen oder sie sogar geohrfeigt. Um also sicherzugehen, dass sich die Kinder die wichtigen Fakten einprägten und nicht vergaßen, haben die Eltern sie ihnen noch vor Ort buchstäblich hinter die Ohren geschrieben.

Es faustdick hinter den Ohren haben

Wer es «faustdick hinter den Ohren hat», der tut zwar harmlos, ist in Wahrheit aber ziemlich raffiniert. Ein listiger Geselle, manchmal auch verschlagen und unehrlich.

Früher hat man einzelnen Organen und Körperregionen noch mehr als heute Gemütsregungen, Gefühle und Fähigkeiten zugeordnet. Und ein alter Volksglauben besagte, dass die List, die Pfiffigkeit und auch der Schalk als kleine Dämonen direkt hinter den Ohren sitzen.

Wer mit diesen Eigenschaften besonders reich ausgestattet ist, der hat dieser Vorstellung zufolge dicke Wülste hinter den Ohren, an denen man das Ausmaß an Raffinesse und Verschlagenheit erkennen kann. Wenn diese Wülste dann auch noch so dick wie eine Faust sind, würde man heutzutage vielleicht eine Schönheits-OP empfehlen, früher aber galten solche Menschen als extrem gewieft und listig, denn sie hatten es «faustdick hinter den Ohren».

Jemand übers Ohr hauen

Wenn man jemand «übers Ohr haut», dann betrügt man ihn, hintergeht ihn oder trickst ihn aus.

Die Redewendung stammt aus der Sprache der Fechter. Trifft man den Gegner am Kopf oberhalb der Ohren, ist es üblich, davon zu sprechen, dass man ihn «übers Ohr gehauen» hat.

Zumindest beim Degen- und Säbelfechten sind diese Treffer zwar regelkonform, gelten im Allgemeinen aber als unfein und unverschämt. Dazu kommt noch: Um jemand beim Fechten übers Ohr zu hauen, muss man ziemlich geschickt sein und eine raffinierte Technik anwenden. Deswegen schwingt in dieser Redewendung auch immer ein bisschen Anerkennung und Respekt mit für die Pfiffigkeit, mit der jemand einen anderen ausgetrickst, also übers Ohr gehauen hat.

Ohrwurm

Wenn ein Lied, ein Schlager oder auch ein anspruchsvollerer Song besonders eingängig ist und lange im Gedächtnis bleibt, dann ist er ein «Ohrwurm».

Ohrwürmer sind Insekten. An die 2000 Arten gibt es weltweit, doch in Deutschland leben gerade einmal acht davon. Es handelt sich um diese länglichen kleinen Tierchen, die man hin und wieder an Balkonwänden hoch- oder in der Wohnung aus irgendwelchen Spalten herauskrabbeln sehen kann. Da an ihrem Hinterleib zwei Zangen sitzen, werden sie auch Ohrenkneifer genannt. Sie sind bei den Menschen nicht gerade beliebt, viele empfinden bei ihrem Anblick sogar einen gewissen Ekel.

Schon in der Antike hat man diese Insekten zu Pulver zermahlen und als Medizin gegen Ohrenkrankheiten verwendet. Von dem lateinischen Wort «auris» für «Ohr» rührt auch ihr wissenschaftlicher Name *Forficula auricula.* Nachdem ihre medizinische Verwendung in Vergessenheit geraten war, konnte man sich jedenfalls nicht mehr so recht erklären, warum die Tiere überhaupt Ohrwürmer oder Ohrenkneifer hießen. Und so ist dann der Volksglaube entstanden, dass Ohrwürmer nachts in menschliche Ohren kriechen und sich sogar darin festbeißen, was aber *de facto* niemals vorkommt.

Es kann allerdings durchaus passieren, dass einem ein Musikstück ins Ohr kriecht und sich dort für eine geraume Zeit festbeißt – in so einem Fall hat man es dann mit einem Ohrwurm der allerersten Güte zu tun.

Otto Normalverbraucher

«Otto Normalverbraucher» ist eine fiktive Person, die man sich ausgedacht hat, um die durchschnittlichen Bedürfnisse der Bevölkerung anschaulich darstellen zu können. In der Marktforschung bezeichnet der Name deshalb den ganz normalen Durchschnittsverbraucher.

Die Bezeichnung geht zurück auf die Zeit des Zweiten Weltkriegs, als Lebensmittelkarten eine angemessene Versorgung der Bevölkerung mit Nahrungsmitteln gewährleisten sollten. So wurden zum Beispiel die Rationen für sogenannte Schwerstarbeiter, aber auch für schwangere Frauen großzügiger bemessen als die der «Normalverbraucher», für die es keine Extras gab. Diese Lebensmittelkarten waren auch nach dem Kriegsende 1945 noch im Umlauf.

Seinen Vornamen verdankt der Normalverbraucher dem Film *Berliner Ballade,* der 1948 in die Kinos kam. Gert Fröbe spielt darin einen verhärmten Kriegsheimkehrer, der Otto heißt und über eine Lebensmittelkarte mit dem Aufdruck «Normalverbraucher» verfügt. Von der Leinwand aus eroberte Otto Normalverbraucher dann die Umgangssprache und wurde dort richtig populär. Später hat er dann einen jüngeren Bruder bekommen, der ihn mit seinem zeitgemäßeren Namen zunehmend verdrängt: Wenn man heute vom Durchschnittsverbraucher spricht, hört der eher auf den Namen Max Mustermann.

Stolz wie Oskar sein

«Stolz wie Oskar» ist jemand, der extrem stolz und selbstbewusst ist und dadurch unbescheiden wirkt. Von der Redewendung ist auch noch die Nebenform «frech wie Oskar» bekannt.

Der stolze Oskar ist nicht leicht zu knacken, zumindest was seine Herkunft betrifft. Sicher ist nur eines: Mit Oskar Lafontaine hat das Ganze nichts zu tun, die Redewendung gab es schon lange vor ihm.

Eine ganze Reihe verschiedener historischer Oskars mit entsprechenden Eigenschaften sind als Ursprung herangezogen worden, wie etwa der mit einem großen Ego ausgestattete Kritiker, Schriftsteller und Schachexperte Oscar Blumenthal (1852 bis 1917) oder der Leipziger Marktschreier und Schausteller Oskar Seiffert (1861 bis 1932).

Wirklich überzeugen können diese Herleitungen aber nicht, denn es gab ja mindestens genauso viele freche und stolze Willis, Walters und Werners. Am wahrscheinlichsten ist, dass der stolze Oskar seinen Ursprung in der jiddischen Sprache hat. Hier bedeuten das Wort «ossik» und das davon abgeleitete «ossoker» so viel wie frech, dreist und selbstbewusst, und daraus könnte in der Umgangssprache der stolze Oskar geworden sein.

Peterwagen

Picobello

Proll

Man hat schon Pferde vor der Apotheke kotzen gesehen

P

Ich kenne meine Pappenheimer

Von der Pike auf

In die Pötte oder zu Potte kommen

Der springende Punkt

Nicht von Pappe sein

Die Pimpernellen, Pipinellen oder Bibernellen kriegen

Bis in die Puppen

Prügelknabe

Dahin gehen, wo der Pfeffer wächst

Guten Rutsch

Nicht von Pappe sein

Wenn Dinge oder auch Menschen «nicht von Pappe» sind, dann sind sie robust, widerstandsfähig und kernig. Diese Menschen können in der Regel gut austeilen, aber auch gut einstecken.

Man könnte denken, dass diese Redensart auf die Pappe zurückgeht, aus der Kartons entstehen, weil Pappe ja bekanntermaßen nicht besonders widerstandsfähig und robust ist. Doch mit der hier gemeinten Pappe kann man jemand aufpäppeln, und manchmal ist sie auch pappsüß.

Das Wort «Papp» ist ein sogenanntes Lallwort, wobei mit diesem Begriff nicht das gemeint ist, was zu später Stunde manchmal in Kneipen zu vernehmen ist, sondern die Ausdrucksweise von ganz kleinen Kindern, wenn sie zu sprechen beginnen. Papp ist seit 500 Jahren nachgewiesen und bezeichnet den Babybrei, mit dem Kleinkinder gefüttert werden. Wenn jemand «nicht von Pappe» war, dann hieß das also ursprünglich, dass diese Person sich nicht mehr von Kinderbrei ernährte, sondern durchaus in der Lage war, auch mal ein ordentliches Stück Fleisch zu verputzen. Und das machte ihn gesünder und stärker als den kleinkindlichen Breiesser.

Ich kenne meine Pappenheimer

Wer «seine Pappenheimer kennt», der weiß über eine bestimmte Person oder Menschengruppe genau Bescheid, dem kann in dieser Hinsicht keiner etwas vormachen.

Pappenheim ist eine kleine Stadt 70 Kilometer südlich von Nürnberg, und die Pappenheimer sind die Einwohner von Pappenheim, so viel ist klar. Aber wieso sind die Pappenheimer durch die Redewendung in ganz Deutschland bekannt geworden?

Verantwortlich hierfür ist niemand Geringeres als Friedrich Schiller, genauer gesagt sein Theaterstück *Wallensteins Tod.* An einer Stelle des Theaterstücks äußert sich die Hauptfigur Wallenstein, seines Zeichens Oberbefehlshaber der kaiserlichen Truppen im Dreißigjährigen Krieg (1618 bis 1648), anerkennend über sein Pappenheimer Regiment, das sich durch unbedingte Loyalität, Tapferkeit und Wagemut auszeichne: «Daran erkenn ich meine Pappenheimer.»

Interessant ist in diesem Zusammenhang, dass Schiller diese Aussage noch ausdrücklich als Lob gemeint hat, wohingegen die Redewendung heutzutage eher abschätzig oder herablassend gemeint ist.

Picobello

«Picobello» sind Dinge, wenn sie einwandfrei, bestens oder einfach super sind. Oft hört man auch die Formulierung «picobello sauber».

Der Verdacht liegt nahe, dass «picobello» einen italienischen Ursprung hat. Für den zweiten Teil des Wortes trifft diese Vermutung auch zu, das italienische «bello» bedeutet so viel wie schön oder gut. Doch der erste Teil des Wortes, «pico», ist in Italien unbekannt.

Erstaunlicherweise geht dieser erste Wortteil zurück auf das plattdeutsche «pük». Und wenn früher etwas pük war, dann war es erlesen, fein, besonders edel. Aus diesem «pük» ist das Wort «piekfein» hervorgegangen, das sich meistens auf die Kleidung eines Menschen bezieht, häufig aber auch auf schicke Restaurants und noble Hotels. Und dieses «piek» ist dann schließlich von einem unbekannten Witzbold zu pico umgeformt und mit dem italienischen «bello» kombiniert worden, fertig war die neue Kreation, picobello!

Fachleute sprechen in diesem Fall von einer nicht ernst gemeinten, scherzhaften «Italianisierung».

Von der Pike auf

Wenn jemand etwas «von der Pike auf» gelernt hat, dann hat er die komplette Ausbildung durchlaufen und kennt sich in seinem Fach wirklich aus. Er ist das genaue Gegenteil eines Quereinsteigers.

«Pike» bezeichnet einen bis zu drei Meter langen Speer, wie er zum Beispiel auch zu Zeiten des Dreißigjährigen Krieges (1618 bis 1648) benutzt wurde. Wer damals Soldat war, musste als Anfänger zunächst mal mit der Pike kämpfen. Bei den Soldaten, die mit dieser Waffe kämpften, handelte es sich um die sogenannten Pikeniere. Sie hatten zwar einen niedrigen Rang inne, aber sie galten als effektive Kämpfer gegen Kavallerieeinheiten.

Wenn ein Soldat sich im Kampf mit der Pike bewährt hatte, konnte er aufsteigen und mit Feuerwaffen kämpfen, er gehörte dann zu den sogenannten Arkebusieren oder Musketieren. Aber egal welchen militärischen Rang er vielleicht noch erreichte, er hatte sich auf jeden Fall hochgedient und seinen Job von der Pike auf gelernt.

In die Pötte oder zu Potte kommen

Soll jemand «in die Pötte kommen», dann wird er aufgefordert, mit seinem Vorhaben loszulegen oder voranzukommen. Manchmal soll er sich auch beeilen oder endlich «Gas geben». Parallel existiert auch noch die Formulierung «zu Potte kommen».

Mit dem «Pott» beziehungsweise den «Pötten», um die es hier geht, ist das sogenannte Nachtgeschirr gemeint, das man in früheren Zeiten im Schlafzimmer aufbewahrte.

Die Toiletten befanden sich damals selten innerhalb der Wohnungen. Tagsüber war das auch gar kein Problem, aber natürlich hatte niemand große Lust, mitten in der Nacht die eigenen vier Wände zu verlassen, um zur Toilette zu gehen. Deshalb befanden sich besagte Nachttöpfe oder Nachtpötte unter dem Bett. Stellte sich nun des Nachts das Bedürfnis ein, sich zu erleichtern, musste man nur darauf achten, sein Geschäft zügig zu erledigen, um möglichst schnell wieder einschlummern zu können und den oder die mit im Zimmer Schlafenden möglichst wenig zu stören. Man musste also schnell in die Pötte oder zu Potte kommen.

Dahin gehen, wo der Pfeffer wächst

Wenn diese Aufforderung ausgesprochen wird, dann wünscht man sich, dass jemand verschwindet, am liebsten an einen weit entfernten Ort. Man möchte mit diesem Menschen nichts mehr zu tun haben und gibt ihm auch nicht gerade die besten Wünsche mit auf den Weg.

Es gibt im Wesentlichen zwei Herleitungen für diese Redensart, die sich aber nicht ausschließen müssen:

Eine häufige Erklärung nimmt Bezug darauf, dass Pfeffer in Übersee angebaut wird, vor allem in Indien, Brasilien, Indonesien und Malaysia.

Wenn man also jemand in früheren Jahrhunderten dort hingeschickt hat, dann war das nicht nur eine beschwerliche und vor allem lange Schiffsreise, dann konnte man sich vor allem auch ganz sicher sein, dass man diesem Menschen so schnell nicht wieder begegnete. Man hat ihn mit dieser Redewendung schlicht weit, weit weg gewünscht.

Einem anderen Ansatz zufolge geht diese Redewendung auf die damalige Kolonie Französisch-Guayana im nördlichen Südamerika zurück. Dort gab es im 19. Jahrhundert eine berüchtigte Strafkolonie. Bis zu 70 000 Straftäter haben die Franzosen hierhin verschifft, ebenfalls nach dem Motto: möglichst weit weg mit den Missetätern, am besten dahin, «wo der Pfeffer wächst».

Peterwagen

«Peterwagen» war in Hamburg und Teilen Niedersachsens noch vor gar nicht allzu langer Zeit eine weitverbreitete Bezeichnung für Streifenwagen der Polizei. Heutzutage ist dieses Wort vor allem Jüngeren kein Begriff, doch bei den über 30-Jährigen dürfte es noch nicht in Vergessenheit geraten sein.

Es gibt zwei Theorien zu der Entstehung des Begriffs «Peterwagen», doch bei einem Punkt sind sie sich sogar einig: Er scheint wohl in Hamburg entstanden zu sein, und zwar kurz nach dem Zweiten Weltkrieg.

Der einen Theorie zufolge liegt der Ursprung in einer alten Signalflagge aus der Seefahrt, die als Blauer Peter bekannt war. Diesen Namen hat die Hamburger Polizei – wohl wegen Hamburgs Tradition als Hafenstadt – dann als Funkrufnamen für ihre Einsatzwagen ausgewählt. So hießen die Streifenwagen dann Peter 13 oder Peter 25 und so weiter.

Die zweite Herleitung bezieht sich darauf, dass Hamburg damals zur britischen Besatzungszone gehörte. Ein Hamburger Sachbearbeiter soll einem britischen Offizier seinerzeit Streifenwagen – «Patrolcars, Sir!» – vorgeführt haben. Der Brite hat das Hamburger Englisch wohl nicht so recht verstanden und um Erklärung gebeten, woraufhin der Hamburger Beamte bereitwillig erläutert haben soll: «P – like Peter!» Dank dieser ausführlichen Erklärung war dem Briten nun endlich sonnenklar, womit er es zu tun hatte: «Oh, I see, Peterwagon!»

Man hat schon Pferde vor der Apotheke kotzen gesehen

Mit dieser Formulierung drückt man aus, dass man etwas für sehr unwahrscheinlich hält, aber nicht ganz ausschließen möchte, dass es trotzdem passiert.

Die Redensart von den Pferden vor der Apotheke gibt es seit Anfang des 20. Jahrhunderts, und sie basiert darauf, dass Pferde sich aus anatomischen Gründen nicht oder nur äußerst selten übergeben können. Der Grund ist der spezielle Muskelaufbau im Bereich von Magen und Speiseröhre, und auch die Länge des Pferdehalses macht es den Tieren so gut wie unmöglich, mal eben schnell «abzukotzen».

Es ist also höchst unwahrscheinlich, dass man jemals Augenzeuge eines solchen Vorgangs wird. Noch unwahrscheinlicher ist es, dass das auch noch ausgerechnet vor einer Apotheke passiert, in der es ja vielleicht Medikamente gäbe, die dem armen Tier in seiner misslichen Lage helfen könnten.

Um die absolute Unwahrscheinlichkeit eines Geschehens auszudrücken, hat man sogar noch eine Steigerung der Redewendung gefunden, mit einem besonders schönen Bild: Manche Menschen haben sogar schon «Pferde vor der Apotheke kotzen gesehen, und das mit einem Rezept im Maul!»

Proll

«Proll» ist eine abschätzige Bezeichnung für Menschen mit ungehobeltem Benehmen, ungepflegtem oder geschmacklosem Outfit und häufig niedrigem Bildungsstand.

Schon im alten Rom hat man die Angehörigen der damaligen Unterschicht *proles* genannt, was genaugenommen Nachkommen heißt. Das hatte den einfachen Grund, dass der einzige «Besitz» dieser Menschen sich in ihren Kindern erschöpfte. Aus der lateinischen Bezeichnung *proles* ist dann das deutsche Wort «Proletarier» oder «Prolet» geworden.

Bis ins 19. Jahrhundert hinein war diese Bezeichnung eindeutig abschätzig und abwertend gemeint – doch dann kamen Karl Marx und Friedrich Engels und mit ihnen die theoretische

Begründung des Kommunismus. Hier wurde die bisherige Bedeutung quasi auf den Kopf gestellt: Der Proletarier war jetzt ein Held und zukünftiger Revolutionär. Die Parole «Proletarier aller Länder vereinigt Euch» ist nach wie vor bekannt. Spätestens mit dem Ende des selbst erklärten «Arbeiter-und-Bauern-Staates» DDR war es dann allerdings wieder vorbei mit dieser Verehrung des Proletariers – zumindest auf deutschem Boden.

Im heutigen Sprachgebrauch wird der Prolet wieder eindeutig negativ bewertet. Er mutierte zum Proll, einem Menschen mit wenig Niveau und Stil, der sich in nachmittäglichen TV-Talkshows danebenbenimmt oder Bier trinkend und dumpfbackig die deutschen Sofas bevölkert.

Wenn Erich Honecker das noch erlebt hätte …

Prügelknabe

Wenn jemand für etwas beschuldigt beziehungsweise bestraft wird, das er nicht getan oder zu verantworten hat, dann muss er als «Prügelknabe» herhalten.

Die Geschichte vom «Prügelknaben» klingt unglaublich, ist aber tatsächlich wahr. Prügelknaben gab es früher wirklich, sie haben als rangniedere Kinder bei Adeligen mit deren Kindern zusammengelebt.

Hatte das adelige Kind etwas ausgefressen, dann war es den nichtadeligen Bediensteten nicht gestattet, das Kind zu bestrafen. Die adeligen Eltern aber waren sich für die Maßregelung und Züchtigung, schlicht das Verkloppen, meist zu schade. Die Lösung des Problems war der Prügelknabe: Er bekam jetzt die

Strafe ab, wobei das adelige Kind in der Regel zusehen musste. Das eine Kind bekam die Schläge, und das andere wurde durch das Zusehen zumindest psychologisch mitbestraft.

Interessant ist, dass es in einem völlig anderen Zusammenhang noch im 19. Jahrhundert eine ganz ähnliche Einrichtung gab, nämlich den Sitzredakteur bei sozialistischen oder kommunistischen Zeitungen. Im deutschen Kaiserreich konnte es ja schnell passieren, dass man wegen Majestätsbeleidigung oder ähnlicher Verstöße angeklagt und zu Freiheitsstrafen verurteilt wurde.

Um nun zu verhindern, dass Chefredakteure oder andere Edelfedern eventuell eine solche Strafe antreten mussten, wurde damals im Impressum ein «im Sinne des Presserechts verantwortlicher» Redakteur genannt, der im Falle eines Falles die Strafe stellvertretend für andere absitzen musste: der Sitzredakteur.

Es ist naheliegend, dass man für diese Funktion nicht die besten Köpfe der Redaktion ausgewählt hat, sondern Mitarbeiter mit eher überschaubaren Fähigkeiten, die leicht ersetzbar waren.

Die Pimpernellen, Pipinellen oder Bibernellen kriegen

Wenn man wahlweise «die Pimpernellen», «die Pipinellen» oder auch «die Bibernellen» kriegt, dann wird man ausgesprochen ungeduldig und nervös, oder man ist kurz davor, sich über etwas tierisch aufzuregen.

Bibernellen, Pimpernellen oder Pimpinellen – welchen Namen man ihnen auch gibt, gemeint ist ein Wildkraut, das früher oft im Salatdressing enthalten war und auch heute noch ein fester Bestandteil der berühmten Frankfurter Grünen Soße ist. Vor allem stellte man damals aus Pimpernellen eine Tinktur her, die gegen Bluthochdruck und Kopfschmerzen helfen sollte.

Hierin dürfte der Ursprung der Redewendung liegen. Kurz bevor einem endgültig der Kragen platzt, ist klar: «Was ich jetzt brauche, ist mein Beruhigungsmittel aus Kräutern. Jetzt krieg ich gleich die Pimpernellen.»

Der springende Punkt

«Der springende Punkt» ist das Entscheidende an einer Sache, das, worauf es wirklich ankommt, das Wichtigste.

Der griechische Philosoph Aristoteles hat schon im 4. Jahrhundert vor Christus beachtliche biologische Untersuchungen angestellt und viele Lebewesen und ihre Organe untersucht. Unter anderem hat er auch beschrieben, wie sich im Weißen eines Vogeleis das Herz des gerade entstehenden Vogels zeigt, nämlich «so groß wie ein Punkt, blutfarben im Weißen». Dieser Punkt springe und bewege sich wie ein lebendiges Wesen. In der lateinischen Übersetzung war dann vom *punctum saliens* die Rede, und das heißt nichts weiter als springender Punkt.

Der Herzschlag ist also das Entscheidende, der springende Punkt. Das ist auch bei Menschen so: Die erste Bewegung eines Ungeborenen, die ein Arzt bei einer Ultraschalluntersuchung erkennen kann, ist der Herzschlag des Babys, und er sieht aus wie ein springender Punkt.

Bis in die Puppen

Heutzutage bedeutet diese Formulierung, dass man extrem lange feiert oder um die Häuser zieht, womöglich bis zum frühen Morgen.

Der preußische König Friedrich II., der legendäre Alte Fritz, ist verantwortlich dafür, dass wir manchmal heute noch «bis in die Puppen» feiern. Nach seiner Inthronisierung 1740 ließ dieser Monarch am Großen Stern im Berliner Tiergarten viele auf antik getrimmte Statuen aufstellen. Die Berliner, bekannt für ihr lockeres Mundwerk, empfanden diese Figuren als Puppen des Königs und nannten sie entsprechend.

Wenn man von der Stadtmitte zu Fuß bis zum Tiergarten und den Puppen gehen wollte, brauchte man schon eine Weile für die knapp drei Kilometer. Und so übertrug sich die räumliche Entfernung auch auf die zeitliche Dimension: Kam man erst am frühen Morgen von irgendeinem Fest nach Hause, dann war man sehr lange weg gewesen, man hatte bis in die Puppen gefeiert.

Guten Rutsch

Mit dem sprichwörtlichen «guten Rutsch» verbindet man den Wunsch, dass der Angesprochene gut ins neue Jahr kommt.

Zunächst einmal denkt man bei dieser Redensart an Eis und Schnee, denn beides gibt es zu Silvester ja durchaus, und darauf könnte man – bildlich gesprochen – ganz hervorragend ins neue Jahr hineinrutschen.

So falsch liegt man mit dieser Vermutung auch gar nicht, vor allem, wenn man bedenkt, dass mit «Rutsch» noch im 19. Jahrhundert auch eine Reise gemeint sein konnte. Goethe schrieb zum Beispiel in dem Gedicht *Die Lustigen von Weimar*: «Und Sonntags rutscht man auf das Land.» So gesehen heißt der Ausruf «Guten Rutsch!», dass man eine angenehme Reise ins neue Jahr wünscht.

Eine andere Theorie leitet den «guten Rutsch» vom Rotwelschen ab, der deutschen Gaunersprache, die im späten Mittelalter aufkam. Hier gibt es das Wort «Rosch», und das bedeutet «Kopf» oder auch «Anfang». Sollte diese Theorie stimmen, dann wünscht man zu Silvester einen guten Anfang oder einen «guten Kopf», und beides kann man zu Neujahr unbestreitbar gut gebrauchen.

Das kann kein Schwein lesen

Schnurstracks

Jemand den Schneid abkaufen

Sich freuen wie ein Schneekönig

Herein, wenn's kein Schneider ist

Einen Stein im Brett haben

Mein lieber Scholli

Mein lieber Schwan

Schnapszahl

Schmiere stehen

Alter Schwede

Ein abgekartetes Spiel

Wie Schmidts beziehungsweise Schmitz' Katze

Stockbesoffen

Schnorrer

Schnuppe sein

Schnitzeljagd

Schiffe beziehungsweise Ladung löschen

Da brat mir einer 'nen Storch!

Steckenpferd

Sich aus dem Staub machen

Den inneren Schweinehund überwinden

Schwänzen

Gegen den Strich gehen

Einen Sockenschuss haben

Aus dem Stegreif

Ich glaub, mein Schwein pfeift

In den Sack hauen

In Schwulitäten kommen

Schäferstündchen

Über die Stränge schlagen

Aus dem Schneider sein

Einen sitzen haben

Mein lieber Schwan

«Mein lieber Schwan!» – Damit bringt man Verwunderung, Erstaunen, Verblüffung oder auch Anerkennung zum Ausdruck.

Redewendungen wie «Mein lieber Scholli!», «Mein lieber Herr Gesangsverein!» oder «Mein lieber Mann!» drücken alle das Gleiche aus, und bei allen ist es unmöglich oder zumindest sehr schwer, die Herkunft genau zu belegen. Bei «Mein lieber Schwan!» sieht die Sache anders aus, hier ist der Ursprung eindeutig geklärt: Schöpfer dieses Ausrufs ist Richard Wagner.

In Wagners 1850 uraufgeführter Oper *Lohengrin* sitzt der gleichnamige Titelheld in einem kleinen Boot, das von einem Schwan ans Ufer gezogen wird. Dort angekommen, wendet Lohengrin sich voller Dankbarkeit an den Vogel, und zwar mit den Worten: «Nun sei bedankt, mein lieber Schwan!» Später verabschiedet er sich dann noch einmal extra von dem Tier: «Leb wohl, mein lieber Schwan.» Und diese nette Danksagung hat schließlich von der Opernbühne aus ihren Weg in die Umgangssprache gefunden.

Ich glaub, mein Schwein pfeift

«Ich glaub, mein Schwein pfeift» ist ein Ausdruck dafür, dass man von etwas völlig überrascht ist oder eine Sache oder einen Vorgang für haarsträubend hält.

Bis weit in die 1970er Jahre hinein hat man bei extrem unwahrscheinlichen oder unerwarteten Geschehnissen gesagt: «Ich glaub, es geht los!» oder: «Ich glaub, mich trifft der Schlag!» Zu dieser Zeit hat sich dann in der Jugendsprache der Trend entwickelt, Tieren – als Reaktion auf etwas völlig unmöglich Erscheinendes – völlig unpassende Fähigkeiten zuzuschreiben.

So haben sich dann Sprüche entwickelt wie der von dem pfeifenden Schwein. Schweine sind zwar hochintelligent und können so einiges, aber pfeifen können sie definitiv nicht. Auch viele andere gewollt schräge Redensarten, die in eine ähnlich Richtung gehen, sind damals entstanden, wie zum Beispiel: «Ich glaub, mich knutscht ein Elch!», «Ich glaub, mein Hamster bohnert!» oder «Ich glaub, mein Hund spielt Halma!»

Den inneren Schweinehund überwinden

Der «innere Schweinehund» hindert Menschen daran, etwas wirklich Sinnvolles oder Nötiges zu tun. Dieser Ausdruck beschreibt einen Zustand von Willensschwäche, der verhindert, dass wir zum Beispiel eine gesunde Diät einhalten, mit dem Rauchen aufhören oder endlich eine lange aufgeschobene Arbeit beginnen.

Im 16. Jahrhundert hat man für die Jagd auf Wildschweine sogenannte Sauhunde eingesetzt, die das Wild gehetzt haben, bis es gestellt und erlegt werden konnte. Im Lauf der Zeit wurden diese Sauhunde dann Schweinehunde genannt.

Im 19. Jahrhundert ist zum ersten Mal das Bild vom «inneren Schweinehund» aufgetaucht, der quasi im Inneren des Menschen sitzt und verhindert, dass gute Vorsätze umgesetzt werden. In den 1920er und 1930er Jahren hat die Redewendung dann ständig an Popularität gewonnen, bis sie im Zweiten Weltkrieg zur gängigen Redewendung wurde, insbesondere im sogenannten Landserdeutsch, also unter Soldaten. In den 1950er und 1960er war es schließlich vor allem bei Sporttrainern und -lehrern beliebt, den inneren Schweinehund zu bekämpfen. Allen Bemühungen zum Trotz erweist sich dieser unangenehme Köter jedoch als ausgesprochen zähes und langlebiges Wesen, denn er treibt auch heute noch uneingeschränkt sein Unwesen.

Schiffe beziehungsweise Ladung löschen

Frachtschiffe beziehungsweise ihre Ladung werden «gelöscht», wenn die Fracht in einem Hafen ordnungsgemäß entladen und alle Formalitäten erledigt werden.

Ein Schiff beziehungsweise seine Ladung wird «gelöscht», obwohl dabei nichts in Flammen steht. Das hört sich zwar ziemlich unlogisch an, ist es aber gar nicht, weil es nicht um Feuer geht, sondern um Haftungsfragen.

Wenn ein Frachtschiff früher in einen Hafen eingelaufen war, musste der Kapitän beim Hafenmeister unterschreiben, dass er für die Ladung haftete, bis sie ausgeladen war. Erst wenn alles ohne Komplikationen von Bord und das Schiff leer war, wurde diese Unterschrift geschwärzt oder mit Sandpapier unsichtbar gemacht, sie wurde gelöscht – und damit war auch das Schiff beziehungsweise seine Ladung gelöscht.

Schnurstracks

«Schnurstracks» bedeutet so viel wie schnellstens, direkt, geradewegs, auf kürzestem Wege.

«Schnurstracks» ist ein zusammengesetztes Wort und besteht aus zwei Wörtern: Schnur und stracks. Bei der Schnur handelt es sich um die Schnur der Zimmerleute, die diese früher spannten, um eine gerade Strecke anzuzeigen beziehungsweise die kürzeste Verbindung zwischen zwei Punkten darzustellen. Und stracks bedeutet eigentlich das Gleiche. Das Wort «strackes» war schon im Mittelalter gebräuchlich und bedeutet schlicht und einfach gerade.

Wenn also jemand ohne Umwege irgendwo hingeht, auf ganz geradem Weg, förmlich wie von einer straffgespannten Schnur gezogen, dann tut er das auch heute noch schnurstracks.

Sich freuen wie ein Schneekönig

Die Redensart bedeutet, dass sich jemand extrem freut und ihm diese Freude auch deutlich anzumerken ist.

Diese Redensart geht zurück auf Troglodytes troglodytes. Das ist keine Krankheit und auch kein König aus der Antike. Bei diesem Zungenbrecher handelt es sich um den wissenschaftlichen Namen des Zaunkönigs: Das ist dieser sehr kleine Vogel (er erreicht eine maximale Körperlänge von elf Zentimetern) mit bräunlichem Gefieder, den man relativ häufig in Wäldern und Gärten ausgesprochen laut und intensiv singen hören kann.

Die meisten Zaunkönige, die bei uns leben, ziehen im Winter

nicht in den Süden, sondern bleiben hier. Weil diese Vögel selbst im Winter und bei Schnee fröhlich und lebhaft vor sich hin tirilieren, hat man sie früher auch Schneekönige genannt. Und das sonnige Gemüt der gefiederten Frohnaturen war derart beeindruckend, dass man ihnen schließlich in dieser Redewendung ein (sprachliches) Denkmal gesetzt hat.

Im Englischen ist man übrigens «merry as a lark», freut sich also wie eine Lerche. Vielleicht ist dieser Singvogel ja auf «singing in the rain», also das Singen im Regen spezialisiert.

Schnitzeljagd

Eine «Schnitzeljagd» ist ein Geländespiel, bei dem eine Gruppe von Menschen, meistens Kinder, Spuren und Hinweisen folgt, die von einer anderen Gruppe ausgelegt worden sind. Hat man es ins Ziel geschafft, erhält man im Allgemeinen eine Belohnung oder einen Preis.

Wem bei dem Wort «Schnitzeljagd» das Wasser im Munde zusammenläuft, weil er an ein Wiener Schnitzel, ein Jägerschnitzel oder ein leckeres Cordon bleu denkt, der liegt zwar nicht völlig falsch, aber er liegt leider auch nicht ganz richtig.

Im Mittelhochdeutschen existierte das Wort «Snit», der Vorgänger unseres heutigen «Schnitts». Wenn irgendetwas besonders klein geschnitten war, dann wurde es mit der Verkleinerungsform «Snitzel» bezeichnet. Hier liegt auch der Ursprung für die beliebte relativ dünne Fleischscheibe: das Schnitzel. Und wenn man Papier in kleine Stücke schneidet, dann entstehen je nach Gegend Papierschnipsel oder eben auch Papierschnitzel.

Führt bei einem Geländespiel eine Spur kleiner Papierstücke zum Ziel, dann wird das Spiel somit zur Schnitzeljagd.

Schwänzen

Wenn man dem Schulunterricht, aber auch Vorlesungen an der Universität oder anderen Lehrveranstaltungen unentschuldigt fernbleibt, spricht man von «schwänzen». Im weiteren Sinne wird jede Veranstaltung «geschwänzt», vor deren Teilnahme man sich drückt.

Es gab früher die beiden Wörter «swanzen» oder auch «svenzen», und beide bedeuteten so viel wie «sich hin und her bewegen». Und wenn man an die wedelnde Rute eines Hundes denkt, dann wundert es nicht, dass hier auch der Ursprung des Wortes «Schwanz» liegt.

Swanzen beziehungsweise svenzen, also sich hin und her bewegen, zum Beispiel indem man spazieren geht, ist so ziemlich das Gegenteil von ruhig im Unterricht sitzen, und hierin soll die Herkunft des heutigen Schwänzens liegen.

Diese Herleitung wird unterstützt durch das Wort «schwentzen», das in der alten deutschen Gaunersprache, dem Rotwelsch existierte, auch hier in der Bedeutung «über Land ziehen» oder «hin und her gehen».

Und es soll ja durchaus vorkommen, dass Schulschwänzer tatsächlich hin und her gehen, zum Beispiel von einem Fastfood-Restaurant oder Modegeschäft zum nächsten …

Über die Stränge schlagen

Wenn man «über die Stränge schlägt», dann übertreibt man etwas oder geht zu weit. Es kann auch gemeint sein, dass man sehr ausgelassen feiert.

Es hört sich fast so an, als ob diese Redewendung von den strengen Vorschriften herrührt, die überschritten werden, wenn man «über die Strenge schlägt». Gut gedacht, aber trotzdem falsch, denn sie geht auf ein anderes Wort zurück, und zwar aus der Zeit, als Pferdefuhrwerke das wichtigste Transportmittel waren. Zu einem kompletten Pferdefuhrwerk gehören neben dem Brustgeschirr mit Halsriemen, Brustblatt und Gurten eben auch diverse sogenannte Zugstränge, die das Pferd mit dem Wagen verbinden.

Wenn ein Pferd nun völlig ausrastet oder durchdreht, dann kann es passieren, dass es über die Zugstränge hinaus ausschlägt und um sich tritt. Dieses unerwünschte Verhalten stand gewissermaßen Pate für die Verfehlungen und Vergehen, die wir heutzutage begehen, wenn wir «über die Stränge schlagen». Und aus diesem Grund sollte man sich nicht in die Irre leiten lassen und die Stränge in jedem Fall mit «ä» schreiben.

Steckenpferd

Ein «Steckenpferd» ist ein Kinderspielzeug, das aus einem Stab oder Stiel besteht, an dem ein stilisierter Pferdekopf angebracht ist. Am unteren Ende verfügen einige Modelle über Rollen, die den Kindern das Spielen erleichtern.

Das Pferd im «Steckenpferd» erklärt sich selbst, und der Stecken ist ein altes Wort, das Stock oder Stab bedeutet.

Dieses Spielzeug war schon im Mittelalter beliebt und verbreitet, ganz einfach, weil Kinder immer schon gern das nachgeahmt haben, was sie bei Erwachsenen beobachteten, und das war früher eben das Reiten. Seit es Autos gibt, haben die Steckenpferde deswegen auch deutlich an Beliebtheit eingebüßt. Heute rutschen und rollen die Kleinen lieber auf Plastikautos durch die Gegend und konkurrieren mit den Erwachsenen darum, die besseren und passionierteren Autofahrer zu sein.

In England hieß das Steckenpferd schon immer *hobby horse* oder kurz *hobby*, und weil Kinder so gern damit gespielt haben, hat sich seit dem 18. Jahrhundert eine zweite Bedeutung für das deutsche Wort «Steckenpferd» entwickelt. Alles was man in seiner Freizeit gern tut, fällt seitdem unter diesen Begriff. Wenn jemand gern Oldtimer restauriert, im Garten rumwerkelt oder zum Angeln geht, dann ist das sein Hobby oder auch sein Steckenpferd.

Jemand den Schneid abkaufen

Wenn man «jemand den Schneid abkauft», dann entmutigt man ihn oder schüchtert ihn ein.

Schneid ist ein altes deutsches Wort für Mut oder Tapferkeit, das im 19. Jahrhundert weitverbreitet gewesen ist, vor allem im Jargon der Soldaten. Von diesem Schneid stammt auch das entsprechende Eigenschaftswort ab, das bis weit ins 20. Jahrhundert hinein schwer in Mode war: Junge, kernige Männer galten damals als schneidige Kerle. Aber wieso kann man «jemand den Schneid abkaufen»?

Junge Burschen aus dem deutschsprachigen Alpenraum trugen, wenn sie gegen Ende des 19. Jahrhunderts abends unterwegs waren, grundsätzlich eine möglichst gerade und weiße Hahnenfeder am Hut, die sogenannte Schneidfeder. Wenn es nun zu Raufereien und Kämpfen kam, konnte der Sieger den Unterlegenen demütigen, indem er ihm diese Schneidfeder abnahm und sie dann am eigenen Hut trug. Er nahm ihm den Schneid ab; wenn man es genau nimmt, hat er ihn demjenigen gestohlen. Aber wer gilt schon gern als Dieb, wenn er sich eigentlich als der strahlende Held fühlt: So sprach man also beschönigend davon, man habe dem anderen den Schneid abgekauft. Klingt doch gleich viel freundlicher.

In Schwulitäten kommen

Wenn jemand in einer sehr schwierigen Situation steckt, wenn er echte Probleme hat, sich bedrängt fühlt und Angst hat, dann ist er «in Schwulitäten gekommen».

Im Plattdeutschen existiert seit Jahrhunderten das Wort «schwul» zur Beschreibung des Wetters, wenn es unangenehm, drückend und heiß ist. Nachdem dieses Wort ins Hochdeutsche eingegangen war, ist es im 18. Jahrhundert zu «schwül» geworden, ohne jedoch eine Bedeutungsveränderung zu erfahren.

Eine solche schwüle Wetterlage ist alles andere als angenehm: Man fühlt man sich schnell unangenehm, verschwitzt, von der Hitze gequält und beklommen. Und so ist in der Studentensprache des 18. Jahrhunderts das Wort «Schwulitäten» für einen Zustand aufgetaucht, in dem man sich unwohl und bedrückt fühlt, denn in so einer Situation gerät man auch mal schnell ins Schwitzen.

Erst im 19. Jahrhundert hat sich dann die zweite Bedeutung herausgebildet, die wir heute alle kennen: Inzwischen steht schwul für männliche Homosexualität.

Schnapszahl

Eine «Schnapszahl» ist eine mehrstellige Zahl, die ausschließlich aus identischen Ziffern besteht, zum Beispiel 22, 66 oder 111.

Für die Entstehung dieses Begriffs gibt es zwei Theorien, die beide mit Schnaps zu tun haben. Bei der einen verdankt man einer solchen Zahl den Schnaps, bei der anderen ist es genau umgekehrt, man verdankt dem Schnaps die Zahl. Wer war denn nun zuerst da, der Schnaps oder die Zahl?

Einer sehr verbreiteten Erklärung zufolge verdanken wir die Schnapszahlen einer Reihe von Kneipenspielen, bei denen Zahlen und Punktestände addiert werden und die Spieler eine sogenannte Schnapszahl erreichen: Dann muss ein Schnaps – oder ein anderes Getränk – ausgegeben werden. Das Spiel ist übrigens nicht zu Ende, wenn der Erste eine Schnapszahl erreicht hat – dann geht es erst richtig los.

Die zweite Erklärung ist zwar nicht ganz so verbreitet, aber nicht weniger plausibel: Wenn man reichlich Schnaps getrunken hat, fängt man irgendwann an, doppelt zu sehen, und das gilt natürlich auch für Zahlen. So kann es also vorkommen, dass man statt einer 2 eine 22 sieht. Und das ist dann eine typische Schnapszahl.

Sich aus dem Staub machen

Wenn man einen Ort mehr oder weniger fluchtartig und heimlich verlässt, dann macht man sich «aus dem Staub».

Wie viele populäre Redensarten stammt auch diese aus dem militärischen Bereich, genauer gesagt, sie entstand in den Feldschlachten früherer Jahrhunderte. Da wurde im Schlachtgetümmel immer reichlich Staub aufgewirbelt, manchmal so viel, dass es zu echten Sichtbehinderungen kam.

Soldaten, die an ihrem Leben hingen, hatten so die Chance, unbemerkt zu verschwinden. Durch die Staubwolken blieb ihre Flucht unentdeckt, und sie konnten nicht einmal wegen Fahnenflucht verurteilt werden, weil sie sich geschickt «aus dem Staub» gemacht hatten.

Stockbesoffen

Wenn jemand «stockbesoffen» ist, dann ist er über alle Maßen betrunken und hat sich nicht mehr unter Kontrolle.

Auch wenn der Verdacht naheliegt: Die Formulierung hat nichts damit zu tun, dass jemand so viel Alkohol getrunken hat, dass er quasi nur noch am Stock vorwärts kommt.

Bei dem «stock» in stockbesoffen handelt es sich vielmehr um ein sogenanntes adjektivisches Präfixoid, ein Wort, das lediglich die Funktion hat, die Bedeutung eines anderen Wortes zu unterstreichen oder zu verstärken. Es leitet sich vom Wurzelstock der Bäume oder Sträucher ab. Denn wenn der Wurzelstock krank ist, dann ist der Baum oder der Strauch in seiner Gesamtheit krank. Und genau diese Bedeutung hat «stock» als verstärkende Vorsilbe bis heute behalten: Es heißt so viel wie ganz und gar, durch und durch, völlig, absolut.

Und nicht nur hinsichtlich des Zustands nach übermäßigem Alkoholgenuss, sondern auch in Hinblick auf viele andere Befindlichkeiten und Eigenschaften: Man kann nicht nur stockbesoffen sein, sondern auch stocksauer, stocksteif oder stockschwul. Und um Mitternacht ist es häufig stockfinster.

Einen Sockenschuss haben

Wenn jemand «einen Sockenschuss hat», dann ist er leicht verrückt und nicht ganz bei Verstand. Er hat «nicht alle Tassen im Schrank».

Den «Sockenschuss» gibt es wirklich: Es ist ein dünner Faden, mit dem in Wäschereien die einzelnen Socken eines Paares ganz locker zusammengenäht werden, damit man sie nach der Wäsche nicht mühsam sortieren muss. Man muss nur den dünnen Faden nach dem Waschen wieder lösen und herausziehen und hat die zusammenpassenden Sockenpaare sofort beieinander. Dieser real existierende Sockenschuss erklärt allerdings nicht die Herkunft der Redewendung.

Einiges spricht dafür, dass sie aus den Schützengräben des Ersten Weltkriegs kommt. Ein Soldat im Schützengraben war nicht davor gefeit, getroffen zu werden, doch waren Kopf und Körper wohl eher in Gefahr als die Füße. Um sich einen Sockenschuss, also einen Schuss in die Füße einzuhandeln, musste man sich schon sehr ungeschickt oder sogar am Rande des Wahnsinns verhalten haben. Bewiesen ist diese Herleitung zwar nicht, aber sie klingt zumindest ganz plausibel.

Schnorrer

Ein «Schnorrer» ist ein Mensch, der sich durch mehr oder weniger geschicktes Verhalten Geld oder Gefälligkeiten verschafft, ohne eine Gegenleistung dafür zu erbringen. Er erschleicht sich, meistens bei Freunden und Bekannten, zum Beispiel Geld oder Zigaretten, ohne offensichtlich als Bettler aufzutreten.

Wenn in früheren Jahrhunderten die Bettelmusikanten unterwegs waren, dann hatten sie häufig Lärm- oder Effektinstrumente dabei, um durch reichlich Radau auf sich aufmerksam zu machen. Eines dieser Instrumente war die sogenannte Ratsche, die sich auch heute noch als Stimmungsmacher bei manchen Veranstaltungen oder als Lärmerzeuger für Kinder ausgesprochener Beliebtheit erfreut. In der Hand hält man einen kurzen Holzstab, die Achse des Instruments, an der sich ein Zahnrad sowie ein Holzrahmen mit einem Federblatt befinden. Durch schwungvolles Drehen aus dem Handgelenk versetzt man den Holzrahmen in Bewegung, sodass das Federblatt höchst geräuschvoll über das feststehende Rad rattert.

Diese Ratschen wurden früher häufig auch Schnurren genannt, und irgendwann ist der Name des Instruments auf die

Bettelmusikanten übergegangen, sodass sie nun als Schnurrer bekannt waren. Bis zum heutigen Schnorrer war dann nur noch eine kleine Vokalverschiebung nötig.

Wie Schmidts beziehungsweise Schmitz' Katze

Ein Mensch, Tier oder Fahrzeug, das extrem schnell rennt oder fährt, ist unterwegs «wie Schmidts beziehungsweise Schmitz' Katze».

Diesen merkwürdigen Herrn Schmidt oder Schmitz mit seiner schnellen Katze hat es nie gegeben. Die Formulierung geht vielmehr zurück auf die Schmiede früherer Zeiten. Vor allem Hufschmiede hatten ihren Arbeitsplatz meistens in stallähnlichen Gebäuden auf dem Land. In diesen Gebäuden gab es jede Menge Ratten und Mäuse, und so haben die Schmiede Katzen gehalten, um die Zahl der Schädlinge einzudämmen.

Wenn der Schmied nun unerwartet mit dem Hammer auf den Amboss schlug oder wenn sogar ein Funke eine Katze getroffen hatte, dann ist sie natürlich panisch erschrocken und blitzartig aus dem Gebäude gerannt, so schnell, wie es nur die Katzen vom Schmied konnten, also wie «Schmidts beziehungsweise Schmitz' Katze».

Schnuppe sein

Wenn uns etwas «schnuppe» ist, dann ist es uns egal, es interessiert uns einfach überhaupt nicht.

Bei dem Wort «Schnuppe» denkt man natürlich sofort an Sternschnuppen, die nachts manchmal vom Himmel fallen, aber die haben mit dieser Redewendung nur indirekt zu tun. Die Schnuppe, um die es hier geht, stammt aus dem 19. Jahrhundert und war damals die Bezeichnung für den abgebrannten Teil eines Kerzendochts. Diesen schwarzen verkohlten Teil vom Docht muss man abschneiden, damit die Kerze weiter brennt, ohne zu rußen.

Die Schnuppe einer Kerze ist also völlig überflüssig und zu nichts nutze, und völlig zu Recht ist uns die Schnuppe einer Kerze deshalb absolut schnuppe.

Wenn manchmal eine glühende Schnuppe vom Docht heruntergefallen ist, dann erinnerte sie an die Erscheinung am Nachthimmel, die man daraufhin Sternschnuppe genannt hat.

Schmiere stehen

Wenn jemand «Schmiere steht», dann passt er während einer Straftat auf, er hält Wache und guckt, ob jemand kommt, um seine Komplizen im Zweifelsfall rechtzeitig informieren zu können.

Die Schmiere, um die es hier geht, stammt ursprünglich aus der jiddischen Sprache, in der das Wort «schmiro» so viel wie Wache oder Bewachung bedeutet. Aus dem Jiddischen ist «schmiro» dann in die deutsche Ganovensprache, das Rotwelsch eingegangen.

Klar, dass sich in diesem Umfeld die Bedeutung leicht verschoben hat: Das Aufpassen fand jetzt auf jeden Fall während eines Diebstahls oder einer anderen Straftat statt. Und weil es im Deutschen das Wort «Schmiere» ja schon gab, hat es das jiddische «schmiro» langsam, aber sicher verdrängt. So ist es dazu gekommen, dass gewisse Leute noch heute Schmiere stehen.

Herein, wenn's kein Schneider ist

«Herein, wenn's kein Schneider ist!», ist ein mehr oder weniger scherzhafter Ausruf, den man benutzen kann, wenn jemand anklopft, man aber nicht weiß, wer vor der Tür steht.

Für diese Redensart gibt es eine ganze Reihe von Herleitungen, aber in der Deutung sind sie sich einig – unerwünschte Gäste müssen draußen bleiben.

Eine Erklärung sieht den Ursprung in den Sitzungen der mittelalterlichen Schneiderzünfte. Hier war der Zutritt streng geregelt, und Außenstehende waren unter keinen Umständen zugelassen. Wer Einlass begehrte, bekam als Antwort zu hören: «Herein, wenn's ein Schneider ist!» Dieser Ausruf soll dann später in sein Gegenteil verkehrt worden sein und als Redewendung in die deutsche Sprache Einzug gehalten haben.

Eine andere Theorie beruft sich darauf, dass Schneider früher ein ziemlich negatives Image als lästige Geldeintreiber hatten. Sie galten weithin als Schwächlinge ohne großen Einfluss und wurden überhaupt nicht respektiert. Daher blieben sie oft auf unbezahlten Rechnungen sitzen. Sie sahen sich also genötigt, sich ihr Geld bei den Kunden zusammenbetteln, sodass man sie wiederum als lästige Störenfriede wahrnahm und nur höchst ungern einließ. Und das soll man auch lauthals kundgetan haben.

Eine dritte Herleitung ist mindestens genauso plausibel. Hiernach soll die Redewendung ursprünglich «Herein, wenn's kein Schnitter ist!» gelautet haben. Schnitter waren diejenigen, die mit der Sense Gras oder Getreide mähten. Und weil damals viele Menschen durch Seuchen oder Kriege gleichzeitig starben, sie also bildhaft gesprochen wie Grashalme, die gemäht werden, zu Boden fielen, ist die Metapher vom Tod als einem Mann mit Sense entstanden: der Sensenmann beziehungsweise der Schnitter. Demzufolge bedeutete die Redensart ursprünglich: «Herein, wenn's nicht der Tod ist.» Ein Gast, den man noch weniger leiden konnte als die lästigen Schneider.

Einen Stein im Brett haben

Wenn man bei jemandem «einen Stein im Brett hat», dann ist man ihm sympathisch, man genießt sein Wohlwollen.

Diese Redensart geht zurück auf ein Brettspiel, das schon seit dem Mittelalter bekannt ist: das sogenannte Puffspiel. Und wer bei diesem Wort an das Rotlichtmilieu und Freudenhäuser denkt, liegt gar nicht mal so falsch. Puff wurde nämlich häufig in Gasthäusern gespielt, in denen Prostituierte ihre Dienste anboten, oder auch in den Bordellen selbst. Wer zum Puff ging, machte sich also schon damals oft in Richtung Freudenhaus auf.

Das Spiel existierte auch unter anderen Namen wie Tricktrack oder Wurfzabel und war ein Vorläufer des heutigen Backgammon. Wenn man zwei wichtige Felder nebeneinander mit seinen eigenen Steinen besetzen konnte, hatte man erhöhte Gewinnchancen, man hatte «einen guten Stein im Brett». Das war für den Gegenspieler eigentlich eine miese Situation, nichtsdestotrotz ist der Stein im Brett später um den Zusatz «bei jemandem» ergänzt worden, und die Redewendung bekam ihre heutige, positive Bedeutung.

Einen sitzen haben

Wenn man «einen sitzen hat», ist man deutlich angetrunken, aber noch nicht völlig besoffen oder gar hilflos.

In früheren Jahrhunderten sind auf Jahrmärkten oder bei anderen Festlichkeiten die sogenannten Gaukler und Narren aufgetreten, und viele hatten einen kleinen Affen dabei, der währenddessen auf ihrer Schulter saß. Gaukler und Narren waren ja schon immer etwas schrille Typen, die sich von Normalbürgern deutlich unterschieden. Ähnliches galt für ihre Affen, auch ziemlich ausgeflippte Tiere, die schon mal reichlich Chaos anrichten konnten.

Höchstwahrscheinlich ist das der Grund dafür, dass das entsprechende Wort für «Affe» in mehreren europäischen Ländern, darunter Italien und Tschechien, auch die Bedeutung von «Rausch» oder «betrunken sein» hat. Und in Deutschland hat man vor gut 200 Jahren über einen Betrunkenen gesagt: «Der hat einen Affen sitzen.» Im Laufe der Jahrzehnte ist der Affe dann sprachlich quasi eingespart worden, und heute hat man nur noch schlicht einen sitzen.

Mein lieber Scholli

«Mein lieber Scholli» ist ein Ausdruck für totales Erstaunen oder absolute Verblüffung. Es kann spöttisch gemeint sein, aber auch für echte Anerkennung stehen.

Für diese Redewendung existieren zwei Herleitungen, die nicht viel gemeinsam haben, auch wenn sie zwei gleich klingende Wörter als Ursprung heranziehen.

Die eine Theorie besagt, dass die Redewendung auf das französische Wort *joli* zurückgeht, das schön oder hübsch bedeutet. Sie beantwortet aber nicht die Frage, warum man «Mein lieber Hübscher!» ausrufen sollte, wenn man erstaunt ist.

Einleuchtender erscheint eine andere Erklärung, die davon ausgeht, dass ein gewisser Ferdinand Joly für die Formulierung Pate gestanden hat. 1783 ist dieser österreichische Student hugenottischer Herkunft von der Universität in Salzburg geflogen und anschließend als Dichter, Sänger und Schauspieler durchs Land gezogen. Er war ein unkonventioneller Aussteiger gewesen und galt als leicht verrückt. Und weil er so ein schräger Vogel war, wurde er schnell relativ bekannt in Österreich – und zwar unter dem Namen «der liebe Scholli».

Das kann kein Schwein lesen

Wenn etwas unleserlich und absolut nicht zu entziffern ist, dann «kann kein Schwein das lesen».

In früheren Jahrhunderten konnte ein Großteil der Bevölkerung weder lesen noch schreiben. Vor allem auf dem Land ließ man sich in solchen Fällen die Briefe und Schriftstücke entweder auf dem Postamt oder von anderen entsprechend qualifizierten Menschen vorlesen.

In einer Region im heutigen Schleswig-Holstein gab es im 17. Jahrhundert besonders viele Analphabeten und nur eine Gelehrtenfamilie weit und breit, mit dem schönen plattdeutschen Nachnamen Swyn (auf Hochdeutsch: Schwein).

Wenn Schriftstücke nur sehr schwer zu entziffern waren und auch die Leute von der Post nicht weiterkamen, dann konnten Swyns trotzdem fast immer helfen. Nur bei absoluter Unleserlichkeit mussten auch sie passen – mit den Worten: «Dat kann keen Swyn lesen.» Das kann ja wirklich kein Familienmitglied, kein Schwein, lesen!

Da brat mir einer 'nen Storch!

Diese Redewendung ist ein Ausruf des Erstaunens und der Verwunderung.

Auf den ersten Blick scheint es sich hierbei um eine der gewollt schrägen Formulierungen zu handeln, von denen es in den 1970er Jahren besonders viele gab. («Ich glaub, mich knutscht ein Elch!», «Ich glaub, mein Schwein pfeift!» oder «Ich glaub, mein Hund spielt Halma!») Auf den zweiten Blick enthüllt der «Bratstorch» aber doch noch andere Hintergründe.

Schon in der Bibel – unter anderem im 3. Buch Mose, Kapitel 11, um genau zu sein – wird vor dem Verzehr bestimmter Tiere gewarnt. Dazu gehören Fledermäuse, Reiher und eben auch Störche, deren Fleisch seinerzeit als weitgehend ungenießbar galt.

Im Mittelalter wurde der Storch dann abergläubisch verehrt, und noch heute existiert das Bild vom Storch als Baby-Bringdienst. Es liegt auf der Hand, dass man vor diesem Hintergrund so einen Storch nicht schnöde braten und aufessen kann.

Man kann sich zudem kaum vorstellen, dass an diesen mageren Vögeln überhaupt genug Fleisch dran ist, damit sich allein der Aufwand des Zubereitens überhaupt lohnen würde. Ein Spaßvogel hat die Redewendung entsprechend um ein weiteres Detail ergänzt: «Da brat mir einer 'nen Storch – aber die Beine schön knusprig!»

Aus dem Stegreif

Wenn man etwas «aus dem Stegreif» tut, dann hat man sich nicht großartig vorbereitet, sondern handelt spontan, aus der Situation heraus.

«Stegreif» ist eine veraltete Bezeichnung für die Steigbügel beziehungsweise für die Seilschlaufen, mit deren Hilfe die Reiter früher auf ihr Pferd gestiegen sind.

Wir kennen die Bilder aus unzähligen historischen Filmen: Wenn ein reitender Bote oder Gesandter eine eilige und wichtige, vielleicht sogar dramatische Botschaft zu übermitteln hatte, dann ist er nicht in aller Ruhe vom Pferd gestiegen, um sie zu verkünden. Stattdessen hat er sich auf dem Pferd aufgerichtet, dem Volk die Nachricht von dort oben zugerufen und ist danach schnell weitergeritten.

Weil man den Überbringer von schlechten Nachrichten oft für die Nachricht selbst verantwortlich gemacht hat, war es in solchen Fällen von entscheidendem Vorteil, wenn man sofort wieder aufbrechen konnte. Es bot sich also an, die kurze Ansprache in den Steigbügeln stehend zu halten, also aus dem Stegreif.

Aus dem Schneider sein

Wenn man «aus dem Schneider» ist, dann hat man ein Problem bewältigt, man hat etwas geschafft oder man ist als Sieger aus einer Auseinandersetzung hervorgegangen. Manchmal bedeutet die Redensart auch, dass jemand über 30 Jahre alt ist.

Der Beruf des Schneiders hatte in früheren Jahrhunderten ein schlechtes Image. Über Schneider hat man sich gern lustig gemacht: weil sie einerseits meistens sehr schlecht verdient haben und weil sie andererseits oft schwächlich und dünn waren, sie waren körperlich keine besonders imposanten Erscheinungen.

Das lag wiederum daran, dass Eltern bevorzugt ihre schwächlichen Söhne zu Schneidern in die Lehre gegeben haben, wo sie körperlich kaum gefordert waren. Eine früher weitverbreitete Lästerei über Schneider lautete: «Ein Schneider wiegt nicht mehr als 30 Lot.» Mit umgerechnet ungefähr 450 Gramm wäre das ein ziemlich übles Untergewicht.

Diese 30 Lot sind dessen ungeachtet in diverse Kartenspiele eingegangen und von da in die Alltagssprache: Beim Skat etwa ist man mit 30 oder weniger Punkten Schneider. Mit mehr als 30 Punkten hat man es dagegen geschafft, man kann nicht mehr hoch verlieren, man ist aus dem roten Bereich, man ist aus dem Schneider.

Alter Schwede

Diese Bezeichnung für skandinavische Senioren benutzt man mehr oder weniger anerkennend und bewundernd, wenn ein Mensch schlau, gerissen oder pfiffig ist. Sie drückt aber auch großes Erstaunen und Überraschung aus.

Dieser Ausdruck geht zurück auf die Zeit nach dem Dreißigjährigen Krieg (1618 bis 1648). Viele schwedische Soldaten sind damals in Deutschland geblieben, und Kurfürst Friedrich Wilhelm I. von Brandenburg warb eine ganze Reihe von ihnen als Ausbilder für sein Heer an.

Weil es sich bei ihnen in erster Linie um ziemlich erfahrene, professionelle und ausgebuffte Soldaten handelte, war die Anerkennung für sie entsprechend groß. Bekannt waren diese Veteranen für ihren «fürtrefflichen Drill», wie es der Historiker Heinrich von Treitschke ausgedrückt hat. Und wenn von ihnen die Rede war, dann hieß es voller Stolz: «Das sind unsere alten Schweden.»

Ein abgekartetes Spiel

Ein «abgekartetes Spiel» ist ein Spiel, dessen Ausgang manipuliert wird, oder ein Vorgang, der von irgendwelchen unsichtbaren Strippenziehern im Hintergrund bestimmt wird.

Die Vermutung, dass das «abgekartete Spiel» aus der Szene der Kartenspieler mit ihren Tricks und Kniffen kommt, drängt sich geradezu auf. Dem ist aber gar nicht so. Die Redewendung geht vielmehr auf das lateinische Wort *charta* zurück, was so viel bedeutet wie Vertrag, Brief oder Urkunde. Im Deutschen findet man es meist als Teil von Bezeichnungen wie zum Beispiel Magna Charta oder Charta der Vereinten Nationen. Eine Charta im ursprünglichen Sinne war nicht unbedingt ein schriftlicher Vertrag, es konnte sich auch um eine genau abgesprochene, mündliche Vereinbarung handeln.

Wer unzulässige geheime Absprachen bei einem Spiel oder einer Wette, aber auch im politischen oder öffentlichen Leben trifft und somit Entscheidungen manipuliert, der ist ein Betrüger und spielt ein «abgekartetes Spiel».

Manchmal hört man auch die Version, etwas sei ein «abgekatertes Spiel». Sie ergibt aber keinen Sinn, denn so clever, dass sie geheime Absprachen vereinbaren können, sind Kater wohl eher nicht.

Gegen den Strich gehen

Wenn mir etwas «gegen den Strich geht», dann kann ich es nicht leiden, dann stört es mich extrem.

Der Strich, um den es hier geht, wird nicht gezeichnet oder irgendwo hingemalt. Es geht vielmehr um die Wuchsrichtung von Haaren, genaugenommen von Fell.

Tiere mögen es nicht besonders, gegen ebendiesen Strich gestreichelt zu werden. Vor allem Katzen sind für diese Aversion bekannt, daher sollte man sie immer in der Richtung streicheln, in der die Haare liegen. Sie können es überhaupt nicht leiden, wenn man ihnen entgegengesetzt durch das Fell streicht, also vom Schwanz in Richtung Kopf, und sie bringen es danach ziemlich missgelaunt durch Lecken wieder in die richtige Lage. Der missglückte Streichelvorgang war für sie ärgerlich und lästig, er ging ihnen eindeutig «gegen den Strich».

Schäferstündchen

Als «Schäferstündchen» bezeichnet man ein meist heimliches Rendezvous mit intimem und erotischem Charakter.

Jedes Zeitalter, jede Epoche, hat bestimmte Vorlieben und typische Lebenseinstellungen hervorgebracht, heute würde man vom Zeitgeist sprechen. Im 18. Jahrhundert fühlte die bürgerliche und höfische Gesellschaft sich in ihrem Lebensgefühl oft eingeengt durch starre Regeln, Zeremonien und Zwänge. In diesen gesellschaftlichen Kreisen hat man dann sozusagen als Gegenentwurf das scheinbar naive, unschuldige, aber auch freie Landleben als Alternative entdeckt und entsprechend verherrlicht.

Entsprechend war die sogenannte Schäferdichtung als literarische Gattung ein Ausdruck ihrer Zeit. Eines ihrer beliebten Motive waren Liebesszenen und erotische Verwicklungen aus dem Milieu der Hirten und Schäfer. Uns ist davon die nach wie vor häufige Romantisierung des Landlebens in den Medien und die Redewendung vom erotischen Schäferstündchen geblieben.

In den Sack hauen

Wenn man «in den Sack haut», dann macht man mit etwas Schluss, man beendet es. Häufig bedeutet die Redewendung aber auch «Ich hau ab» oder «Ich geh nach Hause».

Der Ursprung dieser Redensart ist wahrscheinlich bei den Maurern früherer Zeiten zu finden. Sie haben ihre Arbeitsutensilien, also Senklot, Hammer, Maurerkelle und andere Gerätschaften, in einem Leinensack transportiert.

Wenn Feierabend war, wurde das Handwerkszeug wieder in diesen Sack gepackt, es wurde also «in den Sack gehauen». Aber auch andere Handwerker oder ganz allgemein Reisende transportierten ihre Utensilien auf diese Weise, und immer, wenn sie einen Ort verließen, haben auch sie vorher ihr Hab und Gut «in den Sack gehauen». So erklären sich die beiden Bedeutungen der Redewendung.

1918 ist die Formulierung dann noch populärer geworden, denn als Kaiser Wilhelm II. nach dem Ersten Weltkrieg abgedankt hatte, wurde ein Lied gesungen, in dem die Wahrheit schonungslos ausgesprochen wurde: «O Tannebaum, o Tannebaum, der Kaiser hat in' Sack gehau'n».

T

Starker Tobak

Auf die Tube drücken

Wie von der Tarantel gestochen sein

Nicht alle Tassen im Schrank haben

In Teufels Küche kommen

Etwas aufs Tapet oder aufs Trapez bringen

Auf Tuchfühlung gehen

Den Teufel nicht an die Wand malen

Wie von der Tarantel gestochen sein

Wenn jemand eine plötzliche, überraschende und unkontrollierte Reaktion zeigt und womöglich so wirkt, als erleide er einen Tobsuchtsanfall, dann benimmt er sich «wie von der Tarantel gestochen».

In Südeuropa gibt es verschiedene Arten von Giftspinnen, unter anderem auch die mediterranen Schwarzen Witwen sowie die wesentlich harmloseren Taranteln. Beide stechen nicht, sondern beißen ihre Opfer, und im Falle der Schwarzen Witwe kann das schon unangenehme Folgen haben. Der Biss einer Tarantel ist aber weitgehend ungefährlich.

Weil die Tarantel häufiger beziehungsweise wesentlich auffälliger ist, hat man die Spinnenbisse der Schwarzen Witwe wohl irrtümlich der Tarantel zugeschrieben, wodurch diese Spinne demzufolge ebenfalls als extrem giftig galt. Da man glaubte, dass die Gebissenen das Gift möglichst schnell wieder ausschwitzen sollten, hat man ihnen geraten, wild und hektisch zu tanzen, auch auf öffentlichen Marktplätzen. Und wenn ein Umstehender vielleicht gefragt hat: «Was ist denn mit dieser ausgeflippten Person da los?», dann war die Antwort ganz einfach: «Nichts weiter, die ist nur von der Tarantel gestochen worden.»

Nicht alle Tassen im Schrank haben

Wenn jemand «nicht alle Tassen im Schrank hat», dann ist er durchgeknallt, nicht ganz bei Sinnen, verrückt.

Die Redewendung hat nichts mit der Tasse als Trinkgefäß zu tun, sondern geht zurück auf das ähnlich klingende Wort «toshia», das aus dem Jiddischen kommt.

«Toshia» bedeutet so viel wie Verstand oder auch Gemüt. Und wenn jemand seinen Verstand nicht geordnet und seine sieben Sinne nicht beisammenhat, dann hat er seine Tassen eben nicht alle im Schrank, sondern irgendwo anders herumstehen.

Als Bezeichnung für den Geisteszustand eines Menschen taucht das Ursprungswort «toshia» auch in anderen Redewendungen auf, zum Beispiel wenn man jemand als «trübe Tasse» bezeichnet, weil man ihn langweilig und träge findet.

In Teufels Küche kommen

Wenn man in «Teufels Küche» kommt, dann drohen große Schwierigkeiten, man bekommt erhebliche Probleme und gerät in eine unangenehme, peinliche oder gefährliche Situation.

Die Redensart von der Küche des Teufels ist eine von denen, deren Herkunft ziemlich genau nachgewiesen werden kann. Der Ursprung liegt im Volksglauben des Mittelalters.

Nach diesen Vorstellungen war die Hölle ein Ort, wo Sünder unendlich bestraft und gequält wurden. Aber der Teufel war in der Hölle nicht allein zuständig, es gab auch Zauberer und Hexen, die dort alle möglichen Zaubertränke zusammenbrauten. Und das haben sie in einer finsteren und unheimlichen Küche getan, die der Hölle gewissermaßen angegliedert war, wie man heute sagen würde. Wenn man also jemand ernsthaft vor etwas warnen wollte, hat man ihm geraten: Tu dies oder jenes lieber nicht, sonst kommst du in Teufels Küche.

Den Teufel nicht an die Wand malen

Wenn man «den Teufel nicht an die Wand malen» soll, dann wird man gebeten, nicht übermäßig pessimistisch zu sein und schlimme Dinge nicht herbeizureden.

Angeblich hat Martin Luther auf der Wartburg 1521 oder 1522 eines Nachts aus Wut auf den Teufel ein Tintenfass an eine Wand geworfen. Und an dieser Wand hat sich dann, so will es zumindest die Legende, das grauenhafte Bild des Teufels abgezeichnet. Luther hatte demzufolge «den Teufel an die Wand gemalt».

Eine schöne Geschichte, die aber als Herleitung nicht taugt. Die Redewendung geht nämlich eigentlich auf den uralten Volks- bzw. Aberglauben zurück, dass man einen Dämonen oder Teufel quasi herbeizitiert, wenn man von ihm spricht oder ihn abbildet. Man lockt das Unheil also geradewegs an. Weil das aber kaum gewollt sein kann, sollte man den Teufel besser nicht abbilden und schon gar nicht in Lebensgröße «an die Wand malen».

Starker Tobak

Wenn man etwas Unglaubliches erlebt oder gelesen hat, dann ist das «starker Tobak» oder eine seiner Varianten «harter Tobak» beziehungsweise «starker Tabak».

Es gibt eine alte volkstümliche Erzählung, einen sogenannten Schwank, auf den diese Redewendung zurückgeht. Die Geschichte handelt von einem Jäger, dem eines Tages der Teufel begegnete.

Der Teufel war damals offenbar nicht ganz auf der Höhe der Zeit, denn er hatte noch nie eine Flinte gesehen und fragte den Jäger daher, was das denn wohl für ein Gerät sei. Der Jäger antwortete schlagfertig: «Das ist eine besonders große Tabakpfeife. Du kannst sie ja gerne mal ausprobieren.» Als der Teufel dann genau das tun und einen tiefen Zug nehmen wollte, hat er sich dabei eine Ladung Schrot ins Gesicht geschossen. «Hui, das ist ja starker Tobak!», soll er das Missgeschick kommentiert haben.

Etwas aufs Tapet oder aufs Trapez bringen

Wenn man etwas «aufs Tapet oder aufs Trapez» bringt, dann macht man es zum Thema, man beschäftigt sich damit oder diskutiert darüber.

Der Begriff «Tapet» geht zurück auf das lateinische Wort *tapetium*, was so viel bedeutet wie Decke oder Teppich. Von diesem Wort leitet sich auch unsere Tapete ab.

Später hat man auch den grünen Bezug der Tische in Sitzungszimmern oder bei Ratsversammlungen als Tapet bezeichnet. Und wenn hier ein wichtiges Thema diskutiert wurde, dann wurde es auf den Tisch und damit aufs Tapet gebracht.

Und warum hört man so oft die falsche Version «etwas aufs Trapez bringen?» Ganz einfach: Das Wort «Tapet» hat für uns keine Bedeutung mehr, es ist nicht bildhaft, aber Sprache lebt nun mal von Bildern. Wenn ich aber ein Thema aufs Trapez bringe, dann habe ich das Sportgerät vor Augen und kann mir den Vorgang bildlich vorstellen. Fraglich ist nur, wie lange das Thema sich auf dem Trapez hält, bevor es runterfällt …

Auf Tuchfühlung gehen

«Auf Tuchfühlung geht» man, wenn man sich näherkommt, meistens im erotischen Sinn, seltener auch unbeabsichtigt.

Diese Redewendung kann in ihrem Ursprung zeitlich nicht genau zugeordnet werden, aber man weiß, dass sie aus der Soldatensprache, also dem Militärjargon kommt.

Bei der Aufstellung in Reih und Glied mussten die Soldaten darauf achten, dass sie dicht an dicht mit den Nebenmännern standen – so nah, dass die Ärmel und somit der Stoff der Uniformen sich berührten. Ein anderes Wort für Stoff lautet Tuch, und so gingen die Soldaten mit ihren Nebenmännern gewissermaßen auf Tuchfühlung. Es ist nicht auszuschließen, dass sie das in ihrer Freizeit auch mit der ein oder anderen jungen Frau taten, jedenfalls ist im Laufe der Zeit aus der Tuchfühlung beim Strammstehen ein Begriff fürs Flirten geworden.

Auf die Tube drücken

Wenn jemand «auf die Tube drückt», dann macht er etwas besonders schnell, er beeilt sich.

Eine ganze Reihe von Tuben drängen sich als Ursprung für diese Formulierung auf: Zahnpasta-, Senf-, Klebstofftuben und noch viele mehr. Doch die Tube, auf die man hier drückt, kommt aus dem Englischen und ist die Kurzform für *choke tube*, den Vergaserdurchlass im Verbrennungsmotor eines Autos.

In dieser Redewendung ersetzt das Wort «Tube» also im Grunde genommen das Wort «Gas». Anders ausgedrückt, auf die Tube drücken heißt nichts anderes, als mal so richtig Gas geben.

Underdog

U Unbescholten sein

Underdog

Als «Underdogs» bezeichnet man Menschen, die anderen klar unterlegen sind und dadurch häufig auch gesellschaftlich diskriminiert werden. Man kann aber auch in einer Beziehung der klar Unterlegene, also der «Underdog» sein.

Das englische Wort *underdog* heißt wörtlich übersetzt «Unterhund», und wenn Hunde miteinander kämpfen, kann man beobachten, dass der Unterlegene sich auf den Rücken wirft und dem Überlegenen seine ungeschützte Bauchseite und seine Kehle präsentiert.

Wenn der siegreiche Hund in so einem Kampf nicht überzüchtet oder anderweitig gestört ist, wird seine angeborene Beißhemmung ihn davon abhalten, den Verlierer zu verletzen. Der unterlegene Hund ist aber dennoch der Verlierer, der Loser. Als im englischen Sprachraum Hundekämpfe populär waren, ist der Begriff *underdog* in die englische Umgangssprache eingegangen und später auch in Deutschland üblich geworden.

Unbescholten sein

Ein unbescholtener Mensch ist jemand, der einen untadeligen Ruf hat, der sich bisher nichts hat zuschulden kommen lassen.

Wenn man im Mittelalter auf jemanden so richtig sauer und wütend war, konnte man seinen Hass und seine Verachtung deutlich machen, indem man seine Vorwürfe in einem Brief schriftlich festhielt und dieses Schreiben öffentlich anschlagen ließ.

Dieses Schriftstück war der sogenannte Scheltbrief. Der hierdurch öffentlich Beschuldigte galt jetzt als bescholten, bis in einem ordentlichen Gerichtsverfahren die Unschuld erwiesen wurde. Erst wenn das passiert war, galt die Person wieder als unbescholten. Dieses juristische Vorgehen gibt es schon lange nicht mehr, aber die Formulierung hat bis heute überlebt.

Sich verhaspeln

Einen Vogel haben/jemand einen Vogel zeigen

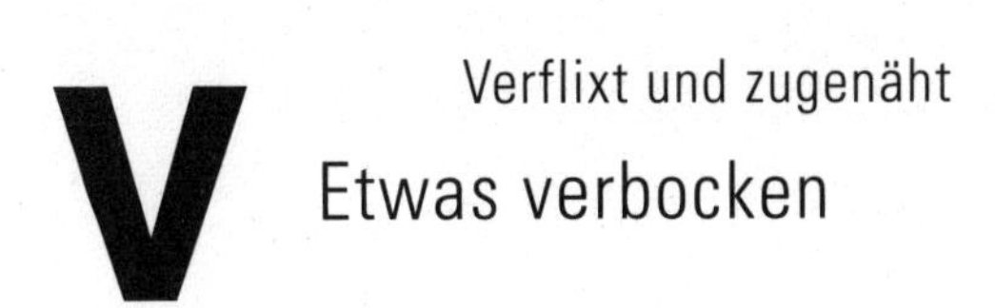

Sich verhaspeln

Wer «sich verhaspelt», der macht Fehler in seiner Arbeit und kommt nicht mehr oder nur mit Mühe weiter. Oft ist auch gemeint, dass man bei einem komplizierten Vorgang den Überblick verloren hat. Man kann sich auch «verhaspeln», wenn man zum Beispiel aus Nervosität bei einer wichtigen Rede durcheinanderkommt.

Haspeln sind Hilfsmittel für das Aufwickeln von langgestreckten Dingen wie zum Beispiel Seilen, Draht, Schläuchen oder auch Garn. Es sind in der Regel Walzen oder Spulen, die drehbar über eine Mittelachse betrieben werden, um diese Materialien geordnet lagern zu können.

Die Redewendung stammt höchstwahrscheinlich aus der Zeit, als Flachs, Wolle oder Hanf noch von Hand zu Garn gesponnen wurden. Die Haspel spielte dabei eine entscheidende Rolle, denn sie war die Vorrichtung, auf die das Garn aufgewickelt wurde. Und dabei konnte schließlich so einiges schiefgehen: Rutschte das Garn beim Wickeln etwa von der Haspel, entstand sehr schnell ein heilloses Durcheinander, das nur äußerst schwer wieder zu entwirren war. Der Arbeitsvorgang war längere Zeit unterbrochen, und man kam nicht mehr weiter, weil man sich verhaspelt hatte.

Etwas verbocken

Wenn man «etwas verbockt» hat, dann hat man eine Sache zum Scheitern gebracht und einen Erfolg verhindert, weil man Fehler gemacht hat.

In den Gilden der Schützen ist es früher üblich gewesen, dem schlechtesten Schützen als Trostpreis einen Bock zu überreichen. Dieser merkwürdige Brauch ist schon im 15. Jahrhundert im Schwarzwald nachgewiesen.

Wer einen «Bock geschossen» hatte, der hatte entsprechend viele oder entscheidende Fehler gemacht. So war das Wort «Bock» irgendwann gleichbedeutend mit dem Wort «Fehler». Das erklärt, warum wir Dinge verbocken können, und wenn wir sehr viel verbockt haben, dann haben wir noch viel Größeres erreicht, wir haben sogar etwas gebaut, nämlich großen Bockmist.

Verflixt und zugenäht

«Verflixt und zugenäht!» ist ein Fluch mit der gleichen Bedeutung wie «Verdammt nochmal!».

Zu dieser Redewendung existieren zwei Herleitungen – und in beiden geht es auch um Nadel und Faden. Doch da hören die Gemeinsamkeiten auch schon wieder auf.

Eine Theorie besagt, dass diese Redewendung auf die Mensur, das früher weitverbreitete Fechtritual der Studenten zurückgeht, bei der sich die Kontrahenten hin und wieder so tiefe Verletzungen zufügten, dass sie sofort genäht werden mussten. Die zurückbleibenden Narben, die sogenannten Schmisse, wurden übrigens nicht ohne Stolz getragen.

Wahrscheinlicher ist allerdings eine andere Herleitung. Ihr zufolge stammt dieser Fluch aus einem alten Studentenlied, in dem ein sexuell überaus aktiver junger Mann in durchaus poetischen Worten davon berichtet, dass seine Geliebte ungewollt schwanger geworden ist und welche Konsequenzen das für ihn hat:

> «Ich habe eine Liebste, die ist wunderschön,
> sie zeigt mir ihre Äpfelchen, da ist's um mich gescheh'n.
> Doch als mir meine Liebste der Liebe Frucht gesteht,
> da hab' ich meinen Hosenlatz verflucht und zugenäht.»

Das Wort «verflucht» wurde später durch das harmlosere «verflixt» ersetzt, und so ist aus dieser ungewöhnlichen Verhütungsmethode die populäre Redensart entstanden.

Einen Vogel haben / jemand einen Vogel zeigen

Wenn man behauptet, jemand «habe einen Vogel», unterstellt man ihm, dass er mehr oder weniger verrückt ist und nicht ganz richtig tickt.

Die Redewendung hängt mit den Vorstellungen zusammen, die man in früheren Jahrhunderten vom menschlichen Körper und insbesondere vom Gehirn hatte. Man kann es aus heutiger Sicht kaum nachvollziehen, aber im Mittelalter, als das Denken der Menschen noch weitgehend von Hexen, Dämonen und Geistern bestimmt war, hat man geglaubt, dass bei psychisch Kranken oder anderweitig verhaltensauffälligen Menschen ein Vogel im Nest sitzt, und zwar direkt unter der Schädeldecke.

Und dieser Vogel saß da nicht nur relativ beengt und wenig

artgemäß herum, sondern er hat sich auch akustisch bemerkbar gemacht, was zu der Redensart führte: «Bei dir piept's wohl.» Noch heute, besonders im Straßenverkehr, weisen wir andere Verkehrsteilnehmer gerne einmal darauf hin, dass auch sie einen Vogel da oben haben, indem wir sie mit einer Geste daran erinnern. Wir tippen uns an die Stirn und «zeigen ihnen den Vogel».

Wurst sein

Jemand nicht das Wasser reichen können

W Die beleidigte Leberwurst

Z

Einen Zahn / einen Zacken zulegen

Jemand nicht das Wasser reichen können

Wenn man «jemand nicht das Wasser reichen kann», dann ist man ihm gnadenlos unterlegen, verfügt über deutlich weniger Fähigkeiten oder auch soziales Prestige.

Im Mittelalter war es unüblich, mit Besteck zu essen, stattdessen benutzte man die Finger. In den vornehmen Häusern legte man aber schon damals Wert auf ein Minimum an Hygiene, und so gab es feste Regeln bei Tisch. Daher haben Diener vor und nach dem Essen kleine Schüsseln mit Wasser gereicht. Darin konnten sich die Herrschaften dann die Finger säubern. Die Diener mussten sich dazu neben die Gäste knien und ihnen die Gefäße hinhalten.

Allerdings durften nicht alle Untergebenen diese Tätigkeit ausführen. Manch einer stand in der Rangordnung der Diener so weit unten, dass er noch nicht einmal dazu gut genug war. Er war also so fernab vom Standard der Gäste, dass er ihnen nicht das Wasser reichen konnte.

Wurst sein

«Das ist mir wurst» heißt schlicht: Es ist mir egal, es interessiert mich nicht, es ist uninteressant.

Es gibt viele leckere Fleischstücke, die vom Schwein kommen, zum Beispiel Filet, Schinken, Nacken und Haxen. Es gibt aber auch Teile, die man nicht mehr einzeln verwerten kann, und diese Reste kamen früher und kommen auch heute noch häufig kleingehäckselt in die Pelle.

Das, was vom Schwein nicht viel wert ist, was also eigentlich egal und vielleicht sogar minderwertig ist, das kommt leider oft in die Wurst und kann einem deshalb auch wurst sein.

Die beleidigte Leberwurst

Mit dieser Redensart wird auf spöttische Weise ein Mensch beschrieben, der beleidigt ist oder schmollt. Meist wird diesem Menschen dabei unterstellt, dass er gar keinen Grund hat, gekränkt zu sein.

Im Altertum und bis weit in die Neuzeit hinein glaubte man, dass die Leber der Sitz der sogenannten Lebenssäfte und des Temperaments sei. Auch Wut und Stress entstanden nach dieser Vorstellung in der Leber. Daher war es sonnenklar, dass Beleidigungen und Ärger diesem Organ zu schaffen machten.

Diese Vorstellungen von der Rolle der Leber sind erst im 19. Jahrhundert völlig aufgegeben worden, als die medizinische Wissenschaft den Volksglauben als Unsinn entlarvte. Trotzdem existierte die leidende Leber als Redewendung weiter, und irgendwann hat ein Spaßvogel der Leber die Wurst angehängt – fertig war die «beleidigte Leberwurst».

Wenn jetzt aber jemand überhaupt nicht beleidigt ist, sondern frisch, fromm, fröhlich, frei auftritt und völlig unbefangen Konversation betreibt, dann kommt auch wieder die Leber ins Spiel, dann sagt man auch heute noch: Der redet «frisch beziehungsweise frei von der Leber weg».

Einen Zahn beziehungsweise einen Zacken zulegen

Wenn man «einen Zahn oder einen Zacken zulegt», dann beeilt man sich und macht etwas schneller als vorher.

Es gibt zwei Erklärungsversuche für diese Redewendung, die den Zuwachs an Geschwindigkeit aus recht unterschiedlichen Perspektiven begründen.

Einer Herleitung zufolge liegt der Ursprung dieser Formulierung bei dem Zahnkranz des Handgashebels früher motorisierter Transportmittel wie Autos oder auch Flugzeuge. Hier konnte man einen Zahn zulegen, um zu beschleunigen. Für diese Theorie könnte sprechen, dass man früher bei sehr hohen Geschwindigkeiten von einem Affenzahn gesprochen hat. (Man hört ja manchmal die Formulierung «mit affenartiger Geschwindigkeit», weil Affen im Allgemeinen als besonders flink und schnell gelten.)

Höchstwahrscheinlich kommt aber auch diese Redewendung wie viele andere aus dem Mittelalter. Damals gab es in den Küchen Eisenstangen, die mit Zähnen beziehungsweise Zacken in unterschiedlicher Höhe versehen waren, in die man die Kochtöpfe über der offenen Feuerstelle einhängen konnte. Wollte man die Temperatur erhöhen, damit das Kochen schneller vonstatten ging, hängte man den Topf einen Zacken tiefer, um ihn näher ans Feuer zu bringen: Man legte also einen Zacken zu.

Anhang

Literatur

Blum, Lothar; Rölleke, Heinz (1997): Redensarten des Volks, auf die ich immer horche. Das Sprichwort in den Kinder- und Hausmärchen der Gebrüder Grimm. Stuttgart: S. Hirzel Verlag.

Duden: 11. Redewendungen. Wörterbuch der deutschen Idiomatik. Mehr als 10 000 feste Wendungen, Redensarten und Sprichwörter. 3., überarbeitete und aktualisierte Auflage. Mannheim: Brockhaus Verlag/Verlag Bibliogaphisches Institut.

Essig, Rolf B. (2007): Wie die Kuh aufs Eis kam. Wundersames aus der Welt der Worte. Köln: Verlag Kiepenheuer und Witsch.

Essig, Rolf B. (2009): Da wird doch der Hund in der Pfanne verrückt. Die lustigen Geschichten hinter unseren Redensarten. München: Hanser Verlag.

Grimm, Jacob und Wilhelm (1986): Das Grimmsche Wörterbuch. Untersuchungen zur lexikographischen Methodologie. Hrsg.: Dückert, Joachim. Stuttgart: S. Hirzel Verlag.

Hutter, Claus Peter; Goris, Eva (2008): Warum haben Gänse Füßchen? Vom Ursprung unserer Wörter und Redensarten. München: Droemer Knaur Verlag.

Köster, Rudolf: Duden Redensarten. Herkunft und Bedeutung. 2., überarbeitete und ergänzte Auflage. Leipzig: Brockhaus Verlag/Verlag Bibliogaphisches Institut.

Kube, Sigi (2008): Der Wolf im Schafspelz tappt im Dunkeln. Die Herkunft alltäglicher Redewendungen. München: Droemer Knaur Verlag.

Lipper, Elinor (1981): Beliebte Ausdrücke und was dahintersteckt. Genf: Edito Service Verlag.

Mieder, Wolfgang (Hrsg) (1986): Deutsche Sprichwörter und Redensarten. Ditzingen: Philipp Reclam jun. Verlag.
Röhrich, Lutz (2009): Lexikon der sprichwörtlichen Redensarten. Berlin: Verlag Directmedia Publishing.

Internetquellen:

www.besserwisserseite.de/worte.phtml
www.biddelberner.de/4670/171951.html
www.br-online.de/wissen/bildung/redensarten-DID1239118655746/index.xml
www.etymologie.tantalosz.de/index.php
www.focus.de/wissen/bildung/allgemeinbildung-tests/redensarten_aid_13056.html
www.fragenohneantwort.de/kurz.htm
www.geo.de/GEOlino/mensch/redewendungen/deutsch
www.mahnert-online.de/redewendungen.html
www.phraseo.de/
www.redensarten-index.de/suche.php
www.redensarten.net/
www.selvaxx.de/Umgangssprache.html
www.staff.uni-marburg.de/~nail/redensarten.htm
www.wispor.de/kat-rede.htm
de.wikipedia.org/wiki/Portal: Sprache/Liste_der_Redensarten
de.wikipedia.org/wiki/Liste_gefl%C3%BCgelter_Worte
de.wiktionary.org/wiki/Wiktionary:Deutsch/Redewendungen

Mein Dank geht außerdem an die Gesellschaft für deutsche Sprache (GfdS) in Wiesbaden und das Institut für niederdeutsche Sprache in Bremen.

G

H

J

K

L

M

N

O

P

R

Mich laust der Affe

Neues aus der Welt der Redewendungen

A

Asche auf mein Haupt

Jemandem etwas anhängen

Etwas auseinanderklamüsern

Kurz angebunden sein

Ich glaub, mich laust der Affe

Es auf jemanden oder etwas abgesehen haben

Etwas abkupfern

Allerhand

Armleuchter

Abergläubisch sein

Etwas aus dem Ärmel schütteln

Etwas abstauben

Mit dem Auto liegen bleiben

Der Arsch geht auf Grundeis

Durch Abwesenheit glänzen

Jemanden anhimmeln

Jemanden anschwärzen

Aufhebens machen

Etwas ausgefressen haben

Abergläubisch sein

Abergläubische Menschen verhalten sich irrational: Sie gehen zum Beispiel nicht unter angelehnten Leitern durch, haben Angst vor schwarzen Katzen oder fürchten sich unter anderem vor der Zahl «13».

Das Wort «aber» verwenden wir heute, wenn wir einer Aussage nicht zustimmen und Einwände dagegen haben. Aber – da war's schon wieder – im Mittelalter bedeutete das Wort «aber» noch viel mehr, nämlich auch «nach etwas», «hinter etwas» oder auch «Gegenteil von etwas». Und in dieser Zeit ist der Begriff Aberglaube entstanden – es war ein Glaube, der nach dem echten Glauben kam, der hinter ihm steckte, der eigentlich das Gegenteil vom wirklichen Glauben war.

Es auf jemanden oder etwas abgesehen haben

Diese Redewendung hat kurioserweise mehrere, sich teils widersprechende Bedeutungen. Im Hinblick auf Personen heißt sie entweder, dass man jemanden ständig schikaniert und drangsaliert, oder aber, dass man jemanden begehrt und scharf auf ihn ist. In Bezug auf Dinge kann sie bedeuten, dass man etwas unbedingt haben oder erreichen will.

Wenn wir etwas vorhaben, dann verfolgen wir eine bestimmte Absicht, wir «haben es auf etwas abgesehen». Die Absicht bezeichnete ursprünglich das Visier eines Gewehrs, also eine Zielvorrichtung wie etwa Kimme und Korn. Wenn man jemanden damit anpeilte, dann hatte man ihn «in Absicht», also im Visier.

Heute ist diese ursprüngliche Bedeutung aus der Waffentechnik längst in Vergessenheit geraten, und wir gebrauchen die Redewendung häufig und in allen möglichen Zusammenhängen. Man kann sogar «von etwas absehen», also etwas nicht tun. Das ist zum Beispiel der Fall, wenn ein Richter von einer Bestrafung absieht. Damit legt er das imaginäre Gewehr zur Seite und verschont den Angeklagten, er hat es nicht länger auf ihn abgesehen.

Etwas abstauben

Wenn man etwas «abgestaubt» hat, dann ist unter Umständen die Rede davon, dass man irgendeinen Gegenstand von Staub befreit hat. Wesentlich häufiger ist mit dieser Redewendung allerdings gemeint, dass man etwas sehr günstig erworben, erbettelt, vielleicht sogar gestohlen hat.

Die Redensart stammt höchstwahrscheinlich aus dem traditionellen Müllerhandwerk, und zwar aus den Zeiten, als die Bauern ihr Getreide zu einer Mühle brachten, um es zu Mehl mahlen zu lassen. Es muss wohl etliche nicht ganz ehrliche Müller gegeben haben, die einen Teil des entstandenen Getreidepulvers für sich abgezweigt und nicht in die Säcke der Bauern abgefüllt haben. Diese Gauner haben die Bauern übervorteilt und etwas für sich selbst «abgestaubt».

Etwas abkupfern

Wenn etwas «abgekupfert» ist, dann ist es ein Plagiat, eine Fälschung oder eine illegale Kopie.

Diese Redewendung geht auf den Beruf der Kupferstecher zurück. Das waren Kunsthandwerker, die vor allem vom 15. bis ins frühe 19. Jahrhundert in Malerwerkstätten Gemälde kopiert oder druckfähig gemacht haben. Diese Tätigkeit verlangte großes handwerkliches Können und war für Außenstehende in ihrer Ausführung nicht ohne weiteres nachvollziehbar.

Besonders weil diese Kupferstecher theoretisch auch Papiergeld fälschen konnten, schlugen ihnen oft Misstrauen und Geringschätzung entgegen. Aus dieser Zeit stammt auch die spöttische Anrede «Mein lieber Freund und Kupferstecher».

Durch Abwesenheit glänzen

Die Redewendung ist eine ironische Kritik an jemandem, der eigentlich anwesend sein sollte, aber nicht erschienen ist.

Die Wurzeln dieser Formulierung liegen im antiken Rom: Hier war es Brauch, dass die Familienangehörigen eines Verstorbenen bei der Beerdigung den Trauerzug anführten und dabei Bilder der gemeinsamen Vorfahren vor sich hertrugen. Der im 19. Jahrhundert überaus beliebte französische Dramatiker Marie-Joseph Chénier hat die Formulierung von den auf diesen Bildern gerade durch ihre Abwesenheit glänzenden Ahnen dann in einem seiner Stücke verwendet, woraufhin sie recht schnell an Popularität gewann.

Ein weiterer Beleg findet sich beim römischen Geschichtsschreiber Tacitus: Bei der Beerdigung von Brutus' Schwester Julia fehlten sowohl Brutus als auch Cassius (Gemahl der Julia), da sie sich als Mörder Caesars nicht blicken lassen konnten. In einer Quelle von Tacitus heißt es: «Aber Cassius und Brutus leuchteten gerade dadurch hervor, dass ihre Bilder nicht zu sehen waren.»

Ich glaub, mich laust der Affe

Diese Redewendung ist ein Ausdruck der Verblüffung und der Überraschung. Sie ist verwandt mit ähnlichen Formulierungen, in denen unmögliches oder zumindest extrem unwahrscheinliches Verhalten von Tieren vorkommt. (Vgl. Dr. Wort, *Klappe zu, Affe tot*, S. 165)

Jeder Zoobesucher kennt das gesellige Verhalten von Affen, die gegenseitige Fellpflege betreiben, indem sie abgestorbene Hautschuppen entfernen und häufig auch Salzkristalle knabbern, die sie im Fell des anderen gefunden haben. Läuse spielen bei diesen sozialen Ritualen im Übrigen kaum eine Rolle.

Schon vor Jahrhunderten haben Menschen in Deutschland dieses Ritual beobachten können, zum Beispiel bei den Affen umherziehender Schausteller oder auf Jahrmärkten. Es mag sein, dass der eine oder andere Affe auch mal einen der Zuschauer durch «Lausen» verwöhnt hat, aber auch wenn nicht, war es zumindest eine ungewöhnliche und bizarre Ansicht, und so ist die Redewendung in die Alltagssprache eingegangen und bis heute weit verbreitet.

Allerhand

«Das ist ja allerhand!», ruft man aus, wenn man seine Entrüstung über ein Verhalten oder einen Vorgang ausdrücken möchte, den man missbilligt. In einer zweiten Bedeutung wird das Wort «allerhand» auch als unbestimmtes Zahlwort benutzt, das eine Ansammlung verschiedener Dinge bezeichnet, so zum Beispiel: Auf dem Tisch lag allerhand Werkzeug herum.

Schon im 16. Jahrhundert ist eine Formulierung üblich gewesen, mit der man verschiedene Dinge unterschiedlicher Herkunft zusammengefasst hat: «Diese Dinge sind aller hande.» Damit wurde ausgedrückt, dass diese Dinge aus allerlei verschiedenen Händen stammten. Dieses «aller hande» ist dann später zusammengezogen worden zu dem uns heute geläufigen «allerhand». Und auch wir benutzen das Wort «allerhand» nicht, wenn zum Beispiel 20 völlig identische Tassen auf dem Tisch stehen, allerhand Tassen sind das nur, wenn es sich um ein buntes Durcheinander handelt.

Ganz ähnlich verhält es sich mit dem entrüsteten Ausruf «Das ist ja allerhand!». Hier hat jemand nicht nur etwas Unerhörtes getan, sondern sich gleich eine ganze Reihe verschiedener Frechheiten geleistet, quasi einen bunten Strauß an Unverschämtheiten.

Kurz angebunden sein

«Kurz angebunden» ist man, wenn man sich mürrisch, abweisend und unfreundlich verhält und im Gespräch nur das Allernötigste von sich gibt.

Schon Martin Luther hat diese Redewendung gebraucht, und sie ist auch heute noch üblich. Sie geht höchstwahrscheinlich zurück auf die früher weit verbreiteten Hofhunde der Bauern, die in der Regel relativ kurz angebunden oder angekettet wurden. Und solche Hunde reagieren besonders aggressiv und wütend auf Eindringlinge und sind in der Tat oft gefährlich und bissig.

Zwar nicht bissig, aber zumindest unfreundlich verhalten sich auch Menschen, die kurz angebunden sind.

Jemandem etwas anhängen

Wenn man jemandem «etwas anhängen» will, dann erzählt man Schlechtes über ihn, betreibt üble Nachrede oder bezichtigt ihn zu Unrecht.

Die Redewendung geht zurück auf den früheren Brauch, Straftätern Zettel anzuhängen, auf denen ihre Vergehen zu lesen waren. Zusätzlich oder anstelle dessen wurden auch oft Gegenstände benutzt, die symbolisch das Delikt darstellten, so zum Beispiel bei einem Dieb der gestohlene Gegenstand, bei Säufern eine Flasche und bei bösartigen Frauen ein Besen (als Anspielung auf einen Hexenbesen).

Noch vor wenigen Jahrzehnten machten die Nazis gern und häufig Gebrauch von diesem entwürdigenden Ritual des Anhängens – sozusagen als Revival finsterer Zeiten –, wenn im Zuge der Judenverfolgung Menschen mit entsprechenden diffamierenden Schildern behängt wurden.

Jemanden anhimmeln

Wer jemanden «anhimmelt», der schwärmt heftig für diese Person, verehrt sie in übertriebener Weise, ist quasi ein Extremfan.

Man könnte meinen, die Redewendung kommt daher, dass man zu einem Menschen aufschaut, also in Richtung Himmel. Das ist auch nicht ganz falsch, aber die Formulierung hat noch einen tieferen, religiösen Ursprung.

Gläubige Christen, denen daran gelegen ist, die Zehn Gebote genau zu befolgen, dürfen den Namen Gottes nicht achtlos oder missbräuchlich benutzen. Und so war es ihnen zumindest früher nicht möglich, davon zu sprechen, dass jemand einen anderen Menschen so sehr verehrt, dass er ihn sprichwörtlich vergöttert. Jetzt kam der Himmel ins Spiel, und zwar als sogenanntes Hüllwort, von Fachleuten auch Euphemismus genannt. Man hat das Tabuwort «Gott» kurzerhand durch den Himmel ersetzt, und statt jemanden zu vergöttern, hat man ihn einfach angehimmelt.

Jemanden anschwärzen

Wenn man jemanden verpetzt, verrät, verleumdet oder schlecht macht, dann «schwärzt man ihn an», zum Beispiel beim Chef oder beim Lehrer.

Die Farbe Schwarz steht im westlichen Kulturkreis für ganz gegensätzliche Dinge. Einerseits ist es die Farbe der Würde und der Feierlichkeit – man denke nur an die schwarzen Limousinen der Politiker –, andererseits ist Schwarz aber auch die Farbe des Todes, der Trauer und des Teufels. Darüber hinaus bezeichnet «Schwarz» im alltäglichen Sprachgebrauch verbotene Tätigkeiten, zum Beispiel Schwarzarbeiten, Schwarzfahren oder Schwarzbrennen, die illegale Alkoholherstellung.

Beim Anschwärzen geht es eindeutig um genau diese negativen Aspekte. Die Redewendung existiert in vielen Sprachen und ist hervorgegangen aus den Formulierungen «jemanden schwarz machen» oder «jemanden schwarz malen». Da schwingt jemand bildhaft einen großen Pinsel mit schwarzer Farbe und malt sein Opfer an, bis es für alle sichtbar so richtig angeschwärzt ist.

Etwas aus dem Ärmel schütteln

Wer etwas «aus dem Ärmel schüttelt», dem fällt eine Aufgabe leicht. Er kann sie ohne Mühe erledigen, spielerisch und anscheinend unvorbereitet.

Die Kleidung im späten Mittelalter war in der Regel sehr weit geschnitten, und das galt auch für die Ärmel. Man konnte sie als Taschen benutzen, zum Beispiel für Geld, Papiere und andere kleinere Dinge.

Wenn man etwas brauchte, konnte man es dann ganz leicht aus dem Ärmel zum Vorschein bringen. Auch Gaukler und Zauberer haben so ihre Utensilien aufbewahrt und konnten bei Vorführungen und Auftritten die dollsten Tricks einfach so «aus dem Ärmel schütteln».

Armleuchter

Als «Armleuchter» tituliert man einen Menschen, wenn man ihn für dumm, trottelig, geistig beschränkt oder total unfähig hält.

Armleuchter sind tragbare Kerzenständer, bei denen von einem zentralen Schaft zwei oder mehr Arme abgehen, auf denen man Kerzen anbringen kann.

Früher dienten sie als tragbare Lichtquelle, wobei das Licht, das sie erzeugten, wohl eher trübe und funzelig war und nur zu einer begrenzt guten Sicht verhalf. Jemand, der mit einem solchen Armleuchter unterwegs war, machte also einen mehr oder weniger unbeholfenen und trotteligen Eindruck. Manche Autoren leiten den Ursprung des Schimpfwortes davon ab.

Höchstwahrscheinlich liegt der Ursprung aber ganz woanders: Ordinäre Ausdrücke werden häufig durch harmlosere Wörter ersetzt, indem man sogenannte verhüllende Floskeln mit dem gleichen Anfangslaut gebraucht. So fluchen manche Menschen «Scheibenkleister!», wenn sie das eigentlich gemeinte Verdauungsprodukt mit den gleichen Anfangsbuchstaben nicht aussprechen wollen. Genauso verhält es sich vermutlich mit dem Armleuchter. Eigentlich ist die untere Körperöffnung eines Menschen gemeint, die auch mit «A» anfängt. Aber man kann die Beschimpfung abmildern und in letzter Sekunde die Kurve kratzen, indem man stattdessen sagt: «Du bist ein Riesen...armleuchter!»

Der Arsch geht auf Grundeis

Wenn einem «der Arsch auf Grundeis geht», dann hat man große Angst oder einen Riesenschreck bekommen.

Grundeis bildet sich in kalten Wintern vor allem in Flüssen, wo im Gegensatz zu stehenden Gewässern, also Teichen und Seen zum Beispiel, nicht die Oberfläche zuerst gefriert. Weil das Wasser sich in lebhaften Fließgewässern ständig durchmischt, kann auch am Flussgrund Frost herrschen und sich somit Eis bilden. Wenn dieses Grundeis dann bei Tauwetter losbricht, kann man manchmal polternde, rumpelnde Geräusche hören.

Solche Klänge entstehen auch, wenn Menschen große Angst empfinden. Die Panik schlägt bekannterweise durch auf die Verdauung, der Magen rebelliert und rumort. Im schlimmsten Fall kommt es zu Durchfall mit der entsprechenden schrecklichen Geräuschkulisse, die so klingt, als bräche das Grundeis.

Asche auf mein Haupt

Die Redewendung bedeutet, dass man eine Schuld eingesteht, dass man eine Tat bereut und Buße tun will.

Schon im Altertum ist die Asche ein Symbol für Trauer, Buße und Umkehr gewesen. Und seit dem 11. Jahrhundert geht die ausschweifende, wilde Karnevalszeit für viele Christen mit einem Tag zu Ende, an dem die Menschen ihre Sünden bereuen sollen und sich symbolisch Asche aufs Haupt streuen. Noch heute heißt dieser Tag deswegen Aschermittwoch.

Außerdem gab es im Altertum den Brauch, sich Asche von Verstorbenen auf Kopf und Kleidung zu streuen und so seine Trauer zu zeigen.

Heute hat sich die Redewendung von ihren altertümlichen Wurzeln gelöst und bedeutet ganz allgemein, dass man Mist gebaut hat und seinen Fehler bereut.

Aufhebens machen

Wer viel «Aufhebens» um eine Sache macht, der bauscht sie unnötig auf, er macht sie bedeutender, als sie eigentlich ist.

Das Fechten ist früher weit mehr gewesen als eine Kampfsportart unter vielen. In adeligen und bürgerlichen Kreisen war das Fechten seit dem Mittelalter über viele Jahrhunderte die zentrale Form der Selbstverteidigung bei Angriffen oder Duellen. Es war sogar so populär, dass es auf Jahrmärkten und Volksfesten sogenannte Schaufechter gab, die zur Volksbelustigung gegeneinander antraten.

Und weil man schon damals wusste, wie das Showgeschäft so läuft, legten die Kontrahenten vor den Kämpfen ihre Waffen auf den Boden, wo sie dann in einer aufwendigen Zeremonie ausführlich begutachtet und verglichen wurden. Erst wenn dieses Vorspiel vorbei war, hat man sie wieder aufgehoben und der eigentliche Kampf konnte losgehen. Und in diesem «Aufheben» liegt der Ursprung der Redewendung: Wer viel Aufhebens um etwas macht, der macht viel Wind, veranstaltet eine große Show, aber er kommt nicht zum Wesentlichen der Sache.

Etwas auseinanderklamüsern

«Klamüsern» bedeutet, eine meist komplizierte Angelegenheit genau zu studieren, über sie nachzudenken oder ein komplexes Problem zu lösen. Für manche ist es eine Umschreibung für ziel- und planloses Rumfummeln, andere benutzen den Begriff im umgekehrten Sinne: Für sie ist das Klamüsern gekennzeichnet durch sorgfältige Planung – im Unterschied zum «Friemeln» oder «Fummeln».

«Klamüsern» ist tatsächlich ein anerkanntes deutsches Verb und in allen Ehren und mit allen Konjugationsformen in den Duden aufgenommen worden. Das Wort geht zurück auf eine alte Bezeichnung für Menschen, die einsam und zurückgezogen über ein Problem nachdenken und an einer Lösung arbeiten. Solche Einzelgänger oder Stubenhocker hießen früher «Kalmäuser» (wahrscheinlich nach der Sumpfpflanze Kalmus, aus der Schreibgeräte hergestellt wurden). Im Niederdeutschen nannte man sie auch «Klamüser».

Die Beschränkung auf den einsamen Tüftler gibt es heute nicht mehr, man kann ohne weiteres auch zu zweit oder in einer Gruppe an etwas herumfummeln, herumfriemeln oder es eben auseinanderklamüsern.

Etwas ausgefressen haben

Wer etwas «ausgefressen» hat, der hat etwas Verbotenes getan oder etwas angestellt. Im Allgemeinen sind mit dieser Redewendung eher harmlose Vergehen gemeint.

Die Erklärung für die Herkunft dieser Redewendung aus dem 18. Jahrhundert ist relativ naheliegend und einfach, aber trotzdem benutzen wir alle sie unbewusst, ohne uns über den Ursprung Gedanken zu machen. Sie geht tatsächlich zurück auf unsere Haustiere, auf Hunde und Katzen, die sich manchmal unerlaubterweise die eine oder andere Leckerei stehlen oder die mit Essen gefüllten Töpfe der Menschen im wahrsten Sinne des Wortes «ausfressen». Zumindest Hunde «warten» in solchen Fällen mit demütigem Blick auf ihre Bestrafung, und so wird klar, dass sich das «Ausfressen» eher auf der Ebene mehr oder weniger harmloser Vergehen bewegt und vor allem in Bezug auf Tiere und kleine Kinder Anwendung findet, nicht im Bereich der Schwerkriminalität von Erwachsenen. Bei einem korrupten Wirtschaftsboss oder Politiker würde nie jemand auf die Idee kommen, zu sagen: «Och, der hat doch bloß was ausgefressen.»

Mit dem Auto liegenbleiben

Bei einer Panne sprechen wir davon, dass wir mit dem Auto «liegen geblieben» sind – auch wenn ein kaputtes Auto gar nicht liegt, sondern nach wie vor auf der Straße steht.

Diese auf den ersten Blick unsinnig erscheinende Formulierung hängt mit den jeweiligen Bedeutungen zusammen, die wir mit den Verben «stehen» und «liegen» verbinden.

Wenn jemand steht, dann ist er in der Lage, sich in der nächsten Sekunde weiterzubewegen, deshalb stehen wir mit dem Auto zum Beispiel auch an einer Ampel. Wer aber liegt, der ist krank oder schläft. Er wird in der Regel eine Weile in dieser Position bleiben und kann sich nicht ohne weiteres sofort entfernen. Deshalb bleibt ein defektes Auto auch zunächst einmal stehen. Wenn es allerdings nicht schnell wieder fahrbereit ist, sprechen wir davon, dass es liegengeblieben ist.

Das ist übrigens nicht die einzige sprachliche Merkwürdigkeit rund ums Auto. Häufig identifizieren wir uns so stark mit unseren Fahrzeugen, dass wir sie sprachlich völlig mit unserer Person gleichsetzen. Auf die Frage nach dem Parkplatz unseres Autos sagen wir dann Sachen wie: «Ich stehe da vorn.» Oder wenn das Auto in die Werkstatt muss: «Mein Auspuff ist kaputt.» Das wünscht man ja wirklich niemandem, und es muss für den Betroffenen sicherlich höchst unangenehm sein.

Ach du liebes bisschen!

Blaues Blut

In Bausch und Bogen

Sich einen hinter die Binde gießen

Böhmische Dörfer

Binsenweisheit

Da steppt der Bär

Bescheuert sein

Bulle

Volles Brett

Blauer Brief

B

Bammel vor etwas haben

Bananenrepublik

Bohei machen

Dreimal ist Bremer Recht

Bullenhitze

Bammel vor etwas haben

Wer «Bammel vor etwas hat», der empfindet Angst vor etwas, er fürchtet sich.

Der Bammel geht auf eine sehr unschöne und grausame Einrichtung zurück, die aber früher zum Alltag der Menschen gehörte: den Galgen. Wer am Galgen hing, der schaukelte, baumelte oder bammelte eben hilflos hin und her. Bei dem bekannten deutschen Schriftsteller Hans Fallada findet sich zum Beispiel die Formulierung: «Am Galgen soll der Hund mir bammeln müssen.»

Deswegen wird die Redewendung auch heute noch am häufigsten in Bezug auf Strafen gebraucht, so hat man Bammel vor Eltern, Lehrern und manchmal auch Vorgesetzten.

Bananenrepublik

Als «Bananenrepublik» bezeichnet man Staaten, in denen Korruption und Bestechlichkeit dominieren, deren Rechtssystem ausgehöhlt ist oder in denen staatliche Willkür herrscht.

Der Ausdruck entstand im frühen 20. Jahrhundert und bezog sich zunächst auf mittelamerikanische Staaten, die im Wesentlichen Bananen exportierten. Sie gerieten recht bald in völlige Abhängigkeit von den großen US-amerikanischen Konzernen, wie der *Standard Fruit Company* und der *United Fruit Company*, die wir heute unter den Namen *Dole* beziehungsweise *Chiquita* kennen. Letztere Firma kontrollierte etwa in Guatemala nicht nur den Bananenhandel, sondern auch die Post, den größten Hafen, den Telegrafendienst und die elektrische Versorgung des Landes. Eine saubere, unabhängige Politik war unter diesen Umständen nicht mehr realisierbar.

Hier liegt der Ursprung der Bezeichnung «Bananenrepublik». Heute wird sie unabhängig von der geographischen Lage benutzt, wenn irgendwo auf der Welt Fälle von Korruption, Vetternwirtschaft oder Willkür bekannt werden.

Da steppt der Bär

Die Redewendung gebraucht man, wenn auf einer Party oder bei einer Veranstaltung richtig viel los und die Stimmung sehr gut ist, wenn es also richtig abgeht.

Noch vor wenigen Jahrhunderten wurden in Deutschland sogenannte Tanzbären auf Jahrmärkten und bei Tiershows vorgeführt, die sich auf Kommando zur Musik bewegten. Die Dressur war extrem brutal, die Tiere litten unter schmerzhaften Nasenringen und lernten ihre scheinbaren Tanzschritte, indem man ihnen mit heißen Blechen oder glühenden Kohlen Bewegungsmuster eintrichterte. In Osteuropa, Vorderasien, Indien und Pakistan ist diese Tierquälerei heute noch üblich.

Wer möchte, kann vor diesem Hintergrund auf diese Formulierung verzichten und eine andere verwenden, die dasselbe bedeutet: Da «boxt der Papst im Kettenhemd». (Solche Redewendungen wurden in den 1980er und 1990er Jahren populär, als man Tiere und Menschen mit ihren Tätigkeiten gern in verrückte Zusammenhänge brachte und das Ganze als extrem witzig empfand: «Ich glaub, mich knutscht 'n Elch» und so weiter.)

Immerhin hat noch nie ein Papst ein Kettenhemd getragen, und boxen musste zum Glück auch noch keiner.

In Bausch und Bogen

Wer etwas «in Bausch und Bogen» ablehnt oder kritisiert, lehnt es komplett ab, und zwar ohne zu differenzieren oder auf Einzelheiten einzugehen.

Diese Redewendung stammt aus dem Handel mit Grundstücken, die ja keineswegs immer schön rechteckig sind, sondern recht häufig eher unregelmäßige statt schnurgerader Grenzen haben. Früher nannte man eine solche Einbuchtung der Grundstücksgrenze nach innen «Bogen» und das Gegenteil, die Ausbuchtung nach außen, «Bausch». Wer also ein Grundstück in «Bausch und Bogen» kaufte, erwarb es so, wie es war, egal wie schief und krumm der Grenzverlauf war.

Das Wort «Bausch» hat auch in einer weiteren Formulierung bis heute überlebt: Wenn jemand einen Sachverhalt übertrieben darstellt, ihn also unnötig dramatisiert, sagen wir heute noch: «Er hat die Sache unnötig aufgebauscht.»

Bescheuert sein

Wer «bescheuert» ist, der ist schlicht doof, er blickt nicht durch oder ist geistig nicht so recht fit. Man kann heutzutage aber auch andere Phänomene bescheuert finden, wie zum Beispiel ein Automodell, einen Film oder eine Mode.

Prof. Dr. Lutz Röhrich, der absolute Experte auf dem Gebiet der Redensarten, sozusagen der Papst der deutschen Redewendungen, erklärt, diese Formulierung ginge auf eine psychiatrische Einrichtung in Scheuern bei Nassau zurück, aber diesmal dürfte sich der Fachmann wirklich vertan haben.

«Scheuern» hatte früher nicht nur die Bedeutung, die es heute noch immer hat, sondern bedeutete außerdem dasselbe wie «schlagen», «hauen» oder «kloppen». Deswegen ist im Volksmund jemand, dem viel gegen den Kopf geschlagen wurde, bekloppt. Und genauso geht es jemandem, dem sehr oft eine gescheuert wurde: Die Langzeitfolgen sind höchst unerfreulich, der arme Mensch gilt als bescheuert.

Sich einen hinter die Binde gießen

Wer sich so richtig «einen hinter die Binde gießt, kippt oder schüttet», der trinkt Alkohol, bis er offensichtlich betrunken ist.

Die Redensart ist ungefähr 1850 aufgetaucht und hat ihren Ursprung in der Mode der damaligen Zeit, genauer gesagt, in der Hemdenmode. Seinerzeit waren die sogenannten Schlupfhemden ohne Knöpfe sehr beliebt, die im Ganzen übergezogen wurden. Im Halsbereich hatten sie einen eingenähten Seilzug, mit dem die Größe des Ausschnitts an den Umfang von Kopf und Hals des jeweiligen Trägers angepasst werden konnte. Das war die sogenannte Binde. Alles, was man trank, goss man sich somit «hinter die Binde».

Es ist schon erstaunlich: Die Mode hat sich seither zigmal geändert, aber zumindest in der Redensart hat die Binde überlebt.

Binsenweisheit

Eine «Binsenweisheit» ist eine Aussage, die bedeutungslos ist, weil ihr Inhalt allgemein bekannt, selbstverständlich und somit banal ist.

Binsen sind grasartige Pflanzen, die bevorzugt an feuchten oder nassen Standorten wachsen. Weltweit gibt es etwa 300 Arten, in Deutschland immerhin rund 30. Mit anderen Worten, jeder kennt Binsen beziehungsweise jeder hat sie zumindest schon einmal gesehen, sie sind völlig alltäglich und komplett durchschnittlich. Außerdem ist die Struktur der Stängel bei Binsen anders als bei vielen anderen Pflanzen: Hier gibt es keine Knoten oder Verdickungen, stattdessen sind die Stängel einfach und glatt.

Wenn also jemand etwas allgemein Bekanntes von sich gibt, das außerdem simpel und absolut selbstverständlich ist, sprechen wir deshalb von einer Binsenweisheit.

Ach du liebes bisschen!

Diese Formulierung ist ein Ausruf des Erstaunens oder des Erschreckens, allerdings nur bei Anlässen, die nicht so dramatisch sind. Man ist also nur ein «bisschen» erschrocken, sodass die Redewendung eigentlich bedeutet: «Ach du lieber kleiner Schreck!»

Die Redewendung ist relativ jung, erst im späten 19. Jahrhundert ist sie populär geworden. Die Formulierung geht auf unser Essen zurück und drückte ursprünglich aus, dass wir davon nur einen kleinen Biss, also ein «Bisschen» nehmen. Zunächst ist sie auch ausschließlich in diesem Sinn verwendet worden, als kleiner «Happs», den man sich gönnt.

Später ist das «Bisschen» dann im übertragenen Sinne verwendet worden, für alles, was die Bedeutung «klein» beziehungsweise «wenig» hat. Heute kann man auch ein bisschen müde sein, ein bisschen zu spät kommen oder eben auch ein bisschen erschrecken. Und das Ganze, ohne vor einer Mahlzeit sitzen zu müssen.

Blaues Blut

Über Angehörige von Adelshäusern wird oft gesagt, sie hätten «blaues Blut».

Diese Formulierung wird heute fast nur noch in ironisierender Absicht verwendet. Sie ist um 1810 im deutschen Sprachraum populär geworden, ihre Ursprünge liegen aber im Spanien des Mittelalters.

Dort stammte damals ein Großteil des Adels von den ostgermanischen Goten ab, und es gab viele Heiratsverbindungen mit nordeuropäischen Adelshäusern. Als Folge entsprach ein Teil des spanischen Adels nicht dem mediterranen Menschentyp mit dunklen Haaren und relativ brauner Haut, sondern war eher blond und hellhäutig. Diese vornehme Blässe galt als Schönheitsideal und unterschied den Adel sichtbar vom niederen Volk. Deshalb wurde in diesen Kreisen auch die Sonne streng gemieden, um eine eventuelle Bräunung zu vermeiden.

Wenn aber jemand so blass ist, sieht man durch die weiße Haut oft die Adern durchscheinen, die dann bläulich schimmern. So war es auch bei den spanischen Adligen, und so entstand die Legende vom blauen Blut der Aristokratie.

Bohei machen

«Bohei» heißt keine seltene Haifischart, und es ist auch keine japanische Kampfsportart, wie man vielleicht vermuten könnte. Wenn jemand viel «Bohei» macht, dann verursacht er viel Wirbel wegen einer Kleinigkeit, er erzeugt Aufregung um eine Sache, die es eigentlich nicht wert ist.

Das Wort «Bohei» existiert in den verschiedensten Schreibweisen: mal mit «o», mal mit «u», also «Buhei», und in Österreich sogar als «Bahö», «Bahöl» oder «Bahöö».

Mit einiger Sicherheit ist die Redewendung im westdeutschen Sprachraum entstanden. Wahrscheinlich geht sie auf das hebräische Wort «palhe» zurück, das für Lärm und Radau steht. Und wie viele hebräische Wörter hat es dann Eingang in die alte

Gaunersprache Rotwelsch gefunden und ist im Laufe der Zeit zum Bohei geworden. Wer einen Bohei macht, veranstaltet also einen Tumult.

Böhmische Dörfer

Wenn ich etwas überhaupt nicht verstehe, wenn mir Dinge völlig unerklärlich und rätselhaft erscheinen, dann sind das für mich «böhmische Dörfer».

Im deutsch-tschechischen Grenzgebiet lag früher das Königreich Böhmen. Und wie überall in Grenzregionen haben sich hier kulturelle und eben auch sprachliche Inhalte vermischt. Besonders die tschechischen Ortsnamen erschienen den Deutschen seinerzeit völlig rätselhaft und unerklärlich und wurden so zum Symbol für etwas komplett Unverständliches.

Schon Ende des 16. Jahrhunderts war die Redewendung von den böhmischen Dörfern bekannt, und als Böhmen im Dreißigjährigen Krieg weitgehend verwüstet wurde, erlangte sie noch einen größeren Bekanntheitsgrad. Jetzt waren nicht nur die Ortsnamen unverständlich, sondern die Orte selbst waren teilweise völlig zerstört. Man konnte nicht einmal mehr richtig erkennen, was es hier einmal gegeben hatte: Es waren nur noch böhmische Dörfer.

Dreimal ist Bremer Recht

Die Redewendung wird im Bremer Raum, aber auch in Oldenburg und in Ostfriesland in jeweils regionalen Varianten häufig gebraucht, und zwar zu allerlei passenden (und unpassenden) Anlässen, die die Zahl «Drei» beinhalten. Es kann das dritte Bier sein, das jemand so rechtfertigt, das dritte Auto oder der dritte Versuch in einer Sportart.

Die Zahl «Drei» galt schon im Altertum als heilige oder auch göttliche Zahl, entsprechend spielt sie eine bedeutende Rolle in Religion und Mythologie. So ist die Dreifaltigkeit ein zentrales Element des Christentums, und auch in anderen Glaubenslehren nimmt die Drei eine wesentliche Stellung ein. Sie entfaltet ihre Wirkung aber auch im Volksglauben. Bei einer Fee hat man drei Wünsche frei, wir sagen «aller guten Dinge sind drei», in Witzen treten häufig drei Personen auf, im Mittelalter wurde dreimal im Jahr Gericht gehalten, und am Gerichtsplatz standen häufig drei Eichen.

Besonders ausgefeilt war der Kult um die Drei im Bremer Raum auch, weil sich das Bremer Stadtrecht hier mit dem Seerecht und dadurch mit weiteren Dreier-Regeln verbunden hat: Zum Beispiel galt ein Matrose erst nach dreimaliger erfolgloser Vorladung wegen eines Vergehens als schuldig, drei Mahlzeiten täglich mussten an Bord gereicht werden, und bei Seebestattungen wurde «Een, twee, drie, in Gods naam!» gerufen. All diese Vorschriften und Rituale wurden von der magischen Zahl «Drei» bestimmt – und hier liegt auch der Ursprung für die Redewendung vom dreimaligen Bremer Recht.

Volles Brett

«Volles Brett» bedeutet meistens «extrem laut», aber auch «sehr intensiv» oder «sehr schnell».

Diese Redensart ist in den 1970er Jahren aufgekommen, und sie hängt mit den damals populären Musikstilen zusammen. Neben Disco, Glam Rock und Punk waren es vor allem Hard Rock und Heavy Metal, die in diesem Jahrzehnt eine rasante Entwicklung durchgemacht haben.

Insbesondere die beiden letztgenannten Stile sind ja nicht grade für dezente Zurückhaltung bekannt, sondern eher für brachiale Lautstärke. Ihr Hauptinstrument war natürlich nicht die bauchige Akustikgitarre der Blumenkinder der 1960er, sondern die flache E-Gitarre, die man damals auch Brettgitarre genannt hat. Und wenn dann so eine Combo in voller Lautstärke losgelegt hat, waren die Fans begeistert: «Geil, klasse … volles Brett!»

Es ist auch noch eine weitere Quelle denkbar, die für diese Formulierung eine Rolle gespielt haben könnte: In Österreich nennt man Skier auch Brettln. Und auf denen kann man durchaus hohe Geschwindigkeiten erreichen und die Piste «runterbrettern».

Blauer Brief

«Blaue Briefe» sind Benachrichtigungsschreiben der Schule an Schülerinnen und Schüler, deren Versetzung gefährdet ist. Manchmal werden auch Kündigungsschreiben als «blaue Briefe» bezeichnet.

Die Bezeichnung stammt aus dem 18. Jahrhundert. Damals wurden in Preußen Anordnungen des Königs in versiegelten und blickdichten Kuverts versendet, in Umschlägen also, durch die man nichts lesen konnte. Das hierfür verwendete Papier wurde damals häufig aus Lumpen hergestellt, besonders oft aus Stoffresten der preußischen Armeeuniformen – und die waren dunkelblau, genauer gesagt preußischblau. So wurden wichtige hoheitliche Anordnungen zu blauen Briefen.

In den USA hat man's ja gern etwas niedlicher: Dort werden Kündigungsschreiben in rosa Umschlägen verschickt und heißen *«pink slips»*. Ein klarer Fall von: Andere Länder, andere Farben.

Bulle

«Bulle» ist eine häufige umgangssprachliche Bezeichnung für Polizisten.

Ganz sicher lässt sich der Ursprung des ordnungshütenden «Bullen» nicht mehr herleiten. Fest steht aber, dass diese Bezeichnung zunächst in der alten Gaunersprache Rotwelsch gebräuchlich war und von dort in den alltäglichen Sprachgebrauch gelangt ist.

Höchstwahrscheinlich geht sie zurück auf das niederländische Wort «bol», das so viel wie Kopf bedeutet, im übertragenen Sinne aber auch einen klugen Kopf, also einen schlauen Menschen, bezeichnet. Daraus sind dann im 18. Jahrhundert die Begriffe «Bohler» oder auch «Landpuller» als Bezeichnungen für Polizisten entstanden und im Rotwelschen schließlich besagter «Bulle», der dann in die deutsche Alltagssprache gefunden hat.

Interessant ist, dass dieser Begriff zunächst eine positive Bedeutung hatte und einen pfiffigen Menschen bezeichnete. Erst später wurde das Wort «Bulle» als beleidigend empfunden und sein Gebrauch teilweise mit Geldbußen geahndet. Das Rechtsempfinden diesbezüglich hat sich allerdings in den letzten Jahren wieder geändert. Die Bezeichnung als «Bulle» gilt nicht mehr in jedem Fall als beleidigend. So durfte Ottfried Fischer etwa im Fernsehen unbehelligt seinen Ehrentitel tragen als *Bulle von Tölz.*

Bullenhitze

Wenn eine «Bullenhitze» herrscht, dann bedeutet das schlicht und ergreifend, dass die Hitze sehr groß ist. Unter 30 Grad geht da gar nichts.

Dieses Wort gehört zu den sogenannten Augmentativbildungen. Hinter diesem schrecklichen Fachwort steckt ein an sich simpler Sachverhalt: Wir nehmen oft Begriffe, zum Beispiel Tiernamen, und verbinden sie mit dem Wort, das wir beschreiben wollen. Heraus kommen so hübsche Wortschöpfungen wie der Bärenhunger, das Affentempo oder eben auch die Bullenhitze. Wichtig ist nur, dass das Tier den Menschen nahesteht oder in irgendeiner Form extreme Eigenschaften hat. Bären sind sehr groß und sehr hungrig, Affen sind sehr schnell und sehr wendig, und Bullen sind sehr groß und sehr massig. Die Tiernamen verlieren in diesen neuen Zusammenhängen völlig ihre ursprüngliche Bedeutung und stehen nur noch für das «sehr», also als Verstärkung des Gesagten.

Auch in der Hölle geht es relativ extrem zur Sache, weswegen auch sie als verstärkendes Wortelement sehr beliebt ist. Wenn irgendwo ein Höllenlärm herrscht, sollte man sehen, dass man schnell wegkommt, am besten im Höllentempo.

Viele Hörerinnen und Hörer haben immer wieder nach Redewendungen mit solchen augmentativen Wortbestandteilen gefragt, deshalb hier noch einige Beispiele, in denen der erste Wortteil nur die verstärkende Bedeutung von «sehr» hat: Man kann einen Bärenhunger haben, biererernst sein, einen Riesenspaß haben, einen Riesenblödsinn machen, es kann saukalt sein, etwas geschieht im Affentempo oder ist affengeil, man fühlt sich vielleicht hundemüde (siehe auch Seite 86) oder hundeelend, man kann einen Mordsspaß haben und und und …

Auf den letzten Drücker

Dito oder dto.

Jemandem einen Denkzettel verpassen

Dulli

Deadline

Eine «Deadline» ist ein bestimmter Termin, bis zu dem eine Aufgabe spätestens erledigt sein muss.

Der US-amerikanische Bürgerkrieg von 1861 bis 1865, auch Sezessionskrieg genannt, war der erste Krieg mit Massenschlachten und modernen Waffen. Immerhin fast vier Millionen Soldaten waren im Einsatz, und entsprechend hoch war auch die Zahl der Opfer und der Gefangenen. Doch auf Letztere waren beide Seiten schlicht und ergreifend nicht vorbereitet, und so gab es keine gesicherten Lager, in denen die Kriegsgefangenen ausbruchssicher hätten untergebracht werden können.

Deshalb wurden auf freiem Feld riesige Vierecke markiert, und zwar einfach durch in die Erde geritzte Striche. Wer diese scharf bewachten Linien überschritt, wurde erschossen, es waren Deadlines, Todeslinien, im wahrsten Sinne des Wortes.

Wer im heutigen Berufsleben eine vom Chef gesetzte Deadline nicht einhält, den könnte das durchaus auch den Kopf kosten – zumindest karrieremäßig.

Jemandem einen Denkzettel verpassen

Wenn man jemandem einen «Denkzettel verpasst», dann bestraft man ihn und bringt ihn so zum Nachdenken. Ein Denkzettel kann auch eine unangenehme Erfahrung sein, durch die man etwas lernt.

Zurückzuführen ist die Redewendung auf das 16. Jahrhundert, als man den Schülern in den Klosterschulen bei wiederholtem schlechtem Benehmen oder Verstoß gegen die Schulregeln solch einen Denkzettel erteilt hat. Dieser hing an einer Schnur um den Hals, und darauf waren sämtliche Fehler des betroffenen Schülers notiert. Je nach Schwere des Verstoßes oder des Vergehens bemaß sich der Zeitraum, für den der Schüler diesen Denkzettel (auch Schandzettel genannt) auf dem Rücken tragen musste. So war er dem Gespött seiner Mitschüler bis zu mehrere Tage ausgesetzt. Zudem waren mit dem Denkzettel oft auch körperliche Züchtigungen verbunden. Kein Wunder, dass dieses Wort heute ausschließlich im negativen Sinne benutzt wird.

Im 15. Jahrhundert kannte man darüber hinaus auch den Gedenkzettel im hansischen Recht. Dabei handelte es sich um eine schriftliche Mitteilung oder Anordnung des Gerichts, also eine gerichtliche Vorladung. Auch das war sicherlich keine Einladung zu einer Spaßveranstaltung.

Nicht ganz dicht sein

Mit dieser Redewendung drückt man aus, dass jemand nicht ganz richtig im Kopf ist, irgendwie gaga und nicht zurechnungsfähig.

Der Ursprung dieser Formulierung liegt höchstwahrscheinlich bei den biologischen Gegebenheiten kleiner Babys. Sie müssen Windeln tragen, weil sie, was Urin und Stuhlgang angeht, noch nicht ganz «dicht» sind. Von ihnen ist die Redewendung dann übergegangen auf erwachsene Menschen, die wir für genauso unmündig halten wie kleine Kinder und die genauso wenig Verstand haben.

Der bayerische Politiker Edmund Stoiber war nicht nur bekannt für seine legendären Versprecher und Stottereien, nein, er hat auch den einen oder anderen wirklich guten Spruch rausgehauen und populär gemacht, unter anderem den folgenden: «Wenn jemand sagt, dass er für alles offen ist, dann ist er nicht ganz dicht.»

Dito oder dto.

Dieser Ausdruck bedeutet «ebenfalls, desgleichen, genauso». Egal, ob es sich um die gleiche Meinung, das gleiche Aussehen oder den gleichen Inhalt handelt, so zum Beispiel in der Aussage: «Wir müssen am Auto den Auspuff reparieren lassen, die Scheibenwischer und das Schiebedach dito.»

Der Ursprung von «dito» liegt im italienischen Tätigkeitswort «dire» für «sprechen», «etwas sagen» beziehungsweise dessen Partizip «detto», also «das bereits Gesagte». Im Sprachgebrauch der italienischen Kaufleute ist die Formulierung «a detto» im Sinne von «wie gesagt», «ebenso» sehr populär geworden und schließlich nach Deutschland gekommen. Langsam ist dann daraus unser «dito» geworden.

Heute hat die Formulierung die Welt der Kaufleute längst verlassen und wird ganz allgemein angewendet, so zum Beispiel wenn ich sage: Ich war gestern und vorgestern auf einer Party und morgen dito!

Auf den letzten Drücker

«Auf den letzten Drücker» bedeutet «in letzter Minute», «gerade noch rechtzeitig».

Mit dem Drücker könnte irgendein Knopf an einer Maschine gemeint sein oder ein Schalter an einem technischen Gerät. Aber warum dann der letzte Drücker? Das ergibt keinen rechten Sinn.

Eventuell kommt die Redewendung vom Kartenspielen, und der letzte Drücker bezeichnete den letzten entscheidenden Stich, den ein Spieler gemacht hat.

Die Dudenredaktion sieht die Sache aber ganz anders: Ihrer Meinung nach ist es der Türgriff – den man ja runterdrücken kann – des letzten Wagens eines abfahrenden Zuges, den ein Reisender gerade noch so erreicht. So kommt er doch noch zum Ziel, wenn auch «auf den letzten Drücker».

Dulli

Das Wort «Dulli» stammt aus der jugendlichen Szenesprache des frühen 21. Jahrhunderts und bedeutet, dass jemand nicht besonders pfiffig ist, sondern eher ein bisschen vertrottelt, dabei aber trotz allem noch liebenswert.

Bei Menschen über 30 findet sich der «Dulli» so gut wie nie im Sprachgebrauch, bei jüngeren dafür aber umso häufiger. Die heutige Jugendsprache importiert immer wieder mal englische Begriffe und übernimmt sie in die deutsche Umgangssprache. So auch in diesem Fall: «Dull» ist im Englischen ein Eigenschaftswort und bedeutet unter anderem so viel wie geistig beschränkt, nicht besonders helle, sondern eher trübe in der Rübe, also ein bisschen doof.

Das angehängte «i» ist eine Nachsilbe, mit deren Hilfe eine Verkleinerung oder Verniedlichung von Substantiven, in aller Regel von Personennamen, gebildet wird. Doch das gilt meist nur so lange, wie die betroffenen Personen uns sympathisch sind. So war es eine Zeitlang bei Klinsi, dann bei Schweini und Poldi, und so ist es auch beim Dulli. Eigentlich ist er ein Trottel, aber dabei eben irgendwie auch ganz liebenswert.

Eigenbrötler

Es geht ans Eingemachte

Jemandem etwas einbrocken

Jemanden um die Ecke bringen

Jemanden einbuchten

Etwas ergattern

Eingefleischt sein

Jemanden um die Ecke bringen

Wer einen anderen Menschen «um die Ecke bringt», der begeht ein Kapitalverbrechen, denn er tötet ihn vorsätzlich, er ermordet ihn.

In diesem Fall ist es nicht so, dass das Wort «Ecke» eine alte, heute vergessene Bedeutung hätte, die man erst etymologisch erforschen muss. Gemeint ist hier tatsächlich die ganz normale Ecke, vor allem die Straßenecke. Die Redensart ist entstanden als anschauliches Bild dafür, dass ein Mensch plötzlich aus unserem Blickfeld verschwindet, so als ginge er um eine Ecke. Eben haben wir ihn noch klar vor Augen gehabt, jetzt scheint er verschwunden zu sein. Und wenn man ihn sogar um die Ecke gebracht hat, dann ist der Tatbestand klar: Man hat aktiv dafür gesorgt, dass er verschwindet, indem man ihn umgebracht hat.

Du Eierloch

Wenn kleine Kinder Fangen spielen, rufen sie oft: «Fang mich doch, du Eierloch!» Was ist ein Eierloch, und woher kommt der Begriff? Eine immer noch nicht restlos geklärte Frage.

Eine Theorie geht davon aus, dass das Eierloch in dieser Formulierung nur vorkommt, weil es sich so schön auf «Fang mich doch» reimt. Ein tieferer Sinn steckt demnach nicht dahinter.

Ein anderer Erklärungsansatz besagt, dass Kinder ein feines Gespür für sprachliche Tabubereiche haben, gleichzeitig aber sehr davon fasziniert sind. Und das Wort «Eierloch» bietet nun wirklich genug Anlass für unanständige Assoziationen. Wie auch immer, es klingt schön verächtlich, und das soll es ja auch, ist seine wichtigste Aufgabe doch, den Fänger zu verärgern und anzustacheln.

Eigenbrötler

Unter einem «Eigenbrötler» versteht man einen Menschen, der zurückgezogen lebt, nicht viel mit anderen zu tun haben will und sein Leben mehr oder weniger als Einzelgänger fristet. Im heutigen Business-Deutsch würde man sagen, es handelt sich um jemanden, dem soziale Kompetenz und Teamfähigkeit fehlen. Prominentes Beispiel ist der ehemalige Fußballtrainer von Bayern München, Louis van Gaal, der in der Presse immer wieder als «Eigenbrötler» charakterisiert wird.

Bevor der Berufsstand des Bäckers etabliert war, ist es üblich gewesen, dass die Bewohner eines Dorfes ihr Brot gemeinsam gebacken haben. Es gab aber auch Menschen, die daran nicht teilnahmen, sondern im eigenen Ofen ihr eigenes Brot selbst herstellten. Sie waren im Wortsinn «Eigenbrötler».

Im 16. und 17. Jahrhundert hat man auch die bessergestellten Bewohner eines Hospitals (damals im Sinne von Pflege- oder Altenheim) Eigenbrötler genannt. Sie waren als Selbstzahler in diese Einrichtung untergebracht und aßen also sinngemäß ihr eigenes Brot. Sie waren nicht auf Almosen angewiesen und genossen diverse Privilegien. Ihr Verhältnis zu den anderen Bewohnern war oft sehr distanziert und wenig kommunikativ, insofern waren auch sie typische Eigenbrötler.

Jemandem etwas einbrocken

Wenn man sich oder anderen etwas «einbrockt», dann bringt man jemanden in Schwierigkeiten, man begeht einen Fehler und verursacht dadurch eine unangenehme Situation.

Die Redewendung hat ihren Ursprung in den früheren Essgewohnheiten der einfachen Leute. Suppe mit Brot war in diesen Kreisen eine weitverbreitete Mahlzeit, wobei die Suppe oft von allen aus einer gemeinsamen Schüssel gelöffelt wurde. Das Brot allerdings hat jeder selbst in die Suppe gegeben, und zwar in Form kleiner Brocken – er hat es sich also selbst eingebrockt.

Danach hat jeder sein Brot dann auch wieder aus der Schüssel herausgeholt und gegessen – jeder musste also das, was er sich eingebrockt hatte, auch wieder auslöffeln.

Jemanden einbuchten

Wortwörtlich «buchtet» man etwas ein, wenn man eine Delle hineinmacht oder es verbeult. Weit häufiger wird das Verb «einbuchten» aber in einer anderen Bedeutung verwendet. Dann bedeutet es, dass jemand interniert oder ins Gefängnis gebracht wird.

Das Wort «Bucht» hat seinen Ursprung im Niederdeutschen, also im Plattdeutschen. Es bezeichnet eine Biegung, eine Krümmung oder eine Abzweigung. So erklärt sich zum Beispiel die Bezeichnung «Bucht» für bogenartig in das Inland hineinragende Meeresteile wie die Deutsche Bucht an der Nordseeküste oder die Lübecker Bucht an der Ostsee.

Aber es gibt im Niederdeutschen noch eine weitere Bedeutung des Wortes «Bucht», nach der man einen Verschlag, einen kleinen Stall oder einen abgeteilten kleineren Raum so bezeichnet. In alten Bauernhäusern gingen von der Diele seitlich kleine Viehställe – eben besagte Buchten – ab, und noch heute sind in der Landwirtschaft Bezeichnungen wie «Schweinebucht» oder «Einzelbucht», etwa für Schafe oder Kälber, durchaus üblich. Das wiederum erklärt die Redewendung: Wenn man jemanden einbuchtet, dann bringt man ihn in einen kleinen, abgeschlossenen Raum – wobei es sich heute zum Glück um eine gepflegte Gefängniszelle handelt und nicht um einen muffigen kleinen Stall …

Eingefleischt sein

Ein Mensch, der in irgendeiner Form «eingefleischt» ist, glaubt an seine Überzeugung und lässt sich nicht davon abbringen. Egal, ob es eine politische Überzeugung ist, eine Weltanschauung oder die Frage, ob die Beatles oder die Rolling Stones besser waren: Wer eingefleischt ist, hat seine feste Meinung und wird ihr voraussichtlich immer treu bleiben.

Eingefleischt ist die Übersetzung des lateinischen Wortes «incarnatus», das wörtlich «fleischgeworden» heißt und als Beschreibung der Eigenschaft von Jesus Christus verwendet wird, denn er gilt ja als der mensch-, also fleischgewordene Sohn Gottes. In diesem Sinne ist die Formulierung «eingefleischt» dann ins Deutsche übernommen worden.

Ein Plan, eine Begeisterung, eine Überzeugung existiert zunächst einmal nur in der Welt der Ideen und des Geistes – aber wenn ein Mensch sie ganz und gar für sich übernimmt, dann geht sie quasi in ihn über und wird real, sie wird zu Fleisch. So wird man etwa zum eingefleischten Bayern-München-Fan oder vielleicht sogar zum eingefleischten Vegetarier, falls so etwas überhaupt möglich ist.

Eine eng verwandte Redewendung wird dann gebraucht, wenn einem Menschen eine Gewohnheit oder auch eine bestimmte Fähigkeit (oftmals durch häufige Wiederholung) zur blinden Routine geworden ist. Dann sagt man: Es ist ihm in Fleisch und Blut übergegangen.

Es geht ans Eingemachte

Wenn es «ans Eingemachte geht», dann werden die letzten Reserven angegriffen, es geht an die Substanz. Manchmal drückt man damit aber auch aus, dass es im übertragenen Sinne um das Wesentliche einer Sache geht.

Einkochen oder auch Einwecken sind Methoden, mit denen man früher in den Haushalten Fleisch, Gemüse und vor allem Obst und Marmelade haltbar gemacht hat. Die Lebensmittel wurden erhitzt und dann in sogenannten Einmach- beziehungsweise Weckgläsern (benannt nach einem der Hersteller) luftdicht verschlossen und konserviert. Mitte des letzten Jahrhunderts ist diese Methode dann fast ausgestorben. Doch sie erlebt zurzeit ein Comeback: Anfang des 21. Jahrhunderts wurde rund die Hälfte der in Deutschland verzehrten Marmelade wieder selbst hergestellt und eingemacht.

In Zeiten, als es noch keine Obst- und Gemüseimporte aus dem Ausland und keine Tiefkühltechnik in den Haushalten gab, war das eigenständige Konservieren von Lebensmitteln eine echte Lebensnotwendigkeit, vor allem um über den Winter zu kommen. Diese Konserven waren eine eiserne Reserve, und wenn man die angreifen musste, dann war Not am Mann, dann ging's wirklich ans Eingemachte.

Etwas ergattern

Wer etwas «ergattert», besorgt sich eine Sache auf schlaue, pfiffige und manchmal auch auf etwas unkorrekte Weise.

Früher durfte das sogenannte fahrende Volk einen Bauernhof nicht betreten. Bettler, Landstreicher und reisende Händler mussten draußen bleiben, man hat ihnen mit einer Absperrung, einem Zaun, also einem Gatter, den Zutritt verwehrt. Ein Austausch mit der sesshaften Landbevölkerung fand nur statt, wenn zum Beispiel Bettler ihre Almosen durch diese Absperrung gereicht bekamen. Auch andere Geschäfte konnten Menschen, die zu diesen Randgruppen der Gesellschaft gehörten, nur durch dieses Gatter abwickeln. Und deswegen spricht man auch heute noch davon, dass man sich irgendetwas «ergattert» hat.

Erlkönig

«Erlkönig» nennt man Automodelle, die noch vor der Markteinführung stehen und zu Testzwecken auf den Straßen unterwegs sind.

Alle Autohersteller versuchen, das genaue Aussehen neuer Modelle vor deren offizieller Präsentation geheim zu halten. Auf der anderen Seite sind Fotojournalisten ständig auf der Jagd nach solchen Vorserienmodellen und versuchen sie zu enttarnen.

Im Juli 1952 wurden dem Magazin *auto motor und sport* Fotos zugespielt, die den damals neuen Mercedes 180 zeigten, und die Redaktion plante in der Tat, diese Bilder auch zu veröffentlichen. Das hatte es vorher noch nie gegeben, und es stellte eine unerhörte Frechheit gegenüber der Autoindustrie dar – daher wollte man sie durch eine freundlich-nette Bildunterschrift entschärfen. So wurden die ersten Zeilen der berühmten Ballade vom Erlkönig von Goethe passend auf Autos umgeschrieben: «Wer fährt so spät durch Regen und Wind, ist es Daimlers jüngstes Kind?» Seither bezeichnet man getarnte, neue Automodelle als Erlkönige.

Auf großem Fuß leben

Roter Faden

Kalte Füße bekommen

Sein Fett wegbekommen oder -kriegen

Nicht lange fackeln

Flöten gehen

Stehenden Fußes

Nicht lange fackeln

Wer «nicht lange fackelt», der zögert nicht und wartet nicht ab, sondern beginnt sofort damit, ein Vorhaben umzusetzen.

Schon im 14. Jahrhundert beschrieb man mit dem Wort «vackelen», dass etwas lichterloh brannte wie eine Fackel. Weil eine Fackel aber auch ein unruhiges und flackerndes Licht gibt, hieß «vackelen» auch, dass etwas unstet hin und her schwankt. Schließlich kam, kaum zu glauben, aber wahr, noch eine dritte Bedeutung hinzu, im Sinne von Späße machen oder Unsinn treiben.

Wenn wir heute nicht lange fackeln, dann bedeutet das demzufolge: Wir haben weder Zeit für ein langes Hin und Her, noch steht uns der Sinn nach Späßen, jetzt ist Schluss mit lustig, jetzt wird Ernst gemacht.

Roter Faden

Der «rote Faden» in einer Geschichte, in einem Film, in einer Rede oder auch in einem Geschehen ist ein thematischer Grundgedanke, der immer wieder zum Vorschein kommt und das Ganze wie ein Leitmotiv durchzieht.

Dass diese Formulierung populär geworden ist, geht zurück auf einen einzelnen Mann, und zwar nicht auf irgendeinen, sondern auf den Dichterfürsten Goethe persönlich. Er hat sie in seinem Roman *Die Wahlverwandtschaften* von 1809 gebraucht und auch selbst erklärt, wie er darauf gekommen ist: Alle Taue und Seile bei der britischen Marine enthielten einen innen eingesponnenen roten Faden, der das gesamte Material durchzog. So waren die Taue immer als Eigentum der königlichen Flotte zu erkennen.

Dieser rote Faden aus der Schifffahrt ist also nicht zu verwechseln, mit dem Faden, den man verlieren kann, etwa bei einer Rede. Diese Redewendung bezieht sich auf die griechische Mythologie: Hier übergab Ariadne ihrem Geliebten Theseus einen Faden, mit dessen Hilfe er den Weg aus einem finsteren und gefährlichen Labyrinth finden konnte. (Vgl. Dr. Wort, *Klappe zu, Affe tot*, S. 61)

Sein Fett wegbekommen oder -kriegen

Wenn jemand sein «Fett wegbekommt» oder «wegkriegt», dann ist damit keine erfolgversprechende Diät gemeint, stattdessen wird jemand ausgeschimpft oder erhält eine empfindliche, aber auch gerechtfertigte Strafe.

Früher ist es üblich gewesen, dass das Familienoberhaupt nach Hausschlachtungen Fett und Fleisch verteilt hat, und zwar an alle Familienmitglieder. Jedem stand dabei eine recht genau bemessene Menge zu, sodass die Formulierung entstand «jemand kriegt *sein* Fett weg», also das, was ihm zusteht. Später hat man diese Redeweise dann ironisch verdreht und den Sinn verändert. Jetzt galt: Wenn jemand Mist gebaut hatte, dann stand ihm eine Strafe zu, und so kriegte auch er «sein Fett weg».

Wenn jemand bei der Fettverteilung seinen Anteil an Fett bekommen hatte, sprach man früher auch davon, dass derjenige «geschmiert wurde». Und auch in diesem Fall fand später diese ironische Verdrehung im Sinne einer Bestrafung statt. Wenn man jemandem eine Backpfeife gegeben hatte, sagte man: «Dem habe ich eine geschmiert.»

Jemanden feuern

Jemand wird von seiner Arbeitsstelle «gefeuert», wenn er sehr kurzfristig oder sogar fristlos und oft ohne Angabe von Gründen entlassen wird.

Das Verb «feuern» macht auf anschauliche Weise klar, wie dramatisch und schnell eine solche Kündigung vor sich geht.

Die Formulierung ist eine direkte Übernahme aus dem Englischen, wo das Prinzip des *«hire and fire»* («anheuern und feuern») in der Arbeitswelt häufiger angewendet wird. Vor allem in Nordamerika wird kurzfristig eingestellt und genauso unvermittelt wieder entlassen. Mit dem deutschen Arbeitsrecht ist das Hire-and-fire-Prinzip nicht so leicht vereinbar, deswegen muss hierzulande ein arbeitsrechtlicher Konflikt schon länger brennen oder zumindest glimmen, bevor jemand wirklich gefeuert wird.

Floskel

«Floskeln» sind nichtssagende Aussagen ohne echten Inhalt. Aber auch eigentlich zutreffende Bemerkungen oder Zitate können durch ständige Wiederholung zur Floskel werden, etwa im Fußball: «Der Ball ist rund, und ein Spiel dauert 90 Minuten.»

Im antiken Rom war es undenkbar, eine öffentliche Rede zu halten, ohne sie mit originellen Wortspielen, witzigen Elementen oder kunstvollen Formulierungen anzureichern. Eine solche sprachliche Verzierung wurde *«flosculus»* genannt, auf Deutsch «Blümchen».

Diese Sprachblumen waren zwar unterhaltsam, allerdings nicht immer eindeutig zu verstehen und wenig konkret. Im schlimmsten Fall waren sie absolut sinnfrei. Hier liegt der Ursprung für unser Wort «Floskel».

Auch in einer anderen Redensart haben die sprachlichen Blumen überlebt: Wenn wir jemandem etwas nicht direkt und konkret sagen wollen, dann sagen wir es ihm durch die Blume – wenn wir es aber knallhart und geradeheraus tun, dann sagen wir es ihm ganz unverblümt.

Flöten gehen

Wenn etwas «flöten geht», dann verschwindet es oder geht verloren.

Zur Herkunft dieser Formulierung existieren unzählige Theorien. So wird zum Beispiel der Rattenfänger von Hameln als Ursprung genannt, der zuerst die Ratten und später die Kinder mit seinen Flötentönen aus der Stadt verschwinden ließ. Andere leiten die Redewendung aus dem Jiddischen oder Rotwelschen ab. Und neben diesen beiden sind noch viele weitere Vermutungen in Umlauf.

Eine dieser Herleitungen ist etwas schräg und auch leicht ordinär, aber sehr plausibel: In den 1920er Jahren hieß «flöten gehen» auch, dass ein Mann zum Wasserlassen ging, was wiederum darauf zurückgeht, dass der männliche Penis schon seit Jahrhunderten unter anderem als Flöte bezeichnet wird. Kein Wunder, dass es schon im 17. Jahrhundert in Holland die Redewendung *«weggaan om te fluiten»* gab, was so viel heißt wie «zum Pinkeln weggehen». Anders gesagt: Wenn ein Mann das Bedürfnis verspürte, sich in diesem Sinne zu erleichtern, verschwand er zunächst einmal aus der Gemeinschaft: Er war flöten gegangen.

Auch in der heutigen Jugendsprache sind diese Zusammenhänge noch präsent: Wenn hier jemand aufgefordert wird zu verschwinden, also flöten zu gehen, dann heißt es schlicht und ergreifend: «Ey Alter, verpiss dich!»

Auf großem Fuß leben

Wer «auf großem Fuß lebt», der lebt im Überfluss und verfügt über viel Geld, das er verprassen kann. Häufig wird die Redewendung auch auf Leute angewendet, die zwar einen aufwendigen Lebensstil pflegen, ihn sich aber eigentlich gar nicht leisten können.

Manchmal gibt es Redewendungen, die nachweislich auf eine einzige Person zurückgehen, und so ist es auch bei dieser Formulierung. Im 12. Jahrhundert lebte in Frankreich der Graf von Anjou, und der hatte erhebliche Probleme mit missgestalteten und schmerzenden Füßen. Deswegen ließ er sich große schnabelförmige Spezialschuhe anfertigen, um den Makel zu verbergen. Von diesen Riesentretern abgesehen, soll er aber ein Vorbild an Eleganz gewesen sein, sodass diese Schnabelschuhe dann irgendwann zum Modetrend für die gesamte europäische Bevölkerung geworden sind.

Ihren Höhepunkt hat diese Entwicklung im 14. Jahrhundert erreicht, als die Größe der Schuhe zum Maßstab für den gesellschaftlichen Rang einer Person wurde. Und das wurde sogar durch penible Vorschriften geregelt. Die Schuhe von Fürsten durften zum Beispiel zweieinhalb Fuß lang sein, die eines Ritters anderthalb und die eines Normalbürgers nur einen Fuß. Nur die Oberschicht durfte also wirklich auf großem Fuß leben.

Nach einer anderen Theorie ist der Fuß hier allerdings eher als Sinnbild für die Gesamtperson zu sehen, die großen Aufwand in der Lebensführung betreibt.

Stehenden Fußes

Wenn etwas «stehenden Fußes» geschieht, dann geschieht es sehr schnell und unmittelbar als Reaktion auf einen bestimmten Vorgang, häufig handelt es sich um eine Verurteilung.

Wenn man im Mittelalter vor Gericht stand und mit einem Urteil nicht einverstanden war, musste man dieses Urteil sofort anfechten. Man konnte also nicht erst nach Hause gehen und sich die Sache in Ruhe überlegen. Nein, der Widerspruch musste direkt eingelegt werden, an der Stelle, wo man stand, also «stehenden Fußes».

Noch eine andere Redewendung hat dieselbe Bedeutung und denselben Hintergrund. Auf der Straße oder im Park kann man häufig den Befehl hören: «Auf der Stelle kommst du her!» Meistens von Hundehaltern, die versuchen, ihre vierbeinigen Freunde zurückzubeordern. Eigentlich ein Ding der Unmöglichkeit: Wer stehenden Fußes auf der Stelle bleibt, kann unmöglich herkommen. Trotzdem meint man das Gegenteil: Hierher, und zwar sofort, jetzt, schnell, zack, zack!

Kalte Füße bekommen

«Kalte Füße» hat jemand bekommen, der sich etwas vorgenommen hat, es dann aber nicht ausführt und aus dem Vorhaben aussteigt, weil er sich unwohl dabei fühlt oder Angst bekommen hat.

Diese Redewendung stammt aus der Welt der Zocker und Kartenspieler. Illegale Pokerrunden und andere Glücksspiele fanden früher häufig in dunklen und kalten Kellerräumen statt. Diese Kälte wurde dann oft als Vorwand benutzt, wenn jemand aus dem laufenden Spiel aussteigen wollte. «Ich habe kalte Füße bekommen und muss mich mal kurz aufwärmen», hieß es dann. Das klang plausibel und einleuchtend, auch wenn der betreffende Spieler womöglich gar nicht vorhatte, an den Spieltisch zurückzukehren, sondern mit seinem bisherigen Gewinn heimlich verschwinden wollte.

G

Der Gelackmeierte sein

Geil

(Gut) gewappnet sein

Ach du liebe Güte

Gang und gäbe

Jemandem den Garaus machen

Dran glauben müssen

Gang und gäbe

«Gang und gäbe» ist etwas, was allgemein üblich ist, als normal gilt und ohne Bedenken gemacht werden kann.

Die Formulierung «gang und gäbe» hat durch die unseligen Rechtschreibreformen der letzten Jahre zu totaler Konfusion geführt: Wie schreibt man denn nun dieses «gäbe»? Sowohl der Duden als auch andere Fachpublikationen sagen eindeutig: Mit «a-Umlaut», also mit «ä».

Mit dem ersten Teil dieser Redewendung – «gang» – wurde früher eine Währung bezeichnet, die gültig war, sie war im «Umgang», sie war «gängig».

Der zweite Teil des Stabreims ist das besagte mittelhochdeutsche Wort «gäbe». Es bedeutete so viel wie angenehm, anerkannt, in Ordnung, gebräuchlich. Beide Wörter spielen heute keine Rolle mehr in der deutschen Sprache, nur in dieser Redewendung haben sie überlebt.

Jemandem den Garaus machen

«Jemandem den Garaus machen» ist eine Umschreibung dafür, jemanden zu ermorden, zu töten, umzubringen.

Im 15. Jahrhundert wurde in den Gaststätten in Süddeutschland die Polizeistunde mit dem Ruf «Gar aus!» angekündigt. Das hieß nichts anderes als: «Jetzt gibt's nichts mehr, mit der Trinkerei ist es jetzt völlig aus, es ist gar aus!» Der Garaus war also zunächst einmal eine alltägliche und recht harmlose Sache. Seine heutige mörderische Bedeutung hat er erst später bekommen, im Sinne von: Es ist gar aus, es ist zu Ende für jemanden.

Laut Duden existiert das merkwürdige Wort «Garaus» außerhalb der Redewendung nur noch ein einziges Mal in der deutschen Sprache, und zwar als Bezeichnung für eine krautartige Pflanze, die sich moralisch auch nicht gerade einwandfrei verhält: Das Kraut Garaus lebt als Halbschmarotzer, entzieht anderen Pflanzen die Nährstoffe und macht ihnen auf diese Weise den Garaus.

Geil

Das Wort hat heute die Bedeutung von «sexuell erregt». Es wird aber auch ganz allgemein im Sinne von «klasse», «toll», «super», «hervorragend» benutzt.

Dieses Wort hat eine lange und abwechslungsreiche Geschichte hinter sich. Im 12. Jahrhundert war etwas «geil», wenn es kräftig und üppig, aber auch fröhlich und lustig war. Im 15. Jahrhundert bekam das Wort dann langsam seine sexuelle Bedeutung. Nun bezeichnete man schnell hochschießende Triebe von Pflanzen als geil. Und noch vor 50 Jahren konnte es vorkommen, dass Mutti nach einem Blick auf die Fensterbank in aller Unschuld gesagt hat: «Oh, diese Pflanze ist ja wirklich geil», worauf der jugendliche Nachwuchs leicht irritiert reagierte.

In den 1970er Jahren hat sich das Wort schließlich in der Jugendsprache durchgesetzt und noch einmal eine Bedeutungsveränderung erfahren. Jetzt war nicht mehr nur der Zustand sexueller Erregung «geil», sondern attraktive Mädchen oder Jungs wurden «geile Typen» beziehungsweise «geile Alte» genannt. Im weiteren Verlauf stand «geil» dann nicht nur für (sexuelle) Attraktivität, sondern auch für «super», «sehr gut» oder «hervorragend» im Allgemeinen. «Geil» war sozusagen alles, was lobenswert war. Und das ist bis heute so geblieben. 2004 besang die Popgruppe Juli eine *Geile Zeit*, und es werden immer wieder neue Kombinationen erfunden. Seit einigen Jahren ist zum Beispiel ein neuer Ausdruck von Bewunderung beliebt, der als rhetorische Frage formuliert wird: «Wie geil ist das denn?»

Der Gelackmeierte sein

Der «Gelackmeierte» ist jemand, der übertölpelt, übervorteilt oder getäuscht worden ist.

Der Lack oder die Lackierung spielt in deutschen Redewendungen sowohl eine positive als auch eine negative Rolle. Einerseits kann man Dinge und Menschen mit Lack verschönern. Verlieren sie ihr gutes Aussehen, dann sagen wir: «Der Lack ist ab.»

Häufig wird der Lack aber auch mit einem negativen Unterton verwendet: Dann wird eine minderwertige Sache oberflächlich beschönigt und übertüncht, wie etwa im Fall des Lackaffen, der ein ziemlich dummer Mensch ist, sich aber elegant kleidet.

Der Nachname «Meier» steht bei dieser Redewendung für den häufigsten aller deutschen Nachnamen. Er symbolisiert den Durchschnittsmenschen, und wenn so jemand auf einen oberflächlich lackierten Mist hereingefallen ist, dann ist er der Angeschmierte, der Trottel, der Gelackmeierte.

(Gut) gewappnet sein

Wer gut «gewappnet» ist, der ist ausreichend geschützt und auf eine mögliche Gefahr bestens vorbereitet.

Im Mittelalter hieß die Waffe eines Menschen «Wappen». Später hat sich dieses Wort dann quasi aufgeteilt, es gab «Wafen» und «Wappen». Als «Wappen» hat man dann Symbole oder farbige Darstellungen bezeichnet, die bei Turnieren auf Schilden oder Fahnen gezeigt wurden. Und «Wafen» waren die tatsächlichen Waffen, mit denen man gekämpft hat. Allerdings hat die alte Bedeutung von Wappen in der heute noch üblichen Redewendung überlebt: Gut gewappnete Menschen sind auch heute noch schlicht gut bewaffnet.

Dran glauben müssen

Wenn früher jemand «dran glauben musste», dann ist er gestorben. Heute kann die Redensart auch bedeuten, dass jemand Pech gehabt hat, zum Beispiel für eine unangenehme Aufgabe ausgewählt wurde.

In früheren Jahrhunderten war man fest davon überzeugt, dass auch überzeugten Atheisten am Ende ihres Lebens keine andere Wahl bleibt, als an die Existenz Gottes zu glauben. Denn selbst wer sein Leben lang bestritten hat, dass es Gott gibt, muss ja spätestens dann, wenn er ihm beim Jüngsten Gericht persönlich gegenübersteht, anerkennen, dass es ihn eben doch gibt. Er «muß dran glauben», ob er nun will oder nicht. Eigentlich bedeutet die Redewendung also: «An Gott glauben müssen.»

Ach du liebe Güte

Man gebraucht diese Redewendung, wenn man sehr überrascht, erschrocken oder verwundert ist.

Diese Formulierung ist sehr alt und wurde schon im 16. Jahrhundert gebraucht. Hervorgegangen ist sie aus der Anrufung Gottes, wenn man erschrocken oder ängstlich war, nach dem Motto «oh Gott» oder «mein lieber Gott». Aber das Wort «Gott» war für gläubige Christen tabu und durfte in diesem Zusammenhang nicht ausgesprochen werden. So wurde es ersetzt durch einen sogenannten verhüllenden Euphemismus: Aus «mein Gott» wurde «meine Güte».

Auch der Himmel wurde als Ersatz für das Wort «Gott» eingesetzt (siehe auch «jemanden anhimmeln», S. 15), weswegen wir heute die freie Auswahl haben, wenn wir erschrecken. Wir können sagen: «Ach du lieber Gott», «Ach du liebe Güte» oder «Ach du lieber Himmel».

Hedwig

Alter Hase

Wissen, wo der Hase im Pfeffer liegt

Wissen, wie der Hase läuft

Vom Hundertsten ins Tausendste kommen

Im siebten Himmel sein

Hosenstall

Hasenbrot

Holland in Not

Keinen Hehl aus etwas machen

Hundemüde sein

Dicker Hund

Jacke wie Hose

Hopfen und Malz sind verloren

«Hamburger Sie», «Münchener du» und «Berliner wir»

Jemanden sticht der Hafer

«Hamburger Sie», «Münchener du» und «Berliner wir»

Ob man sich lieber «duzt» oder beim distanzierteren «Sie» bleibt, ist in vielen Fällen eine Frage des persönlichen Geschmacks oder Stils. Aber es gibt auch regionale Vorlieben in Deutschland und interessante Sonderformen bei der Anrede.

Es gibt zum Beispiel das sogenannte «Hamburger Sie». Das ist eine hanseatisch noble Form der Anrede, die besonders in der Hamburger Oberschicht und bei Politikern wie dem Exbundeskanzler Helmut Schmidt beliebt ist. Man nennt jemanden zwar beim Vornamen, siezt ihn aber ansonsten: «Michael, ich möchte Ihnen herzlich zum Geburtstag gratulieren.»

Das Gegenstück dazu ist das «Münchener du». Hier sagt man gern, etwa im Büro: «Herr Mayer, kannst du bitte mal das Fenster zumachen?»

Noch flapsiger ist das «Berliner du». Hier lässt man die Anrede Herr oder Frau einfach weg und sagt nur: «Mayer, machste mal det Fenster zu?» Und in der U-Bahn zum Beispiel kann man manchmal eine ganz besondere Form der Ansprache hören, wenn der Kontrolleur zum Fahrgast sagt: «Na, ham wa denn den jültigen Fahrausweis dabei?» Diese Form der Anrede nennt man – logisch – das «Berliner wir».

Fast ausgestorben ist heute die extremste Form der Berliner Anrede: das sogenannte «Erzen». Es war früher üblich in Gesprächen mit rangniederen Personen und klingt heute wie ein Relikt aus dem Preußentum des 18. Jahrhunderts: «Na, hat er denn die Fahrkarte dabei?»

Jemanden sticht der Hafer

Wen «der Hafer sticht», der verhält sich frech, dreist oder übermütig.

Die Redewendung vom «stechenden Hafer» taucht schon im 17. Jahrhundert in schriftlicher Form auf, und zwar unter anderem in dem berühmten 1669 erschienenen Roman *Der abenteuerliche Simplicissimus Teutsch* von Hans Jakob Christoffel von Grimmelshausen.

Hafer gilt als hervorragendes Kraftfutter für Pferde. Er ist gut verdaulich, gibt den Tieren schnell Energie und macht sie leistungsbereit – aber da liegt auch schon der Haken bei der Sache: Wenn man zu viel Hafer füttert, also zu viel Energie zuführt, kann es dazu kommen, dass die Pferde sehr unruhig werden, schwer zu handhaben und völlig überdreht sind. Fachleute raten deshalb dazu, die Haferrationen immer genau mit dem Energieverbrauch des Tieres abzustimmen, also einem kaum geforderten Freizeitpferd entsprechend weniger Hafer zu geben als einem Hochleistungsvollblut.

Alter Hase

Wenn jemand ein «alter Hase» ist, dann ist er sehr erfahren und kennt sich gut aus. Es ist aber weniger die allgemeine Lebenserfahrung gemeint, als das Know-how im Beruf oder auf einem bestimmten Sachgebiet.

Kein Mensch würde auf die Idee kommen, jemanden einen alten Adler, alten Elefanten oder alten Eisbären zu nennen.

Diese Tiere kennen keine Fressfeinde, und das Altwerden gehört zu ihrem natürlichen Lebenszyklus. Anders sieht die Sache bei Hasen aus: Sie sind ihr Leben lang gefährdet durch Füchse, Marder, Katzen, Hunde und jede Menge Raubvögel.

Besonders von den Jungen überleben nur wenige das erste Jahr, weswegen Hasen sich auch entsprechend rasant mit drei bis vier Würfen im Jahr vermehren. Dass ein freilebender Hase sein mögliches Höchstalter von rund zwölf Jahren wirklich erlebt, ist extrem unwahrscheinlich. Ein wirklich alter Hase ist deswegen etwas Besonderes, er kennt mit Sicherheit alle Tricks zum Überleben, er muss sich in seinem bisherigen Leben ziemlich clever angestellt haben, und ihm kann niemand mehr etwas vormachen.

Wissen, wo der Hase im Pfeffer liegt

Wer weiß, wo «der Hase im Pfeffer liegt», der weiß genau, wie etwas zu machen ist, worin der Kern eines Problems besteht, wo die wahre Ursache für etwas liegt.

Schon im 13. Jahrhundert taucht der im Pfeffer liegende Hase auf, und die Formulierung scheint zunächst darauf hingewiesen zu haben, dass Hasen Tiere sind, die sich nahezu perfekt zu tarnen und verstecken wissen. Wer also wusste, wo der Hase lag, der hatte den Durchblick und hatte ein Problem durchschaut.

Es gab aber auch eine zweite Bedeutung, und die bezog sich nicht auf einen pfiffigen Hasen, sondern auf einen toten, der in einer gepfefferten Sauce serviert wurde, damals ein beliebtes Mittagsmenü. In dieser Version bezog die Redewendung sich auf jemanden, der zum Opfer geworden war, definitiv nicht mehr zu retten, wie der Hase auf dem Küchentisch.

In den nächsten Jahrhunderten haben sich diese beiden eigentlich völlig verschiedenen Bedeutungen miteinander vermischt, und heute ist der Hase im Pfeffer nur noch ein Symbol für den Kern einer Sache oder eines Problems.

Wissen, wie der Hase läuft

Wer weiß, «wie der Hase läuft», kennt sich mit einer Sache sehr gut aus, lässt sich nicht austricksen und weiß wirklich genau Bescheid.

Hasen sind perfekt angepasste Fluchttiere, die für ihren Einfallsreichtum bekannt sind. Wenn sie einen Verfolger abschütteln wollen, kommt ein ganzes Arsenal überraschender Tricks und Finten zum Einsatz. Dazu gehören unter anderem plötzliche Richtungsänderungen, also das berühmte Hakenschlagen. Insgesamt kann man ihren Laufstil auf der Flucht als äußerst verwirrend und unkonventionell bezeichnen. Wenn nun ein Jäger wirklich weiß, wie der Hase läuft, dann ist er ein echter Fachmann und lässt sich auf seinem Gebiet nichts vormachen.

Hasenbrot

Als «Hasenbrote» werden in vielen Familien Butterbrote bezeichnet, die man unberührt von einem Ausflug, von der Arbeit oder aus der Schule wieder mit nach Hause bringt.

Es gibt hin und wieder die Vermutung, dass diese Bezeichnung darauf zurückgeht, dass man früher alte Butterbrote, die vielleicht schon etwas trocken waren, den Kaninchen und Hasen überlassen hat. Aber es existieren zu viele regional verschiedene Varianten eines anderen ‹Rituals›, das es in deutschen Familien einmal gegeben hat und mit dem sich die Herkunft überzeugender klären lässt.

Wenn Väter von der Arbeit zurückkamen und die Butterbrote wieder mitbrachten, die sie am Morgen eingesteckt hatten, erzählten sie den Kindern die Geschichte von dem Hasen, den sie eingefangen und dem sie die Brote für sie abgenommen hatten. (Je nach Region hat der Hase die Brote für die Kinder sogar freiwillig hergeschenkt.) Viele Kinder mochten diese im Tagesverlauf schön durchgezogenen Butterstullen ganz besonders und haben der Geschichte vom Hasenbrot immer wieder gern gelauscht, während sie die Hasenbrote mümmelten.

Der berühmte Schriftsteller Hoffmann von Fallersleben, immerhin der Verfasser des Textes der deutschen Nationalhymne, hat auch das Hasenbrot unsterblich gemacht, und zwar in einem Kindergedicht, dessen letzte Strophe lautet:

«Das trockne Brot, das schmeckt gar gut,
Denn wie mein Vater sagt,
So hat er's auf dem Felde
Dem Hasen abgejagt.»

Hedwig

Der «Hedwig» (und nicht etwa *die* Hedwig!) ist ein süßes Gebäck aus Weizenmehl, Milch Zucker, Margarine, Hefe, Backmalz, Salz und Rosinen.

Das Wort hat seinen Ursprung höchstwahrscheinlich im Bremer Raum, ist aber heute in weiten Teilen Niedersachsens und ganz Norddeutschlands verbreitet. Ausgangspunkt ist der niederdeutsche Begriff «hede weggen», also «heiße Wecken». Diese Heißwecken sind früher im Norden eine weitverbreitete Fastenspeise gewesen, wobei die warmen Semmeln häufig mit heißer Butter oder Milch übergossen wurden.

Interessanterweise heißen in Norddeutschland aber nur die süßen Brötchen mit Rosinen Hedwig – die ohne Rosinen heißen ganz unromantisch Milchbrötchen.

Keinen Hehl aus etwas machen

Wer «keinen Hehl aus etwas macht», der gibt etwas unumwunden zu und verheimlicht nichts.

Der «Hehl», der in dieser Redensart nicht gemacht wird, geht auf das althochdeutsche Wort «helan» zurück, das so viel bedeutet wie etwas verbergen oder verstecken. Daraus ist unter anderem auch der Hehler hervorgegangen, der Diebesgut versteckt, um dann damit zu handeln. Aber auch Wörter wie «Helm», «Hülle», «Hülse» oder «Halle» haben ihre Wurzeln im Althochdeutschen «helan», denn in all diesen Dingen kann etwas verborgen oder versteckt sein. Wenn aber nun jemand völlig unverhohlen redet und somit «keinen Hehl aus etwas macht», dann ist das Gegenteil der Fall: Er versteckt nichts, sondern ist offen und ehrlich.

Im siebten Himmel sein

Wer sich wie «im siebten Himmel» fühlt, ist wunschlos glücklich. Im Allgemeinen wird die Formulierung heute für den Zustand totaler Verliebtheit verwendet.

Die Vorstellung, dass es einen siebten Himmel gibt, ist uralt. Sie wird schon im Talmud, einem der wichtigsten Werke des Judentums, beschrieben. Von dort hat sie Eingang in den Koran gefunden und sich anschließend weit verbreitet.

Der siebte Himmel ist der oberste, der wichtigste Himmel – er ist der Ort des höchsten Gerichts und der Gerechtigkeit, hier befindet sich der Schatz des Lebens, des Friedens und des Segens. Mit anderen Worten: Da ist ganz schön was los in diesem siebten Himmel, und weil sich im christlichen Glauben auch noch Gott mit seinen Engeln dort oben aufhält, gibt es kein größeres Glück, als in ebenjenem siebten Himmel zu sein.

Hopfen und Malz sind verloren

Wenn «Hopfen und Malz verloren sind», ist eine Sache gründlich schiefgegangen und endgültig gescheitert. Manchmal meint man damit auch einen Menschen, der unverbesserlich ist und nichts dazulernt: «Bei dem sind Hopfen und Malz verloren.»

Wenn es Charts gäbe, in denen die deutschen Redewendungen nach ihrer Beliebtheit aufgelistet wären, dann würden der Hopfen und der Malz, die verloren sind, weit vorn liegen. Diese Popularität erklärt sich daraus, dass das Bierbrauen früher auch in privaten Haushalten in ganz Deutschland verbreitet war und Hopfen und Malz nun mal die beiden wichtigsten Bierbestandteile sind. Lief beim privaten Brauen etwas schief, waren sie einfach futsch. Ein solcher Verlust von Hopfen und Malz war für den Bierbrauer der größte anzunehmende Unfall, quasi der Bier-Gau. Und genau deswegen findet man zum Beispiel auf den Maßkrügen in Bayern oft den frommen Wunsch: «Hopfen und Malz, Gott erhalt's.»

Holland in Not

Die Redewendung bedeutet, dass man in großer Bedrängnis oder Gefahr ist und kaum noch einen Ausweg weiß.

In den Niederlanden ist schon im 16. Jahrhundert eine Redensart aufgetaucht, in der Menschen verspottet werden, die wegen einer winzigen Kleinigkeit ein Riesentheater machen. Man sagte über so jemanden: «Wenn den ein Floh beißt, dann ist ganz Holland in Not.»

Aber Holland war ja tatsächlich immer gefährdet durch Deichbrüche, Überschwemmungen oder feindliche Besatzungen, und so ist aus der ursprünglich spöttischen Formulierung eine Redensart geworden, die wirklich eine Notsituation beschreibt.

Eng verwandt mit «Holland in Not» ist die Redewendung «Jetzt ist Polen offen». Sie stammt aus dem 18. Jahrhundert, als das geschwächte Polen nicht mehr imstande war, seine Grenzen gegen Angreifer zu sichern. Polen war tatsächlich wortwörtlich offen.

Und noch eine dritte eng verwandte Redensart wird bei uns häufig verwendet: «Noch ist Polen nicht verloren.» Wo sie herkommt, ist schnell zu klären: Mit diesem Satz beginnt die polnische Nationalhymne.

Hosenstall

Der «Hosenstall» ist die umgangssprachliche Bezeichnung für den Hosenschlitz, meistens bei Männern, der mit Knöpfen oder einem Reißverschluss geschlossen wird. Heute tragen auch Frauen Hosen, natürlich mit «Stall», auch wenn er bei ihnen keine andere Funktion hat, als das Anziehen der Hose zu ermöglichen.

Es gibt nur wenige stimmige Erklärungen für den «Hosenstall» oder auch kurz «Stall», wie er oft genannt wird. Mit einiger Wahrscheinlichkeit geht diese Bezeichnung aber auf die Sprache der Viehzüchter im 19. Jahrhundert zurück. Ein Bulle war für sie nicht nur ein anderes Wort für den Stier, sondern darüber hinaus auch speziell für den Penis dieses Tiers. Auf den Menschen übertragen, haben Männer also, bildhaft gesprochen, auch einen Bullen in der Hose. Und damit so ein relativ wildes, ungestümes und gefährliches Tier kein Unheil anrichten kann, muss es in einem soliden, sorgfältig verschlossenen Hosenstall untergebracht werden.

Hundemüde sein

«Hundemüde» fühlt man sich, wenn man extrem müde ist und dringend Schlaf braucht.

Hunde spielen in unseren Redewendungen und Sprichwörtern eine große Rolle, weil sie die ältesten Haustiere der Menschen sind und in engem Kontakt mit ihnen leben. Manchmal sind sie ein Symbol für Treue und Wachsamkeit, noch öfter tauchen sie aber im negativen Sinne auf, wie zum Beispiel bei «blöder Hund», «falscher Hund» oder «innerer Schweinehund». Und in manchen Redewendungen bedeutet das Wort «Hund» nichts weiter als «sehr», ohne inhaltlich noch etwas mit dem Haustier zu tun zu haben. Es handelt sich um eine sogenannte verstärkende Vorsilbe, die auch bei einigen anderen Haustieren in dieser Funktion angewendet wird: Es ist schweinekalt, heute herrscht eine Bullenhitze (siehe S. 36, wo solche verstärkenden Wortteile, die sogenannten Augmentativbildungen, erklärt werden), und so weiter.

Ein echter Fiesling ist sehr gemein, also hundsgemein, wer sich sehr schlecht fühlt, fühlt sich hundeelend, und wer sehr müde ist, der ist eben hundemüde.

Dicker Hund

Ein «dicker Hund» ist etwas, was sensationell ist, skandalös, unglaublich und unerhört.

Diese Redewendung ist eine von denjenigen, die auf längst vergangene Zeiten verweist und auf Zustände, die es in dieser Form nicht mehr gibt. Im Mittelalter konnten Hunde von dem vergleichsweise luxuriösen Leben ihrer heutigen Nachfahren nur träumen, oft lagen sie als Wachhunde angekettet draußen und führten ein Hundeleben im wahrsten Sinne des Wortes. Hochwertiges Hundefutter gab es noch nicht, von Hundepasteten und köstlichen Minifilets ganz zu schweigen. Von daher war es den Hunden früherer Jahrhunderte fast unmöglich, wirklich Fett anzusetzen. Ein dicker Hund war also wirklich eine Seltenheit und wurde deshalb zur Bezeichnung für eine Überraschung. Und das gilt bis heute – obwohl es inzwischen reichlich dicke Hunde gibt.

Vom Hundertsten ins Tausendste kommen

Wenn jemand vom «Hundertsten ins Tausendste» kommt, dann schweift er beim Reden vom Thema ab, verliert sich in Details, springt von einem Thema zum nächsten, sodass seine Aussagen insgesamt unzusammenhängend und wenig sinnvoll sind.

Wenn wir heutzutage etwas ausrechnen, dann tun wir das nach Adam Riese, eigentlich Adam Ries, der im 16. Jahrhundert das Rechnen revolutioniert und die heutige Zählweise eingeführt hat. Oder wir greifen einfach zum Smartphone und überlassen die lästige Arbeit der digitalen Technik.

Früher war das Ganze jedoch eine knifflige Angelegenheit: Im Mittelalter wurde in Deutschland noch mit römischen Zahlen gerechnet, also unter anderem mit dem «V» für die 5 und dem «X» für die 10. Einfache Rechenaufgaben haben mit diesen Symbolen ganz gut geklappt. Wenn es aber komplizierter wurde, musste ein Hilfssystem das Rechnen unterstützen. Das bestand, neben den sogenannten Rechenpfennigen, im Wesentlichen aus durch Linien abgegrenzten Bereichen auf einem Rechenbrett oder einem Rechentuch.

Eine Linie galt dabei für den Bereich der Zahlen bis fünf, weitere Linien markierten die Zehner, die Hunderter und die Tausender. Wenn also zum Beispiel sieben Rechenpfennige im Hunderterbereich lagen, war damit die Zahl 700 gemeint. Verrutschten sie aber durch eine Schusseligkeit in den Tausenderbereich, war die Rechnung falsch, zu nichts zu gebrauchen, denn man war vom Hundertsten ins Tausendste gekommen.

Jacke wie Hose

Die Redewendung bedeutet, dass etwas egal ist: «Ob du morgen vorbeikommst oder übermorgen, ist mir ‹Jacke wie Hose›. Es ist mir völlig gleich.»

Diese Formulierung erscheint zunächst einmal etwas unlogisch, denn Jacken und Hosen sind schon sehr unterschiedliche Kleidungsstücke, das merkt man spätestens, wenn man versucht, sich eine Jacke an die Beine zu knöpfen.

Um den Ursprung der Redewendung zu verstehen, muss man rund 400 Jahre zurückgehen, denn damals entstand ein neuer Modetrend. Es wurde chic, Jacken und Hosen aus dem gleichen Stoff zu tragen. Diese neuartigen Anzüge trugen in der Sprache der Schneider die Bezeichnung «Jacke wie Hose».

Und diese Moderevolution muss die Menschen so beeindruckt haben, dass sie die Formulierung aus der Schneidersprache als Redewendung übernommen haben.

Kaventsmann

Katzenwäsche

Mit Karacho

Kiosk

Kladderadatsch

Kohldampf haben

Etwas auf die eigene Kappe nehmen

Etwas kriegen

Kaffeekränzchen

Katzentisch

Klein beigeben

Köter und Töle

Kantersieg

Es regnet Katzen und Hunde

Karriere

Kiez

Alles Käse

Krökeln

Für die Katz

Die Kurve kratzen

Klipp und klar

Kulturbeutel oder Kulturtasche

Kaffeekränzchen

Mit einem «Kaffeekränzchen» ist im Allgemeinen ein mehr oder weniger regelmäßiges Zusammentreffen – meist von Frauen – bei Kaffee und Kuchen gemeint, bei dem es gemütlich zugeht und eher oberflächliche Gespräche geführt werden.

Schon im 16. Jahrhundert hat man solche regelmäßigen Zusammenkünfte von Frauen oder auch Paaren, bei denen die Aufgabe der Bewirtung reihum wechselte, als «Kränzchen» bezeichnet. Der Ausdruck geht auf den damaligen Brauch zurück, dass dem Mitglied ein Kränzchen aufgesetzt wurde, das beim nächsten Mal der Gastgeber sein sollte. Gern wurde in diesen Plauderrunden auch Kaffee getrunken, und so entstand um 1900 die Bezeichnung «Kaffeekränzchen».

Kantersieg

Von einem «Kantersieg» wird gesprochen, wenn ein Sportwettkampf von einer Partei mit besonders deutlichem Vorsprung gewonnen wird. Beim Fußball ist das im Allgemeinen der Fall, wenn der Sieger mindestens vier Tore mehr erzielt hat als die gegnerische Mannschaft.

Der Ursprung des «Kantersiegs» liegt in einem englischen Mordfall aus dem 12. Jahrhundert. Am 29. Dezember 1170 wurde der Erzbischof von Canterbury ermordet, woraufhin viele Pilger nach Canterbury geritten sind, um an seinem Grab zu trauern. Und diese Pilger sind offenbar in einem lockeren, leichten Galopp unterwegs gewesen, denn bald wurde die Bezeichnung «Canter» (oder eingedeutscht auch «Kanter») für genau diese entspannte, mühelose Gangart geläufig.

Wenn also bei einem Pferderennen ein Reiter lässig und mit großem Abstand gewonnen hatte, dann sagte man, sein Pferd sei in *Canterbury pace*, also Canterbury-Geschwindigkeit, gelaufen. Hier liegt der Ursprung des deutschen Kantersiegs. Auch hier wird der Gegner deklassiert, und zwar im lockeren Canterbury-Galopp.

Etwas auf die eigene Kappe nehmen

Wenn man «etwas auf die eigene Kappe nimmt», dann übernimmt man die Verantwortung dafür. Oft bedeutet die Redewendung auch, dass man etwas aus eigenem Antrieb, ohne Aufforderung tut.

Kappen waren früher Teile der Amtstracht, bei vielen Beamten und Richtern sind sie es heute noch. Sie dienten ähnlich wie bestimmte Hüte als Wahrzeichen der Herrschaft, als Feld- und Hoheitszeichen.

Und ähnlich wie bei diesen Hüten wurden auch Kappen sprachlich verarbeitet: In vielen Redewendungen standen sie bildhaft für den Kopf oder auch den ganzen Menschen. Deswegen geben wir zum Beispiel jemandem zur Strafe etwas «auf den Hut» oder «auf die Mütze». Und im Frankfurter Raum sagt man über jemanden, der geistig abwesend ist: «Der is' heute neben der Kapp'.» Er steht also quasi neben sich. Wer etwas «auf die eigene Kappe nimmt», der nimmt es also ganz freiwillig auf sich.

Mit Karacho

Was «mit Karacho» passiert, das passiert sehr schnell und rasant.

Wenn es um Schimpfwörter und Flüche geht, greifen wir Deutschen gern und häufig auf Begriffe aus der Welt der Verdauung und der Ausscheidungen zurück. In manch anderen Kulturen spielen beim Fluchen und Schimpfen hingegen die menschlichen Sexualorgane eine weit größere Rolle als bei uns.

Hier liegt auch der Ursprung des Karacho, denn es handelt sich um die eingedeutschte Schreibweise des spanischen Wortes *«carajo»*, einer vulgären Bezeichnung für den männlichen Penis. Während wir beim Fluchen sagen: «Scher dich zum Teufel!», sagt der Spanier: *«Vete al carajo!»* Man soll zum *carajo* verschwinden, und zwar schleunigst. Mit der Bedeutungsverschiebung auf das Tempo haben dann im 19. Jahrhundert Seeleute in Hamburg dafür gesorgt, dass Karacho seinen Weg in die deutsche Sprache gefunden hat.

Karriere

Unter einer «Karriere» versteht man im Allgemeinen die erfolgreich verlaufende Berufslaufbahn eines Menschen. Manchmal wird die Bezeichnung allerdings auch im negativen Sinn gebraucht, wenn jemand eine «Drogen-» oder «Knastkarriere» absolviert hat.

Preisfrage: Was hat die «Karriere» eines Menschen mit englischen Autos zu tun? Antwort: Eine ganze Menge. Der Begriff

«Karriere» wurde im 18. Jahrhundert aus dem Französischen übernommen, wo das Wort *«carrière»* eine Renn- oder Laufbahn bezeichnete.

Dessen Ursprung ist übrigens das lateinische Wort *«carraria»*, das so viel wie Straße oder Fahrbahn heißt. Und das wiederum leitet sich vom lateinischen *«carrus»* für Wagen ab. Daraus ist dann unsere deutsche Karre entstanden, genauso wie die englischen Autos, denn die heißen schlicht und ergreifend *cars*.

Alles Käse

Mit dieser Formulierung drückt man aus, dass man eine Handlung, einen Zustand oder eine Sache für unsinnig, wertlos oder missglückt hält.

Edle Käsesorten sind heutzutage bei Gourmets hoch angesehen und haben ihren Preis. Das war früher, zumindest auf dem Land, nicht der Fall. Käse war ein billiges, leicht herzustellendes Nahrungsmittel, das nur einen geringen materiellen Wert besaß.

So ist dieses Milchprodukt als Symbol für etwas Wertloses in unsere Sprache eingegangen. Ganz ähnlich ist es übrigens einem nahen Verwandten des Käses ergangen, dem Quark. So kann man beim Anblick von etwas Minderwertigem – ganz nach Belieben – wahlweise sagen: alles Käse oder alles Quark.

Für die Katz

«Für die Katz» ist etwas, was man völlig vergebens getan hat, oder eine Bemühung, die absolut nichts gebracht hat.

Diese Redensart geht auf eine im 16. Jahrhundert populäre Erzählung von Burkard Waldis zurück. Sie handelt von einem Schmied, der von seinen Kunden keinen festen Preis für seine Arbeit verlangt, sondern ihnen die Entscheidung überlässt, was sie zu zahlen bereit sind. Das führt dazu, dass diese sich freundlich bedanken und seine Arbeit überhaupt nicht entlohnen. Daraufhin bindet der Schmied in seiner Wut eine Katze in seiner Werkstatt an, und immer wenn ein Kunde ihm wieder nichts als seinen Dank entrichtet, sagt er: «Katz, das geb ich dir!» Der Katze reicht das natürlich nicht zum Überleben, und sie verhungert am Ende der Geschichte jämmerlich. Fazit: Wenn eine Leistung «für die Katz» ist, hat man sie definitiv vergeblich erbracht.

Es regnet Katzen und Hunde

Diese Redewendung beschreibt einen besonders starken, intensiven, strömenden Regen.

Von diesem Sprichwort gibt es eine exakte englische Entsprechung: «*It's raining cats and dogs.*» Unzählige Theorien konkurrieren darum, die Herkunft zu erklären: Da wird unter anderem die nordische Mythologie bemüht oder der Versuch unternommen, die Formulierung aus lateinischen oder griechischen Ausdrücken herzuleiten, letztlich jedoch wenig überzeugend.

Höchstwahrscheinlich ist der Ursprung der Redewendung wesentlich naheliegender: In früheren Jahrhunderten gab es in den Städten und Dörfern viel mehr freilebende Hunde und Katzen als heute. Es gab allerdings keine Kanalisation. So haben sich bei starkem Regen sehr schnell Wasserläufe in den Straßen gebildet, die dann auch ertrunkene Tiere, zum Beispiel junge Katzen oder Hunde, mitgespült haben. Und das sah dann so aus, als hätte es wirklich Katzen und Hunde geregnet.

Katzenwäsche

Von einer «Katzenwäsche» spricht man, wenn Menschen sich nicht gründlich waschen, sondern sich nur oberflächlich und flüchtig an einigen Stellen reinigen, ohne viel Wasser zu benutzen.

Am Reinlichkeitssinn von Katzen könnten sich manche Leute ein Vorbild nehmen. Bis zu drei Stunden täglich sind sie mit der Körperpflege beschäftigt, wobei sie Fell und Pfoten unter Zuhilfenahme von Zunge und Speichel gründlich säubern. Daher kann die abwertende Bedeutung des Wortes «Katzenwäsche» also schon mal nicht kommen.

Sie hängt mit der Tatsache zusammen, dass Hauskatzen in der Regel ziemlich wasserscheu sind, denn ihre Vorfahren haben in eher trockenen Gebieten gelebt, in Afrika, dem Nahen Osten und auf einigen Mittelmeerinseln. Sie angeln sich zwar schon mal einen Fisch aus dem Gartenteich, aber ansonsten lassen sie Wasser nicht so gern an sich ran, genauso wie ein Mensch, der sich eine Katzenwäsche gönnt.

Katzentisch

Der «Katzentisch» ist ein separater Sitzplatz, der nicht zur eigentlichen Tischordnung gehört. In Restaurants handelt es sich häufig um ungünstig platzierte Tische, zum Beispiel in der Nähe der Türen oder Toiletten. Im übertragenen Sinn bezeichnet der «Katzentisch» eine Außenseiterposition innerhalb einer Gemeinschaft, einen Platz im Abseits, wo sinnbildlich Menschen mit einem niedrigeren sozialen Rang Platz nehmen müssen.

Schon in der Antike gab es kleine Tische, an denen Katzen, aber oft auch kleinen Hunden, ihr Futter gereicht wurde. Das waren in der Regel Kopien von Tischen für Menschen, nur eben im Kleinformat. Viele Jahrhunderte lang waren diese Tiermöbel in der besseren Gesellschaft und in Adelskreisen weit verbreitet. Später ist der Begriff dann als Bezeichnung für gesonderte Sitzgelegenheiten für rangniedere Menschen, häufig auch Kinder, übernommen worden.

Kaventsmann

In der Sprache der Seeleute bezeichnet der «Kaventsmann» eigentlich eine riesige Welle – heute würde man von einer gefährlichen Monsterwelle sprechen. Inzwischen benutzt man den Ausdruck ganz allgemein für etwas Gewaltiges, besonders Großes und Beeindruckendes.

Wenn jemand früher für jemand anderen gebürgt hat oder als Gewährsmann für ihn eingetreten ist, hat man ihn als Kaventsmann bezeichnet, abgeleitet vom lateinischen Wort *«cavens»*, das so viel bedeutet wie «Hilfe leistend». Diese echten Kaventsmänner mussten natürlich schon ziemlich wohlhabend sein, um für jemanden bürgen zu können, und so bekam der Kaventsmann allmählich auch die Bedeutung «reicher Mann».

Und, wie das Leben so spielt, wohlhabende Herren sind ja häufig auch entsprechend wohlgenährt und somit nicht gerade gertenschlank. So wurde der Kaventsmann zusätzlich zum dicken Mann, zum riesigen Brocken, zur Bezeichnung für etwas Großes oder Monströses – wie zum Beispiel die riesigen Wellen.

Kiez

Ein «Kiez» ist ein Wohnviertel in einer Stadt, in dem im Allgemeinen ärmere Bevölkerungsschichten leben. Häufig dominiert hier das Rotlichtmilieu. In letzter Zeit wird «Kiez» aber immer häufiger auch als buntes, kulturell vielfältiges Vergnügungsviertel verstanden.

«Kieze» waren früher kleine Dorfsiedlungen in slawischen Siedlungsgebieten östlich der Elbe. Oft entstanden sie neben Burgen und waren dann Wohnorte von niederen Bediensteten – heute würde man sagen: der Unterschicht.

Später wurde der Begriff dann übertragen auf allgemein leicht anrüchige Stadtviertel und Rotlichtreviere wie St. Pauli in Hamburg oder das Steintor in Hannover, wo inzwischen Wohnstraßen und Partymeilen nebeneinander existieren und so den Kontrast ergeben, der das Flair dieser Quartiere ausmacht.

Kiosk

Als «Kiosk» bezeichnet man eine Trinkhalle oder Bude, in der Getränke, Tabak, Süßwaren und Zeitungen verkauft werden.

«Kioske» tragen viele schöne regionale Namen: Im Ruhrgebiet heißen sie schlicht «Bude», in Köln «Büdchen», in Berlin «Spätkauf», in Frankfurt «Wasserhäuschen», und in Hannover ist man bis vor rund 30 Jahren zur «Nebgen-Bude» gegangen, benannt nach dem Getränkeabfüller Carl Nebgen, der einst rund 100 Trinkhallen dort betrieb.

Die heute populäre Bezeichnung «Kiosk» hat einen fast romantischen Hintergrund und kommt aus dem Nahen Osten. Das türkische Wort *«köşk»* ist ursprünglich die Bezeichnung für ein orientalisches Gartenhäuschen, und aus diesem *«köşk»* ist dann mit der Zeit der Kiosk geworden, an dem wir unsere Getränke, Zeitungen und Süßigkeiten kaufen.

Kladderadatsch

«Kladderadatsch» ist eine abwertende Bezeichnung für minderwertigen oder lästigen Kleinkram sowie unnützes Gerümpel. Das Wort steht aber auch für Krach, Zusammenbruch oder Misserfolg.

«Kladderadatsch» ist in Berlin als ein lautmalerischer Ausdruck entstanden: Das Wort sollte das Geräusch wiedergeben, das entsteht, wenn etwas herunterfällt und mit lautem Getöse kaputtgeht oder in Scherben zerbricht.

Das Wort war im 19. Jahrhundert in Berlin sehr populär.

Deutschlandlandweit ist es bekannt geworden, als 1848 eine politische Satirezeitung erstmalig erschien, die diesen Namen trug und immerhin bis 1944 verkauft wurde (in den letzten 20 Jahren mit einer deutlichen inhaltlichen Nähe zum Gedankengut der Nationalsozialisten).

Aber auch Friedrich Engels hat das Wort benutzt. Als er im 19. Jahrhundert die Zeit des Kommunismus heraufdämmern sah, sagte er voraus, dass die bürgerliche Gesellschaft zusammenbrechen werde, und zwar mit einem lauten Kladderadatsch.

Klipp und klar

Wenn ich jemandem etwas «klipp und klar» sage, dann sage ich es unmissverständlich und sehr deutlich, ohne um den heißen Brei herumzureden.

Der Ausdruck «klipp und klar» ist seit dem 18. Jahrhundert bekannt. Die zweite Hälfte dieser Formulierung dürfte klar sein; die Frage stellt sich, was das Wort «klipp» in diesem Zusammenhang bedeutet. Es kommt aus dem Niederdeutschen, also Plattdeutschen, und bedeutet «passend». Wenn etwas funktionierte oder gut passte, dann «klippte» es. Daraus ist in unserer heutigen Umgangssprache der Ausdruck «es klappt» geworden. Und damit ist auch geklärt, was «klipp und klar» ursprünglich hieß, nämlich, dass etwas eindeutig ist: passend und klar.

Klein beigeben

Wenn man «klein beigibt», dann fügt man sich einem Druck oder Zwang, man gibt nach, man gibt seinen Widerstand auf.

Diese Redewendung ist vor rund 200 Jahren populär geworden, und ihr Ursprung liegt in den damals populären Kartenspielen. Wenn ein Spieler keine Karten mit hohem Wert auf der Hand hatte, blieb ihm nichts anderes übrig, als den Mitspielern auch Karten mit geringerem Wert, also kleine Karten, zuzuspielen – er musste also «klein beigeben».

Kohldampf haben

Wenn man «Kohldampf hat», dann hat man großen Hunger. Manchmal hört man auch die Variante «Kohldampf schieben».

Der «Kohldampf» kommt aus dem Rotwelsch, also der alten deutsch-jiddischen Gaunersprache. Hier hatte das Wort «Kohler» die Bedeutung von Hunger, genauso wie das Wort «Dampf». Beide Bestandteile von «Kohldampf» heißen also «Hunger», «Kohldampf» ist gewissermaßen Hunger mal zwei. Fachleute nennen solche Wörter, die quasi doppelt gemoppelt sind, «tautologische Bildungen».

Und wenn man «Kohldampf schiebt», dann stammt auch das «Schieben» aus dem Rotwelsch und heißt etwas tun oder machen. Fazit: «Kohldampf schieben» bedeutet eigentlich «Hunger-Hunger machen».

Köter und Töle

Beide Wörter sind negativ gemeinte und abwertende Bezeichnungen für Hunde.

Kleinbauern und Leibeigene haben in früheren Jahrhunderten in kleinen, einfachen Hütten gelebt, den sogenannten Koten oder Katen. Entsprechend nannte man diese Kleinbauern Kätner, Köthner, Köttner oder Köter. Menschen mit einem niedrigen sozialen Status wie diese Kleinbauern durften nur Hunde halten, die eine bestimmte Größe nicht überschritten. Mit anderen Worten: Die Hunde dieser Köthner oder Köter waren oft relativ kümmerliche und nicht besonders imposante Erscheinungen. Irgendwann ist die Bezeichnung für die Menschen dann auf ihre Hunde übertragen worden, und es kam zu der unfreundlichen Bezeichnung «Köter» für Hunde ganz allgemein.

Das Wort «Töle» findet sich schon im Plattdeutschen des 16. Jahrhunderts. Zuerst war es die Bezeichnung für Hündinnen, später dann auch für Homosexuelle und Prostituierte. Hündinnen verhalten sich, wenn sie läufig sind, sexuell ziemlich hemmungslos und triebhaft, und so hat man die Bezeichnung «Töle» in ihrer abwertenden Bedeutung auf diese Menschengruppen ausgeweitet, denen man die gleiche Scham- und Zügellosigkeit unterstellte.

Interessanterweise ist die sprachliche Entwicklung im Englischen genauso verlaufen wie bei uns. «*Bitch*» ist die Bezeichnung für eine Hündin, aber auch für eine Hure. Wenn also ein Engländer sagt, jemand sei ein «*son of a bitch*», dann ist der Beschimpfte der Sohn einer Hündin und zugleich der Sohn einer Hure.

Etwas kriegen

Dieses Verb, das so viel wie bekommen oder erhalten bedeutet, ist sehr häufig und weit verbreitet, hat aber eine ungewöhnliche Entstehungsgeschichte.

Warum wir Geschenke auch kriegen, anstatt sie zu bekommen oder zu erhalten, ist eine interessante Frage. Die Antwort liegt höchstwahrscheinlich in dem Deutsch, das man vor ungefähr 800 Jahren gesprochen hat. Denn im Mittelhochdeutschen hat man nicht davon gesprochen, dass man etwas kriegt, sondern davon, dass man etwas *er*kriegt. Man bekam es, nachdem man es sich mit Mühe erkämpft hatte, man hatte es also bildhaft in einem Krieg gewonnen, sich also erkriegt.

Im Lauf der Jahrhunderte ist dann die Vorsilbe «er-» verschwunden und die heutige Bedeutung von einfach etwas bekommen ist entstanden. Kaum zu glauben, aber wahr: Dass wir schöne Weihnachtsgeschenke kriegen, geht sprachlich tatsächlich auf so etwas Unschönes wie den Krieg zurück.

Krökeln

In der Region Hannover bedeutet «krökeln» «Tischfußball spielen» oder «kickern».

Es wird ja häufig die Meinung vertreten, dass in Hannover das beste Hochdeutsch der ganzen Republik gesprochen werde. Das kann man aber nicht so uneingeschränkt stehen lassen. Früher wurde im Raum Hannover eine eigene Form des Plattdeutschen gesprochen, die sogenannte ostfälische Mundart. Im 19. Jahrhundert hat dann die hannöversche Oberschicht zunehmend hochdeutsch gesprochen – aber mit einer deutlichen Dialektfärbung. Und einige urhannöversche Ausdrücke haben in diesem städtischen Hannoveranisch bis heute überlebt, einer davon ist das Wort «Krökel» für eine Eisenstange. Und weil beim Tischfußball Metallstangen gedreht werden, kickert man in Hannover nicht, sondern man krökelt.

Kulturbeutel oder Kulturtasche

«Kulturbeutel», oft auch «Kulturtasche» genannt, sind kleine Behälter, in denen Hygieneartikel aufbewahrt werden, zum Beispiel Nagelfeilen und Nagelscheren, auf Reisen oft auch Zahnpasta und Zahnbürste.

Bei dem Wort «Kultur» denken wir meistens an Dinge wie Museen, Theater, klassische Musik oder Ballett. Von alldem ist in einem Kulturbeutel tatsächlich aber relativ wenig enthalten.

Die Antwort auf die Frage nach dem Ursprung des Wortes findet man im antiken Rom. Hier bedeutete «*cultura*» zunächst «Bearbeitung», «Ackerbau» und «Pflanzenpflege». Noch heute sprechen wir von Monokulturen, wenn nur *eine* Pflanzen- oder Baumart gezüchtet wird, oder von Pilzkulturen, die ein Wissenschaftler anlegt.

Das alte Wort «*cultura*» bedeutete aber nicht nur Pflanzenpflege, sondern auch Pflege ganz allgemein. Und hierzu zählt im weiteren Sinne alles, was Menschen hervorbringen und kreativ entwickeln, was in der Natur nicht vorkommt, bis hin zu geistigen und künstlerischen Errungenschaften. All diese Dinge müssen entwickelt und gepflegt werden, so wie unser Körper. Dementsprechend enthält der Kulturbeutel Dinge für die Körperpflege. Und insofern trägt er seinen Namen zu Recht – man will ja schließlich nicht völlig unkultiviert aussehen.

Die Kurve kratzen

Diese Formulierung hat zwei Bedeutungen: Zum einen benutzt man sie, wenn man schnell vor etwas wegläuft oder flüchtet, zum anderen bedeutet sie, dass man etwas im letzten Moment noch geschafft oder erreicht hat.

Im Mittelalter gab es in den meisten Orten sehr viele enge Wege und Gassen. Und durch diese Gassen fuhren natürlich auch die damaligen Kutschen. Dabei haben sie immer wieder auch mal die Wände der Häuser berührt und sie dabei «angekratzt». Um das zu verhindern, stellten die Bewohner der Häuser Steinblöcke auf, sogenannte Kratzsteine. So wurde der Weg für die Kutscher zwar noch enger gemacht, aber immerhin blieben die Hauswände verschont, weil nur die Steine beschädigt wurden. Viele Kutscher kamen dann erst recht nur noch knapp durch die Kurven, sie «kratzten die Kurve» gerade so eben noch.

L

Lügen, dass sich die Balken biegen

Jemanden hinters Licht führen

Vom Leder ziehen

Sich nicht lumpen lassen

Spitz wie (Nachbars) Lumpi sein

Litfaßsäule

Vom Leder ziehen

Wenn jemand «vom Leder zieht», dann kritisiert er jemand anderen scharf, verunglimpft ihn oder greift ihn auf andere Weise verbal an.

Das ist mal wieder eine von den Redensarten, über die man sich wundert, weil die Dinge, auf die sie zurückgehen, völlig aus unserer Welt verschwunden sind und nur die Formulierung überlebt hat. Sie stammt aus dem 16. Jahrhundert, und das Leder, von dem damals gezogen wurde, war die lederne Scheide, in der Degen oder Schwerter getragen wurden. Wer also einen Kampf beginnen oder sich verteidigen wollte, musste zunächst mal die Waffe aus dieser Scheide ziehen, er musste sie «vom Leder ziehen».

Jemanden hinters Licht führen

Wer «hinters Licht geführt» wird, der wird getäuscht, übervorteilt oder ausgetrickst.

Wo es genügend Licht gibt, ist es hell, und man kann die Echtheit von Geld oder die Qualität einer Ware entsprechend gut überprüfen. Im Dunkeln ist das logischerweise nicht so leicht möglich. Es stellt sich nur die Frage: Wo genau ist «hinter dem Licht»?

In dieser Redewendung wird ein Mensch bildhaft an die Hand genommen und zum Beispiel hinter eine Lampe geführt, die nicht gleichmäßig in alle Richtungen leuchtet und womöglich nach hinten abgeschirmt ist. Und dort, im Halbdunkel, wird der arme Trottel dann vom Täter übel vorgeführt.

Litfaßsäule

«Litfaßsäulen» sind runde Säulen, die mit Bekanntmachungen und Werbeplakaten beklebt werden. Ihre Zahl nimmt seit einiger Zeit ab, weil andere Werbemittel inzwischen größere Erfolge zeigen.

Mitte des 19. Jahrhunderts war der Polizeipräsident von Berlin schwer verärgert, weil überall Hauswände, Bäume und Zäune mit Werbemitteilungen sowie Handzetteln vollgeklebt waren. In ganz Berlin wurde sozusagen wild plakatiert. Dieser Zustand musste beendet werden, aber niemand wusste, wie, bis ein Berliner Buchdrucker seine Erfindung präsentierte: eine «Annonciersäule» zum Ankleben von Plakaten und Mitteilungen. Er bekam das Monopol in Berlin für dieses Werbemittel, und im Sommer 1855 wurden die ersten 100 Anschlagsäulen in der Stadt aufgestellt. Benannt wurden sie nach dem klangvollen Namen ihres Erfinders: Ernst Litfaß.

Lügen, dass sich die Balken biegen

Das tut jemand, der besonders dreist und unverschämt lügt.

Dass Lügen im Allgemeinen moralisch verwerflich sind, ist heutzutage unbestritten. In früheren Jahrhunderten wurden Lügen aber noch wesentlich drastischer beurteilt. Im Mittelalter hat man sie als schwere Last gesehen, die einen Menschen quasi niederdrücken kann. Daher gibt es in vielen Redewendungen Anspielungen auf das Gewicht, das wirklich faustdicke Lügen erreichen können. Lügen, bei denen sich die Balken biegen, tauchen schon in Dokumenten aus dem 16. Jahrhundert auf.

Noch schlimmer ergeht es einem Schneidergesellen in einer historischen Erzählung von Johann Fischart: Der lügt so unverschämt, dass sich nicht nur die Balken biegen, sondern durch seine Lügerei die ganze Werkstatt zusammenkracht.

Spitz wie (Nachbars) Lumpi sein

Wer «spitz wie Lumpi» ist, befindet sich ständig auf der Suche nach sexuellen Kontakten. Häufig wird die Redensart noch durch die Information konkretisiert, um welchen «Lumpi» es sich denn nun genau handelt. Dann heißt sie «spitz wie Nachbars Lumpi».

«Spitz» ist ein Eigenschaftswort mit vielen verschiedenen Bedeutungen: Es kann aussagen, dass etwas zugespitzt ist, eckig oder kantig. Auch ein schriller Schrei kann «spitz» sein oder eine ironische Bemerkung, die jemand macht.

«Spitz» kann darüber hinaus aber auch heißen, dass jemand sexuell erregt ist. Und wer schon mal eine Hündin gehalten hat, der weiß, wie «spitz» diese Tiere sind, wenn sie gerade läufig sind – wobei Rüden ihnen in dieser Hinsicht in nichts nachstehen: Sie sind dann nicht mehr zu bremsen, kaum zu halten, absolut triebgesteuert.

Die nette Bezeichnung «Lumpi» war früher ein sehr häufiger Hundename. Somit bedeutet die Redensart ursprünglich: Jemand ist spitz wie die läufige Hündin oder der Rüde aus der Nachbarschaft.

Sich nicht lumpen lassen

Wer «sich nicht lumpen lässt», der ist bei einer Feier, in einer Kneipe oder bei einem anderen Anlass großzügig und freigiebig – also das Gegenteil von geizig und knauserig.

Bis weit ins 20. Jahrhundert hinein waren Lumpensammler ein gewohntes Bild auf deutschen Straßen, also Leute, die Stoffreste gesammelt oder angekauft haben. Wie viele andere soziale Randgruppen hatten diese Leute bei der Bevölkerung ein mieses Image, und sehr alte Leute sagen auch heute noch manchmal: «Du bist ein Lump», wenn sie jemanden als minderwertigen, niederträchtigen Menschen beschimpfen, also als Lumpensammler. Wer großzügig und freigiebig ist, zeigt, dass er eben kein Lump ist, denn er «lässt sich nicht lumpen».

Eine Marotte haben

Von hier bis nach Meppen

Etwas mopsen

In rauen Mengen

Wer zuerst kommt, mahlt zuerst

Mahlzeit

Strammer Max

Mitgegangen, mitgefangen, mitgehangen

Muffensausen haben

Manschetten haben

Wer zuerst kommt, mahlt zuerst

Diese Redewendung besagt, dass alle gleich behandelt werden. Bei einer Entscheidung, einem Handel oder einer Veranstaltung werden diejenigen zuerst berücksichtigt, die zuerst erscheinen, alle anderen nach der Reihenfolge ihres Eintreffens.

Diese Formulierung ist ein sogenanntes Rechtssprichwort und in seiner Aussage uralt. Um 1230 erschien mit dem berühmten *Sachsenspiegel* eine Sammlung damals aktueller Rechtsregeln in Form einfacher Merksätze. Dort lautet die heutige Redewendung: «Die ok irst to der molen kumt, die sal erst malen.» Und das hieß im Klartext: An einer ganz normalen Mühle (im Gegensatz zu einer «Herrenmühle» etwa) ging man damals nicht nach Rang oder Status der Kunden vor, sondern ausschließlich nach dem Zeitpunkt ihrer Ankunft. Wer zuerst da war, durfte somit auch zuerst sein Korn mahlen.

Mahlzeit

«Mahlzeit» ist als knapper Gruß in der Mittagszeit im westlichen Bereich Deutschlands weit verbreitet und besonders im Berufsleben unter Kollegen üblich.

Bis vor rund 200 Jahren wünschte man den Menschen eine gesegnete Mahlzeit, und entsprechend lautete die Grußformel dann auch in ganzer Länge: «Gesegnete Mahlzeit!» Die Segnung wurde dann im Laufe des 19. Jahrhunderts eingespart, übrig blieb das knappe «Mahlzeit».

Mit deutscher Gründlichkeit hat vor kurzem der für Benehmensfragen zuständige Arbeitskreis «Umgangsformen International» in Bielefeld die Bedeutung von «Mahlzeit» untersucht und ist zu dem Schluss gekommen, dass es nicht als amtlich anerkannte Grußformel gelten kann. Ein Großteil der deutschen Bevölkerung lehne diesen Gruß ab und begegne man sich im Toilettenvorraum sei er ohnehin, so wörtlich, «völlig fehl am Platz» – was ja auch irgendwie einleuchtet.

Manschetten haben

Wenn man vor etwas «Manschetten hat», dann hat man Angst davor, scheut davor zurück oder hat zumindest größten Respekt davor.

Nicht erst heute, auch im späten 18. Jahrhundert ist die Mode schon eigenwillige Wege gegangen. Damals waren unter anderem übergroße Aufschläge an den Ärmeln, also riesige Manschetten, bei Männern schwer angesagt und modisch voll im Trend. Das führte dazu, dass diese Hemdsärmel in manchen Fällen die Hände bedeckten und praktisch deren Handlungsfreiheit behinderten. Wer diese monströsen Manschetten trug, tat sich sehr schwer damit, den Griff eines Degens zu ergreifen und einigermaßen erfolgreich damit zu kämpfen.

So entstand ein negatives Image: Ein Mann mit solch großen Manschetten galt schnell als ängstlicher Feigling, der nicht kämpfen wollte und ängstlich war. Er wurde damals als «modischer Zärtling» bezeichnet, man hielt ihn schlicht, wie wir heute sagen würden, für ein Weichei.

Eine Marotte haben

Wer «eine Marotte hat», der zeichnet sich durch eine merkwürdige Angewohnheit oder Vorliebe aus. Das kann völlig harmlos sein, in extremen Fällen, wie zum Beispiel bei einem ausgewachsenen Putzfimmel, können aus einfachen Marotten aber auch Zwangshandlungen werden.

Der Ursprung unserer «Marotten» liegt im Französischen, und zwar in der Verkleinerungsform für die heilige Maria. Das ist sozusagen die Mutter aller Marotten in Form einer kleinen Heiligenfigur, die Maria darstellt.

Im ausgehenden Mittelalter hat die Zunft der Narren und Spaßmacher diese Marotten für sich entdeckt, und schon im 16. Jahrhundert war es üblich, dass die Narren, vor allem ihre Zunftmeister, insbesondere bei Umzügen eine Marotten-Maske vor dem Gesicht oder eine entsprechende Figur auf einem Stab vor sich hergetragen haben. Reste dieser Tradition kann man heute noch im Karneval oder der Fastnacht sehen. Und weil das ziemlich schrullig und schräg aussieht, wurde aus der vor sich her getragenen Marotte eine Bezeichnung für merkwürdiges Verhalten.

Strammer Max

Der «stramme Max» ist eine in ganz Deutschland verbreitete Mahlzeit. Sie besteht aus einem Schinkenbrot mit Spiegeleiern, wobei das Brot je nach Variante in Butter angeröstet und der Schinken, wahlweise auch Schinkenspeck, manchmal angebraten wird.

Alle seriösen wissenschaftlichen Quellen sind sich darin einig, dass der «stramme Max» vor knapp hundert Jahren im sächsischen Sprachraum aufgekommen ist. Er hatte aber ursprünglich eine völlig andere Bedeutung und war die Bezeichnung für das männliche Glied in erigiertem Zustand.

Aber die deftigen Brote mit Spiegeleiern und Schinken galten als kraftspendende Mahlzeit, die sogar die sexuelle Potenz steigern könne. Deswegen wurde der Ehrentitel «strammer Max» jetzt auf die Schinkenbrote übertragen – im festen Glauben daran, dass der «stramme Max» einen strammen Max macht.

Von hier bis nach Meppen

Die Redewendung ist in Deutschland gar nicht so unbekannt, wie man vermuten könnte. Sie bedeutet, dass etwas sehr lang ist, zum Beispiel ein Weg, den man vor sich hat, oder die Schlange an einer Supermarktkasse. Sie kann allerdings auch einfach nur heißen, dass etwas extrem ist. Deswegen kann es stinken «bis nach Meppen» oder jemand kann doof sein «bis nach Meppen».

Für die meisten Deutschen, aber auch für die meisten Niedersachsen, liegt Meppen weit abgelegen. Immerhin sind es von hier nur 15 km bis zur holländischen Grenze, und Meppen mit seinen immerhin 35 000 Einwohnern ist das letzte Mittelzentrum vor dieser Grenze: Im Westen grenzt Meppen an Twist, und dann kommen auch schon die Niederlande.

So ist Meppen in dieser Redewendung zu einem Symbol für

etwas geworden, was weit draußen liegt, für die meisten, zumindest gefühlt, sehr weit weg. Für viele wandernde Handwerksgesellen aus Süddeutschland ist es sogar Ehrensache, sich in Meppen einen Eintrag in ihrem Wanderbuch abzuholen, damit sie später sagen können: Ich bin in Deutschland wirklich weit rumgekommen – bis nach Meppen!

In rauen Mengen

Wenn etwas reichlich oder im Überfluss vorhanden ist, sprechen wir davon, dass es in «rauen Mengen» vorliegt.

Die Formulierung ist auf den ersten Blick wirklich etwas rätselhaft, schließlich haben ja längst nicht alle Sachen, von denen es Unmengen gibt, eine raue Oberfläche.

Sehr oft haben jüdische Formulierungen die deutsche Alltagssprache geprägt, so auch in diesem Fall: Im Neuhebräischen gibt es das Wort «*raw*», gesprochen wie das deutsche «rau», in der Bedeutung von «viel». Als die Redewendung ins Deutsche übernommen wurde, hat die deutsche Schreibweise die jüdische ersetzt, sodass es zu der scheinbar sinnlosen Formulierung «in rauen Mengen» kam.

Mitgegangen, mitgefangen, mitgehangen

Mit dieser Devise ist gemeint, dass Menschen, die sich im Umfeld einer Straftat oder eines Täters aufhalten, zumindest verdächtig oder mitschuldig sind.

Wann diese Redensart zum ersten Mal aufgetaucht ist, lässt sich nicht zweifelsfrei klären. Sicher ist hingegen, dass der historisch korrekte Wortlaut ist: mitgegangen, mitgefangen, mitgehangen.

Dahinter verbirgt sich ein uraltes Rechtsprinzip: Wer sich in einer Gruppe von Straftätern aufhielt und mit ihr zu tun hatte, galt als Mittäter und wurde verurteilt, auch wenn ihm einzelne Taten nicht konkret nachgewiesen werden konnten. Dieser Grundsatz gilt in modernen Rechtsstaaten nicht mehr – heute muss in jedem Einzelfall die Schuld eines Angeklagten nachgewiesen werden.

Trotzdem gibt es auch heutzutage noch Diskussionen um dieses Prinzip: Wenn zum Beispiel jemand auf einem Piratenschiff erwischt wird oder sich in einem Terrorcamp hat schulen lassen – ist er dann schon Täter oder bleibt er nur verdächtig? Manches Mal wird dann der Ruf nach dem alten Rechtsprinzip wieder laut: mitgegangen, mitgefangen, mitgehangen.

Etwas mopsen

Wer etwas «gemopst» hat, der hat es gestohlen. Im Allgemeinen verwendet man diese Formulierung allerdings nicht bei schweren Straftaten, sondern eher bei relativ harmlosen, kleineren Diebstählen.

Mit Möpsen, also diesen kleinen Hunden mit den runden Gesichtern, hat das Mopsen nichts zu tun. Es geht zurück auf die hebräische Sprache, in der das Wort *«ma'oth»* für eine Münze steht. Mit dieser Bedeutung ist es dann in die deutsche Gaunersprache Rotwelsch eingegangen und dort zu einer Bezeichnung für Geld ganz allgemein geworden.

Auf seinem weiteren Weg ist dann aus *«ma'oth»* «Moos» geworden, und noch heute sagen wir über wirklich wohlhabende Leute manchmal, dass sie reichlich Moos haben. Und aus diesem Moos ist dann wiederum das Mopsen entstanden. Es bezog sich also ursprünglich auf das Stehlen von Geld.

Muffensausen haben

Wer «Muffensausen» hat, der hat Angst oder sehr großen Respekt vor etwas oder jemandem.

Als Muffen bezeichnet man im technischen Bereich Bauelemente zum Verbinden von Rohren oder Kabeln sowie die Verschlussstücke an Rohrenden. Und genau diese Art von Endmuffen hat man bildhaft auf den Enddarm des Menschen übertragen, das heißt, wenn bei ihm die Muffe saust, dann ist ganz schön was los im Darmtrakt, und es kann unangenehm windig werden.

Der Ursprung der Formulierung liegt also in der Tatsache, dass große Angst den Menschen häufig auf den Magen oder auf die Verdauung schlägt, und es kann durchaus passieren, dass dann «die Muffe am hinteren Ende so richtig saust».

N

Dumme Nuss

Nagelneu oder nigelnagelneu

Not am Mann

Auf Nummer sicher gehen

Immer der Nase nach

Einen Narren an jemandem gefressen haben

Einen Narren an jemandem gefressen haben

Diese Redewendung bedeutet, dass man jemanden sehr gern mag, dass man ihn anderen gegenüber eventuell sogar bevorzugt, dass man in ihn «vernarrt» ist.

Es gibt verschiedene Theorien zur Herkunft dieser Redewendung, die plausibelste und auch am häufigsten angeführte geht zurück auf die sogenannten Hofnarren früherer Jahrhunderte.

Diese Hofnarren waren so etwas wie die heutigen Comedians oder Kabarettisten, die aber als Günstlinge am Hof der Herrscher lebten und denen ziemlich derbe Scherze und Witze auch über den Herrscher selbst erlaubt waren. Wenn der Adelige seinen Hofspaßmacher besonders schätzte, dann hat er sich den ein oder anderen Scherz zu eigen gemacht. Bildlich gesprochen hat er am Narren geknabbert und sich einen Teil seines Witzvorrats einverleibt, er hat also einen «Narren an ihm gefressen».

Nagelneu oder nigelnagelneu

Beide Formulierungen betonen, dass etwas wirklich neu und absolut unbenutzt ist, es also direkt aus der Fabrik kommt. Es wurde quasi frisch zusammengenagelt. Als Steigerung von «nagelneu» wird häufig der Zusatz «nigel» vorangestellt. Diese Form entwickelte sich zum Modewort, immer wieder gern herausgeplappert, vor allem in den Verkaufsshows von TV-Shoppingsendern.

In diesem Fall muss man tief in die Kiste mit den Fachbegriffen greifen. Da findet man die sogenannten Reduplikationen. Das sind Begriffe, die dadurch entstehen, dass Worte oder Wortteile verdoppelt und dann aneinandergereiht werden. Besonders kleine Kinder lieben diese Reduplikationen, etwa den Wauwau oder das Töfftöff. Aber auch Erwachsene benutzen sie oft, wie zum Beispiel bei «zack, zack!», Kleinklein oder Kuckuck.

Bei einer häufigen Sonderform der Reduplikation wird ein Buchstabe des Ausgangswortes verändert, zum Beispiel bei ruckzuck, Kuddelmuddel oder Singsang. Genau das ist auch bei nigelnagelneu passiert: Der erste Wortteil doppelt den Nagel, und dieser wirkt dadurch besonders nachdrücklich. Und im Zuge dieser Reduplikation ist aus dem «a» im Nagel ein «i» geworden.

Immer der Nase nach

Wer den Ratschlag «immer der Nase nach» mit auf den Weg bekommt, der soll auf seinem Weg bleiben und sich nicht irritieren lassen, sondern einfach geradeaus weiterlaufen.

Es gibt eine Herleitung, bei der die Redewendung auf die Besonderheiten der menschlichen Anatomie zurückgeführt wird: Die menschliche Nase zeigt bei aufrechter und grader Kopfhaltung nach vorn. Wer ihr folgt, geht unbeirrt geradeaus und erreicht so ein Ziel, das vor ihm liegt.

Eine zweite Theorie ist aber mindestens genauso plausibel: Hiernach liegen die Ursprünge dieser Redensart im Mittelalter. Damals war allerdings mehr damit gemeint als nur einfaches Geradeausgehen; der Hintergrund ist nicht besonders appetitlich: Es ist allgemein bekannt, dass die Bewohner einer Burg ihre Abfälle und Fäkalien nicht wie heute ordentlich entsorgt haben. Ganz im Gegenteil wurde alles kurzerhand in den Burggraben gekippt, wodurch sich ein ziemlich übler Geruch entwickelte. Für das fahrende Volk, vornehmlich Bettler und Gaukler, stellten Burgen attraktive Anziehungspunkte dar, weil es in deren Nähe meist lukrative Märkte gab, wo man zu Geld kommen konnte. Dazu musste die Burg aber erst einmal gefunden werden. Doch nichts leichter als das, wenn man sich am Geruch orientierte: Man ging einfach immer der Nase nach.

Not am Mann

«Not am Mann» liegt dann vor, wenn eine Bedrohung oder eine Gefahr besonders groß ist.

Die Redewendung stammt aus Zeiten, als es beim Militär weder weittragende Waffen noch Zielfernrohre, geschweige denn Drohnen, also unbemannte Flugzeuge, gab. Bei persönlichen Konfrontationen und im Krieg stand man dem Gegner noch von Angesicht zu Angesicht gegenüber und musste direkt gegen ihn antreten. Das heißt, wenn es ernst wurde, war die Not, also die Bedrohung, ganz direkt am Mann.

Später wurde diese ursprüngliche Bedeutung dann zunehmend zurückgedrängt, und heute kann in allen denkbaren Lebensbereichen «Not am Mann» sein, auch im übertragenen Sinne, wenn überhaupt keine kämpfenden Männer mehr in Sichtweite sind.

Auf Nummer sicher gehen

Wer «auf Nummer sicher geht», der sorgt dafür, dass eine Sache wirklich klappt, dass ein Vorgang reibungslos abläuft und dass nichts schiefgehen kann.

Wenn man «auf Nummer sicher geht», dann heißt das eigentlich, dass man später «auf Nummer sicher sitzt». Hört sich vielleicht unlogisch an, ist es aber nicht. Denn die Redewendung spielt ursprünglich auf Gefängniszellen an, in denen Häftlinge eingesperrt sind. Die Zellen im Knast sind nummeriert, und wer hier eingebuchtet wird, von dem geht zunächst mal keine Gefahr mehr aus, denn er «geht auf Nummer sicher».

Dumme Nuss

So bezeichnet man einen Menschen, dem man insgesamt keine besonders große Intelligenz attestiert.

Seit Jahrhunderten wird in der deutschen Umgangssprache die Bezeichnung «Nuss» auch auf den menschlichen Kopf übertragen. Das liegt sicherlich an einer gewissen Ähnlichkeit, denn Nussschalen ähneln im weitesten Sinne unseren Schädelknochen, beide verbergen und schützen einen Inhalt: bei Nüssen ist es der Fruchtkern, bei Menschen das Gehirn. Dazu kommt die verblüffende Ähnlichkeit, die das Innere einer Walnuss auf den ersten Blick mit unserem Gehirn hat.

Und da der Kopf in Redewendungen häufig für den ganzen Menschen steht, tut es die Nuss auch. Wenn jemand eine «dumme Nuss» ist, dann ist er nicht nur in einem Teilbereich nicht besonders pfiffig, sondern insgesamt nicht besonders schlau.

Pomadig sein

Ein Pechvogel sein

Pi mal Daumen

Pingelig sein

Okay

O

Etwas auf der Pfanne haben

Passen müssen

Um den Pudding gehen

Jemandem oder etwas Paroli bieten

Mit jemandem Pferde stehlen können

Pantoffelheld

P

Pesen

Jemandem den Schwarzen Peter zuschieben

Etwas in petto haben

Über den großen Onkel gehen

Paparazzi

Q

Quitt sein

Ein Quäntchen Glück

Aus dem Quark kommen

Plätzchen und Kekse

Okay

«Okay» sagt man, wenn man seine Zustimmung ausdrücken will, wenn etwas in Ordnung ist, häufig auch, wenn jemand gesund oder fit ist.

Das Kürzel «okay» – oder «o. k.» – ist rekordverdächtig: Für keine andere Formulierung gibt es so viele Erklärungen und Herleitungen. Im Fall von «okay» sind es über 30 Theorien, die durchs Internet oder verschiedene Bücher geistern. Mal soll es ein US-amerikanischer Offizier gewesen sein, mal der siebte Präsident der USA, Andrew Jackson, der den Ausdruck *«all correct»* fälschlicherweise mit «o» und «k» abkürzte, sodass die Abkürzung «o. k.» entstand. Es gibt aber auch Herleitungen aus dem Französischen, dem Finnischen, dem Griechischen sowie dem Dialekt afrikanischer Sklaven. Eine sehr beliebte Erklärung geht auf einen gewissen Otto Kaiser zurück, der bei Ford in Detroit für die Qualitätskontrolle zuständig war und mängelfreie Autos mit seinen Initialen O. K. gekennzeichnet haben soll.

So unterhaltsam und schön das alles klingt – bewiesen ist keine dieser vielen Theorien. Die wahre Herkunft von «okay» bleibt im Dunkeln, und man kann nur dem legendären Marcel Reich-Ranicki zustimmen, der seine Literatursendungen im Fernsehen immer mit einem leicht abgewandelten Zitat von Bertolt Brecht beendete: «Wir sehen betroffen den Vorhang zu und alle Fragen offen.»

Über den großen Onkel gehen

Wer «über den großen Onkel» geht beziehungsweise läuft, dessen Füße zeigen beim Gehen nach innen.

Im 17. und 18. Jahrhundert sind Unmengen von französischen Wörtern in die deutsche Sprache übernommen und dann teilweise eingedeutscht worden. Aus dieser Zeit stammen unter anderem das Negligé, das Ragout, das Frikassee, die Promenade und das Portemonnaie.

Und hier liegt auch der Ursprung des großen Onkels. Damit war nämlich kein großwüchsiger Mensch aus der näheren Verwandtschaft gemeint, sondern schlicht und einfach der Fußnagel, der auf Französisch *«ongle»* heißt. Im Deutschen ist daraus der Onkel geworden. Und weil der größte Fußnagel auf dem großen Zeh sitzt, heißt der seitdem «großer Onkel».

Pantoffelheld

Ein «Pantoffelheld» ist ein Mann, der sich von seiner Frau unterdrücken und beherrschen lässt und seine eigenen Interessen nicht durchsetzen kann.

Pantoffeln werden heute, wenn überhaupt, von beiden Geschlechtern getragen. Das war früher anders, als die traditionelle Arbeitsteilung zwischen den Geschlechtern die Frau ans Haus gebunden hat. Damals galt der Pantoffel als ein Zeichen der Hausfrau und war vorzugsweise ein weibliches Kleidungsstück. Darüber hinaus waren Füße und Schuhe jahrhundertelang Symbole der Macht und der Herrschaft. Auf was man mit dem Fuß trat, das war einem untertan.

So erklärt sich auch ein früher weitverbreiteter Hochzeitsbrauch: Unmittelbar nach der Zeremonie versuchten beide Partner, dem jeweils anderen zuerst auf den Fuß zu treten. Dem Gewinner sagte der Volksglaube die lebenslange Vorherrschaft über den Ehepartner voraus. Und falls die Braut gewonnen hatte, drohte dem Bräutigam ein übles Schicksal: Er konnte vielleicht ein Held werden – aber nur unter dem Pantoffel seiner Frau.

Paparazzi

«Paparazzi» sind Pressefotografen, die Prominenten in aufdringlicher Weise auflauern und im Allgemeinen für Boulevardmedien tätig sind. Sie arbeiten oft in einer rechtlichen Grauzone, weswegen ihre Tätigkeit durchaus umstritten ist.

Im Jahr 1960 kam ein heute legendärer Film in die Kinos: Fellinis *La dolce vita*, zu Deutsch *Das süße Leben*. (Und auch diese beiden Formulierungen sind inzwischen in die Alltagssprache eingegangen.) In den Hauptrollen waren Marcello Mastroianni und Anita Ekberg zu sehen, geschildert wurde das Leben der römischen High Society in den 1950ern. Und in diesem Kultfilm gab es einen aufdringlichen Pressefotografen, der allen heutigen Paparrazi ihren Namen verlieh und gewissermaßen ihr Vorbild wurde. Er trug den klangvollen Namen Coriolano Paparazzo.

Jemandem oder etwas Paroli bieten

Wenn man «Paroli bietet», leistet man Widerstand, vereitelt die Pläne eines Gegners und wehrt sich auf mindestens gleichem Niveau.

Der legendäre Fußballspieler Horst Hrubesch hat sich auch mal dieser Redewendung bedient und ist dabei grandios gescheitert. Er wollte das gerade beendete schlechte Spiel noch einmal in Ruhe analysieren und resümierte: «Wir müssen das alles noch mal Paroli laufen lassen.» Ein Ding der Unmöglichkeit, denn Paroli kann nicht laufen, Paroli kann man nur bieten. Das liegt daran, dass «Paroli» ein Begriff aus dem Kartenspiel *Pharo* ist, das im 18. und 19. Jahrhundert in ganz Europa sehr beliebt war.

Die Siegkarte eines Spielers bekam nach der Partie einen Knick, ein Eselsohr, verpasst, als Zeichen, dass er den damit erzielten bisherigen Gewinn erneut setzen wollte. Gelang es ihm, mit dieser sogenannten Paroli-Karte den zweiten Sieg in Folge einzufahren, dann bekam er dafür den dreifachen Einsatz ausgezahlt. Er hatte die anderen Spieler besiegt und ausgetrickst, indem er ihnen Paroli geboten hatte.

Passen müssen

Wenn etwas passt, ist das zunächst einmal eine erfreuliche Sache, dann ist es richtig und in Ordnung. «Ich muss passen» sagt man aber, wenn man ein Vorhaben aufgibt, wenn man eine Aufgabe nicht bewältigen oder eine Frage nicht beantworten kann.

Die Redewendung hat ihren Ursprung im lateinischen Verb «*passare*», das später in viele romanische Sprachen und schließlich auch ins Deutsche eingegangen ist. «*Passare*» bedeutet «an etwas vorbeigehen» oder auch «etwas an sich selbst vorbeiziehen lassen». Noch heute sind Menschen, die auf der Straße vorbeigehen, Passanten. Ebenso heißt im Englischen «*to pass*» vorbeigehen. Und der Reisepass sorgt dafür, dass man eine Grenze «passieren» kann.

Die Formulierung ist schließlich in die Sprache der Kartenspieler übernommen worden. Wer hier passen muss, lässt die Chance auf einen Gewinn vorbeiziehen. Von dort ist das «passen müssen» dann in die Alltagssprache eingegangen, und heute gilt es in allen Lebensbereichen.

Ein Pechvogel sein

Ein «Pechvogel» ist ein Mensch, der kein Glück hat und immer wieder Missgeschicke erleidet.

Pech ist eine extrem zähe, schwarze Flüssigkeit, die entsteht, wenn man Erdöl, Kohle oder harzhaltige Hölzer destilliert. Früher hat man diese klebrige Masse unter anderem bei der Jagd auf Vögel verwendet. Auf Äste oder Zweige geschmiert, wurde sie zur Klebefalle für nichtsahnende Vögel, die sich darauf niederließen und dann nicht mehr loskamen: Pechvögel im wahrsten Sinne des Wortes.

Und Pech war nicht nur für Vögel eine unangenehme Substanz, die tiefdunkle Farbe und der strenge Geruch wurden ganz allgemein als sehr unangenehm empfunden, sodass wir heute noch über jemanden sagen, der ein Unglück erleidet: Er hat «Pech» gehabt.

Pesen

Wenn man «pest», ist man rasant unterwegs: Man rast, fährt schnell oder rennt.

Höchstwahrscheinlich ist das Wort aus dem Englischen ins Deutsche übernommen worden und hat sich dann im nordwestdeutschen Sprachraum verbreitet. *«To pace»* hat im Englischen viele verschiedene Bedeutungen, darunter «gehen», «schreiten» oder auch «auf und ab gehen». Als Hauptwort bezeichnet *«pace»* unter anderem die Geschwindigkeit eines Pferdes beim Rennen.

Wenn bei einem Autorennen eine gefährliche Situation entstanden ist, kommt das sogenannte Safety-Car zum Einsatz, auch Pace-Car genannt, um das Tempo aus dem Rennen zu nehmen. Und so kommt es zu einer paradoxen Situation: Ist das Pace-Car auf der Strecke, dürfen die Formel-1-Piloten nicht mehr einfach so drauflospesen.

Jemandem den Schwarzen Peter zuschieben

Wer jemandem den «Schwarzen Peter zuschiebt», der wälzt ein unliebsames Problem, eine Schuld oder die Verantwortung auf diese andere Person ab, um sie selbst loszuwerden.

Im frühen 19. Jahrhundert lebte in Süddeutschland, in der Gegend um den Hunsrück, ein ziemlich übler Verbrecher namens Johann Peter Petri, ein Kumpel des legendären Kriminellen Schinderhannes. Dieser Peter Petri war wegen seiner Haarfarbe allgemein als der «Schwarze Peter» bekannt. 1811 wurde er zu einer lebenslänglichen Gefängnisstrafe verurteilt. Danach verliert sich seine Spur, wahrscheinlich ist er im Gefängnis gestorben.

Um 1830 ist dann ein Kartenspiel aufgetaucht und populär geworden, das höchstwahrscheinlich auf diesen Gangster zurückgeht: das Kartenspiel *Schwarzer Peter*, benannt nach der schlechtesten Spielkarte in diesem Spiel. Wer sie bei Spielende als letzte Karte auf der Hand hält, der hat verloren. Irgendjemand hat ihm den Schwarzen Peter zugeschoben.

Etwas in petto haben

Wer etwas «in petto» hat, der hat etwas zur Verfügung, auf Lager oder geplant, was er aber noch zurückhält. Er hegt Pläne, die er aber im Allgemeinen noch nicht offengelegt hat und geheim hält.

Im Mittelalter hat man das Herz als Sitz der Gedanken und Gefühle angesehen, und häufig wurde diese Vorstellung auf den gesamten Brustraum übertragen. Hier liegt der Ursprung für diese

Redewendung. Sie geht auf das lateinische *«in pectorale»* zurück, was «in der Brust», «nicht ausgesprochen», «verschlossen», «geheim» bedeutet. Daraus ist im Italienischen *«in petto»* geworden und von da im 18. Jahrhundert ins Deutsche übernommen worden.

Das, was man in petto hat, das bewahrt man also als Geheimnis in seiner Brust und hat es noch nicht rausgelassen. Wenn zum Beispiel in der katholischen Kirche der Papst jemanden zum Kardinal erhebt, den Namen aber noch nicht verrät, dann spricht man ganz offiziell von einem «Kardinal in petto».

Etwas auf der Pfanne haben

Wer «etwas auf der Pfanne hat», der ist in einem bestimmten Bereich besonders leistungsfähig oder leistungsbereit. Manchmal meint man mit der Redewendung auch, dass jemand einen geheimen Plan für irgendein Vorhaben ausgearbeitet hat.

Bis ins 19. Jahrhundert wurde mit sogenannten Steinschlossgewehren geschossen. Mit Schlagbolzen und Feuerstein wurden Funken erzeugt, die dann das Schießpulver entzündet haben. Dieses Pulver hat man in eine kleine Mulde des Auslösemechanismus des Gewehres gestreut. Und diese Mulde nannte man Pfanne.

Wer also kein Schießpulver auf der Pfanne hatte, konnte nicht schießen. Wer aber was auf der Pfanne hatte, der war gut vorbereitet und konnte sofort losballern.

Mit jemandem Pferde stehlen können

Eine Person «mit der man Pferde stehlen kann», ist jemand, auf den man sich absolut sicher verlassen kann und der einem auch in den schwierigsten Situationen zuverlässig zur Seite steht.

Pferdediebstahl war schon immer ein gewagtes Unterfangen. Die Diebe mussten geschickt vorgehen, gut kooperieren und über die nötigen Transportmöglichkeiten verfügen, denn ein solches Vorhaben war logistisch komplizierter, als einen Sack mit Geld oder ein paar Goldbarren zu klauen. Vor allem aber waren Pferde früher die wertvollsten Arbeitstiere der Menschen. Dementsprechend wurde Pferdediebstahl auch sehr hart bestraft, im Mittelalter häufig sogar mit dem Tod. Deshalb mussten Pferdediebe besonders mutig sein und einander absolut vertrauen können.

Pi mal Daumen

«Pi mal Daumen» bedeutet «grob geschätzt», «ungefähr», «in etwa».

Fangen wir mit dem Daumen an: Der wurde früher vor allem beim Militär als Hilfsmittel beim Abschätzen von Entfernungen eingesetzt. Das Ergebnis, wenn man über den Daumen peilte, war natürlich immer nur ungefähr, ungenau.

Ganz anders sieht es bei der Zahl «Pi» aus. Pi ist eine mathematische Konstante, mit deren Hilfe man in der Geometrie das Verhältnis des Umfangs eines Kreises zu seinem Durchmesser beschreibt. Pi beträgt immer 3,14159 – inklusive einer unendlichen Anzahl weiterer Stellen – ist also eine klar definierte Größe.

Welcher Spaßvogel wann und wo die ironische Spaßformel «Pi mal Daumen» erfunden hat, ist unbekannt, klar ist nur eins: Wenn man eine exakte Zahl mit dem Ergebnis einer groben Peilung multipliziert, kann nur eine entsprechend schlampige, ungenaue Schätzung dabei rauskommen.

Pingelig sein

Wenn wir einen Menschen als «pingelig» bezeichnen, dann ist er übermäßig genau, übertrieben korrekt und geht anderen mit seiner Kleinlichkeit auf die Nerven.

Die sogenannten Blaufärber hatten früher die Aufgabe, zunächst einmal die blaue Farbe herzustellen und anschließend Kleidungsstücke damit blau einzufärben. Dazu brauchte man den Farbstoff Indigo, den man als Klumpen in einen großen Topf gab, wo er dann zerrieben wurde.

In dem Topf befanden sich drei Eisenkugeln, die ständig in Bewegung sein mussten, damit sich die wertvolle Farbe nicht an den Innenwänden festsetzen konnte. Deswegen wurde zusätzlich von außen ständig gegen den Topf geklopft, im Rheinland sagte man: Es wurde «gepingelt». Der Topf hieß entsprechend «Pingelpott». Dieses Klopfen musste sehr sorgfältig geschehen, man musste sehr korrekt und akkurat dabei vorgehen, mit anderen Worten, man musste sehr «pingelig sein».

Plätzchen und Kekse

Beide Wörter bezeichnen kleine, meist süße Gebäckstücke, wobei nicht überall ein Unterschied in der Bedeutung gemacht wird.

Plätzchen leiten sich höchstwahrscheinlich ab vom lateinischen «*placenta*» für Kuchen (wie das Wort «Plazenta», das den Mutterkuchen bei Säugetieren und Menschen bezeichnet).

Wenn man den gesamten deutschen Sprachraum betrachtet, kann man zwischen Keksen und Plätzchen keine klare Unterscheidung ausmachen, in Österreich etwa bezeichnen die beiden Begriffe dasselbe.

In Norddeutschland stellt sich die Situation etwas anders dar: Hier sind Plätzchen im Allgemeinen kleiner als zum Beispiel die berühmten Butterkekse aus Hannover. Die wiederum haben dafür gesorgt, dass das Wort Keks sich in ganz Deutschland durchgesetzt hat. 1889 wurde hier die *Hannoversche Cakesfabrik* gegründet, in Anlehnung an das englische Wort «*cake*» für Kuchen. Später sind die Cakes als Kekse eingedeutscht und 1911 dann zum ersten Mal ganz offiziell in den Duden aufgenommen worden.

Pomadig sein

Wer «pomadig» Sport betreibt oder sich in anderen Dingen «pomadig» verhält, zeigt weder Engagement noch Durchschlagskraft, er wirkt gelangweilt. Besonders häufig hört man die Formulierung in Fußballreportagen.

Sind Menschen mit Pomade, also Frisiercreme auf dem Kopf, zwangsläufig lahm und nicht engagiert bei der Sache? Natürlich nicht, man denke nur an den Moderator Michel Friedman, der nicht an Pomade für seine Frisur spart, aber trotzdem ein hitziger und temperamentvoller Mensch ist.

Zunächst einmal muss man feststellen, dass diese Redewendung in Mittel- und Ostdeutschland wesentlich häufiger vorkommt als im Westen. Und das liegt daran, dass sie ihre Wurzeln im Polnischen hat, nämlich in der Formulierung «*po malu*», was so viel bedeutet wie allmählich, nach und nach. Noch heute hört man im Osten die Redewendung «Der hat aber 'ne Pomade» im Sinne von «Der hat aber die Ruhe weg». Und genau so spielt der pomadige Fußballer: unbeteiligt, lahm, nachlässig – völlig unabhängig davon, wie seine Frisur aussieht.

Um den Pudding gehen

Wenn man «um den Pudding geht», dann macht man einen kleinen Spaziergang, man geht zum Beispiel einmal um den Häuserblock.

Wir wissen, dass diese Redewendung besonders in Bremen verbreitet ist, aber auch in Hamburg, Schleswig-Holstein und im nördlichen Niedersachsen vorkommt. Und das war's auch fast schon.

Es gibt Vermutungen, dass früher zum sonntäglichen Nachmittagskaffee gern ein leckerer Pudding serviert wurde, der aber vor dem Genuss noch eine Weile abkühlen musste. Deswegen hat man also oft noch einen kleinen Spaziergang gemacht, man ist also eben noch mal «um den Pudding» gegangen. Aber das ist nur die wahrscheinlich richtige, jedoch keineswegs gesicherte Herleitung.

Denn alle Fachleute, vom Staatsarchiv Bremen über die Gesellschaft für deutsche Sprache in Wiesbaden bis zur Gesellschaft für niederdeutsche Sprache in Bremen, mussten in diesem Fall passen und konnten diese Frage nicht abschließend beantworten. Selbst die großen Puddinghersteller in Deutschland haben mitrecherchiert, aber auch keine gesicherten Erkenntnisse gewinnen können.

Und somit muss auch Dr. Wort in diesem Fall eingestehen: Sorry, aber warum man um den Pudding geht, das lässt sich leider nicht endgültig klären …

Ein Quäntchen Glück

Ein «Quäntchen Glück» bedeutet so viel wie «ein bisschen Glück». Gemeint ist nicht das Riesenglück wie zum Beispiel bei einem großen Lottogewinn, sondern mehr das kleine Glück, das man in den alltäglichen Dingen findet.

Das Wort «Quäntchen» hört sich ja zunächst einmal an wie die Verkleinerungsform von Quant. Unweigerlich kommt einem die Quantenphysik in den Sinn, eine komplizierte Disziplin innerhalb der Physik. Und dann wären da noch der seltene deutsche Nachname Quante, der Glaube mancher Esoteriker an die Macht der Quantenheilung sowie all diejenigen, die ihre Füße als Quanten bezeichnen. Aber keins dieser Wörter erklärt das «Quäntchen Glück».

Das Quäntchen geht zurück auf eine alte deutsche Gewichtseinheit, und zwar das Quent. Es gibt unterschiedliche Angaben dazu, wie schwer ein Quent genau war, es dürfte sich aber um eine sehr kleine Maßeinheit im Grammbereich gehandelt haben. Ein Quäntchen entspricht demzufolge einer sehr kleinen Größe, im Sinne von «ein bisschen». Und so kann man nicht nur ein Quäntchen Glück haben, sondern zum Beispiel auch bei einer Speise noch ein Quäntchen Butter oder Salz hinzufügen.

Aus dem Quark kommen

Wenn jemand «aus dem Quark kommt», dann erledigt er eine schon länger anstehende Aufgabe, er überwindet seine Schlaffheit und Passivität, er wird aktiv und tut endlich was.

Unter «Quark» verstehen wir zunächst einmal das weitverbreitete, leckere und gesunde Milchprodukt, aber «Quark» hatte früher, schon im 16. Jahrhundert, eine zweite, negative Bedeutung. «Quark» war etwas Allgegenwärtiges, die Bezeichnung für etwas völlig Unwichtiges, Wertloses oder Nichtiges.

Noch heute sagen wir manchmal: «Jetzt red nicht so ’n Quark!», wenn jemand dummes Zeug erzählt. Und so wird auch die ursprüngliche Bedeutung der Aufforderung «Komm endlich aus dem Quark!» klar: «Befrei dich endlich aus deinen unwichtigen Kleinigkeiten und kümmere dich um das, was wirklich wichtig ist!»

Quitt sein

Man ist mit jemandem «quitt», wenn keine gegenseitigen Forderungen mehr im Raum stehen, vor allem wenn keine Schulden mehr bestehen, also ein Ausgleich stattgefunden hat.

Das Wort «quitt» ist über die französische Sprache ins Mittelhochdeutsche gekommen. Es geht zurück auf das lateinische «*quietus*», was so viel heißt wie friedlich, ruhig und frei von Störungen. Man findet dieses «*quietus*» noch heute im englischen «*quiet*» für «ruhig».

Vor diesem Hintergrund wird auch die eigentliche Bedeutung der deutschen Formulierung «wir sind quitt» klar: Zwischen uns ist alles ruhig und friedlich, keiner von uns hat noch Forderungen an den anderen. Und zum Beweis zeige ich dir gern auch die Quittung.

R

Von der Rolle sein

Jemandem in den Rücken fallen

Rabeneltern

Spam-Mail

Eine Standpauke halten

Sündenbock

Jemanden auf die Schippe nehmen

Schlawiner

Jemandem fällt ein Stein vom Herzen

Spitzname

Sauer macht lustig

Schlitzohr

Schabracke

Etwas spitzkriegen

Satansbraten

Saftladen

S

Sich scheckig lachen

Jemandem die kalte Schulter zeigen

So wird ein Schuh draus

Splitternackt

Jemanden im Stich lassen

Jemandem ein Schnippchen schlagen

Wie am Schnürchen

Schwein gehabt

Scherereien haben

Einen Spleen haben

Jemandem eine Strafe aufbrummen

Jemanden zur Strecke bringen

Rabeneltern

«Rabeneltern» behandeln ihre Nachkommen schlecht oder vernachlässigen sie. Es gibt sie nicht nur im Doppelpack, sondern auch in Einzelausführung als «Rabenvater» und «Rabenmutter».

Wie die meisten Vögel sind auch Raben vorbildliche Eltern, die ihre Jungen absolut zuverlässig pflegen. Aber ihr schwarzes Gefieder lässt sie nun einmal unheimlich wirken, sie krächzen fies und sind darüber hinaus auch noch Aasfresser. So haben sie seit Jahrhunderten ein schlechtes Image im Volksglauben: Im Mittelalter galt der Rabe sogar als Galgenvogel und Todessymbol, sodass man ihm alle möglichen schlechten Eigenschaften angedichtet hat.

Die Redewendung ist in Deutschland schon im 16. Jahrhundert verwendet worden, das Bild von den Rabeneltern taucht aber auch schon viel früher auf, zum Beispiel an einigen Stellen in der Bibel – wenn auch ohne eine eindeutig negative Symbolik.

Die Natur zeigt uns jedenfalls ein Bild, nach dem die Bezeichnung «Rabeneltern» eigentlich ein Lob sein müsste.

Von der Rolle sein

Wer «von der Rolle» ist, der ist irgendwie nicht gut drauf, verwirrt, unkonzentriert oder auch völlig erschöpft.

Diese Formulierung hat einen eher ungewöhnlichen Ursprung: Sie kommt aus dem Radsport, genauer gesagt von den sogenannten Steherrennen, bei denen die Radfahrer im Windschatten eines Motorrads in hoher Geschwindigkeit lange Distanzen von bis zu 100 km zurücklegen.

Hinten am vorausfahrenden Motorrad ist eine breite kugelgelagerte Rolle als Abstandshalter angebracht. Zwar sollte der Radrennfahrer den direkten Kontakt mit dieser Rolle aus Sicherheitsgründen unter allen Umständen vermeiden, gleichzeitig gilt es aber, möglichst nah an der Rolle zu bleiben, um vom größtmöglichen Effekt des Windschattens profitieren zu können. Wird die Entfernung zu groß, ist der Rennfahrer «von der Rolle» und das Rennen für ihn so gut wie gelaufen.

Jemandem in den Rücken fallen

Wenn man «jemandem in den Rücken fällt», dann greift man ihn auf hinterhältige und unfaire Weise an, obwohl man sich vorher nicht als Gegner, sondern als Verbündeter gezeigt hat.

Normalerweise sprechen wir vom «fallen», wenn etwas durch die Wirkung der Schwerkraft herabfällt.

Die Kombination «anfallen» kann im Deutschen sehr viele verschiedene Bedeutungen haben. So können Kosten anfallen, das heißt, sie entstehen. Außerdem können Gefühle wie etwa Heimweh einen anfallen, also überkommen. Und wenn ein Hund einen Menschen anfällt, dann greift er ihn an. Das ist auch die Bedeutung, die bei der Redewendung mit dem Rücken eine Rolle spielt: Der Angreifer stellt sich dem Gegner nicht von vorn, sondern überrascht ihn von hinten, er fällt ihn an, und zwar fieserweise im Rücken.

Saftladen

«Saftladen» ist eine abfällige und abwertende Bezeichnung für ein Restaurant, ein Geschäft oder eine Behörde, mit deren Service man unzufrieden ist.

Der Begriff ist im 19. Jahrhundert im Raum Berlin aufgetaucht und war am Anfang die scherzhaft gemeinte Bezeichnung für Apotheken mit ihren vielen Wässerchen und Tinkturen.

Vor rund 100 Jahren wurde das Wort dann übertragen auf Kneipen, Spelunken und Bars, oft auch auf welche mit richtig schlechtem Image.

Und davon ausgehend, hat sich die Bedeutung dann nochmal erweitert: Saftladen ist heute ein Schimpfwort für alle möglichen Betriebe, die einem nicht gefallen und auf deren Betreiber man sauer ist.

Satansbraten

Als «Satansbraten» wird ein Mensch bezeichnet, der durchtrieben ist, sich unmoralisch sowie hinterhältig verhält und anderen dadurch schadet. Seit einiger Zeit wird der Ausdruck immer häufiger auch auf Frauen mit moralisch zweifelhaftem Verhalten angewendet, die man umgangssprachlich auch als «Luder» bezeichnet.

Im mittelalterlichen Denken war der Teufel eine ständige Bedrohung der Menschen. Und wer sich sündhaft verhielt, dem wurde bekanntlich ein wenig angenehmer Aufenthalt in der Hölle prophezeit. Manchmal hört man ja auch die Formulierung, dass jemand «in der Hölle schmort». Und mit dem Schmoren sind wir auch schon recht nah am Gebratenwerden – und es wird klar: Die Menschen wurden nicht nur irgendwie gequält und gepeinigt, sondern von Satan regelrecht verzehrfertig hergerichtet. Und wo fand das ganze statt? Völlig klar: in Teufels Küche.

Sauer macht lustig

Heutzutage steht hinter dem Spruch die Annahme, dass der Genuss saurer Speisen oder Süßigkeiten die gute Laune fördert.

Diese Formulierung ist seit rund 300 Jahren bekannt, aber sie lautete ursprünglich ein wenig anders und hatte auch eine andere Bedeutung. Ursprünglich hieß es «sauer macht gelüstig», und zwar gelüstig nach leckeren Speisen. Sie hatte also die Bedeutung von «Saures essen macht Appetit». Dieses «gelüstig» wurde dann sinnentstellend zu lustig umgewandelt, sodass das Sprichwort heute nicht mehr vom Hunger handelt, sondern vom Spaßfaktor.

Als in den 1980er Jahren der saure Regen und das befürchtete Waldsterben große Themen waren, ist eine ironische Ergänzung hinzugekommen und auch sehr bekannt geworden: «Sauer macht lustig, da hat sogar der deutsche Wald was zu lachen.»

Schabracke

Mit diesem Wort bezeichnet man eine unansehnliche Sache, häufig ist damit eine alte, wenig attraktive Frau gemeint.

Das Wort *«czaprak»* gibt es leicht abgewandelt in vielen Ländern, unter anderem in Polen, Ungarn und in der Türkei – und überall ist damit eine Decke gemeint, die beim Reiten auf dem Pferderücken liegt und als Sattelunterlage dient.

Manche Tierarten, die markante Rückenzeichnungen zeigen, sind so zu ihrem Namen gekommen. Es gibt zum Beispiel einen Schabrackentapir und eine Schabrackenhyäne. Schabracken gibt es außerdem im Bereich der Fensterdekoration oder als Bügeleinlagen zur Versteifung von Hüten und Taschen.

Die ursprüngliche Schabracke, die Pferdedecke, war auf jeden Fall alles andere als ein sauber gebügeltes, gepflegtes Stoffteil, sondern konnte schon mal verbraucht und schäbig aussehen – und in dieser Bedeutung ist sie in der deutschen Alltagssprache populär geworden.

Sich scheckig lachen

Man «lacht sich scheckig», wenn man herzhaft lacht, wenn das Lachen besonders heftig und intensiv ist.

Höchstwahrscheinlich stammt diese Formulierung aus einem eher humorfreien Umfeld: Im Altfranzösischen gab es früher die Bezeichnung *«eschiec»*, mit der das Schachspiel benannt wurde. Ungefähr im 13. Jahrhundert ist es dann in die deutsche Sprache übernommen und langsam zum Eigenschaftswort «scheckig» geworden. Scheckig war etwas, was wie ein Schachbrett aussah, also gewürfelt, kariert, im übertragenen Sinne aber auch gefleckt oder bunt war.

Wenn man einen heftigen Lachanfall hat, dann sieht der Kopf zwar nicht aus wie ein Schachbrett, aber durch den plötzlichen Blutandrang zum Kopf entstehen dann schon mal rote Flecken im Gesicht, man hat sich schlicht scheckig gelacht.

Scherereien haben

Wer «Scherereien hat», der schlägt sich mit unangenehmen Schwierigkeiten wegen etwas herum. Er muss langwierige, lästige Pflichten oder Formalitäten erledigen. Häufig hat man diese Probleme bei Behörden und Ämtern.

In früheren Jahrhunderten ist es kein Vergnügen gewesen, sich vom Barbier die Haare oder den Bart schneiden zu lassen. Die Techniken und die Gerätschaften waren noch primitiv und die Barbiere zudem oft zwielichtige Gestalten, die versucht haben, ihre Kunden zu betrügen.

Das komplette Scheren des Kopfes bei Menschen stellte außerdem im Mittelalter eine Strafe dar, durch die der Verurteilte seine bürgerlichen Ehrenrechte und sein gesellschaftliches Ansehen verlor.

Auch die Schur der Schafe war ein brutales Geschäft und für die Tiere alles andere als angenehm. Alles, was mit scheren und geschoren werden zu tun hatte, war also unangenehm und lästig – und deswegen nennen wir Dinge, die uns auf den Keks gehen, noch heute Scherereien.

Jemanden auf die Schippe nehmen

Man «nimmt jemanden auf die Schippe», wenn man ihm Unsinn erzählt, sich über ihn lustig macht, ihn vorführt. Diese Art von Veralberung ist im Allgemeinen relativ harmlos und nicht böse gemeint.

Diese Redewendung ist eine sehr bildhafte: Man nimmt jemanden symbolisch auf eine Schaufel, eine Schippe, und hebt ihn damit hoch. Sie ist eng verwandt mit zwei anderen Formulierungen, nämlich «jemanden auf den Arm nehmen» und «jemanden hochnehmen».

Wenn ich jemanden im wirklichen Leben auf den Arm nehme, dann kann es sich nur um ein kleines Kind handeln, und hier liegt der Ursprung für alle drei Redewendungen: Dieses Hochnehmen ist zwar in der Regel eine liebevolle, freundliche Aktion, aber ich behandele den entsprechenden Menschen wie ein Kind, über das ich mich ohne weiteres lustig machen kann, egal, ob ich es nur hochhalte, auf den Arm nehme oder eben auf die Schippe setze und dann hochhebe.

Schlawiner

Ein «Schlawiner» ist ein schlauer, listiger, besonders pfiffiger Mensch. Er geht meistens sehr trickreich vor. Die Bezeichnung kann sowohl abwertend als auch augenzwinkernd anerkennend gemeint sein. Schlawiner ist gleichbedeutend mit Schlingel oder Schlitzohr.

Fahrende Händler und Hausierer, die an die Haustür kamen, sind den Menschen immer schon verdächtig vorgekommen, man befürchtete, von ihnen übers Ohr gehauen und betrogen zu werden.

Besonders unbeliebt waren bei vielen Deutschen früher vor allem Osteuropäer im Allgemeinen und Händler aus Slowenien im Besonderen, sie galten als besonders üble Trickser. «Du bist ein Slowene» wurde so zu einer allgemeinen Beschimpfung, aus der sich dann – lautmalerisch – so klangvolle Bezeichnungen wie «Schlawak(e)», «Schlawuzi» oder eben «Schlawiner» entwickelten.

Schlitzohr

Als «Schlitzohr» oder «schlitzohrig» gilt ein Mensch, der besonders listig ist, trickreich handelt und sich durch extreme Pfiffigkeit und Raffinesse auszeichnet.

Im Mittelalter und in der frühen Neuzeit gab es eine Strafe, die bei unkorrekt oder kriminell arbeitenden Handwerkern angewendet wurde: Die Betreffenden wurden aus der Zunft ausgeschlossen, und der Ohrring, der das Kennzeichen der jeweiligen Zunft war, wurde ihnen ausgerissen, was in der Regel unschöne Schlitze in den Ohrläppchen zur Folge hatte. Im 19. Jahrhundert ist es dann üblich geworden, betrügerische Trickser ganz allgemein so zu titulieren. Auch wenn ihre Ohren absolut intakt sind, gelten sie seitdem als Schlitzohren.

Jemandem ein Schnippchen schlagen

Wenn man «jemandem ein Schnippchen geschlagen» hat, dann hat man ihn überlistet oder ausgetrickst, der Gegner ist auf jeden Fall der Dumme.

Wenn man den Mittel- oder Ringfinger kräftig an den Daumen drückt und dann abrutschen lässt, ist das Ergebnis ein typisches Schnippgeräusch, hervorgerufen durch das sogenannte «Fingerschnippen» oder auch «Fingerschnippsen».

Dieses Geräusch, vor allem aber die dabei vollzogene Bewegung, war vor 400 Jahren eine klare Geste der Geringschätzung und Missachtung. Wenn man sie bei einer Auseinandersetzung seinem Gegner gegenüber gemacht hat, dann hat man ihm zu verstehen gegeben, wie wenig man von ihm hält, nach dem Motto: «Du bist für mich kein ernstzunehmender Gegner, ich habe dich locker im Griff, genauso locker, wie ich dieses Geräusch erzeuge.» Die verächtliche Geste ist mitsamt ihrer Bedeutung seit langem ausgestorben – aber es ist wie so oft: In der Redewendung hat sie als Schnippchen überlebt.

Wie am Schnürchen

Diese Redewendung bedeutet, dass ein Vorhaben reibungslos klappt und alles ohne Probleme funktioniert.

Die Sprachforscher sind sich in diesem Fall absolut nicht einig. Unzählige Theorien wurden zu der Frage aufgestellt, um welche Schnürchen es sich in diesem Fall handeln könnte. Eine von ihnen besagt, dass es ursprünglich die Schnürchen waren, auf denen beim Rosenkranz die Perlen aufgereiht sind. Ohne Aufwand, quasi nebenbei und völlig reibungslos, gleiten die Perlen dieser Gebetskette durch die Finger, wenn der Gläubige betet.

Mindestens genauso wahrscheinlich ist eine zweite Erklärung, nach der es die Schnüre von Puppenspielern sind, auf welche die Redensart zurückgeht. Mit Hilfe dieser Schnüre werden die Marionetten nach dem Willen des Puppenspielers bewegt. Sie tun genau das, was er will, sodass seine Vorführung perfekt klappt, eben «wie am Schnürchen».

So wird ein Schuh draus

Die Redensart bedeutet, dass jemand ein völlig falsches Vorgehen gewählt hat oder dass das Gegenteil von einer Behauptung zutrifft.

Schon im Mittelalter trugen die Bürger in den Städten Lederschuhe, und zwar sogenannte Wendeschuhe. Die hießen so, weil der Schuhmacher zunächst einmal die passenden Lederstücke aneinandergenäht hat, sodass die Nähte sich auf der Rückseite des Leders befanden. In der Sprache der Fachleute wurden die Schuhe «auf links» genäht. Bevor er fertig war, musste jeder Schuh dann gewendet, also quasi umgestülpt werden. Die Nähte waren dann im Inneren verborgen, und die glatte Lederseite lag nun außen.

Erst umgestülpt, also andersrum, ist aus dem schlichten Lederobjekt wirklich ein smarter mittelalterlicher Schuh geworden.

Jemandem die kalte Schulter zeigen

Wenn man «jemandem die kalte Schulter zeigt», dann verhält man sich abweisend und ignoriert ihn, man zeigt deutlich sein Desinteresse an diesem Menschen.

Die Formulierung entstammt höchstwahrscheinlich dem spanischen Hofzeremoniell. Etwa ab dem 17. Jahrhundert trugen die Damen am Hof zunehmend ausladende Röcke, unter denen starre, gespreizte Unterröcke für die gewünschte Form sorgten. Im Grunde bewegten sich die Frauen in einem Gestänge aus Holz oder Draht, das sich unter ihrem Rock befand. Dieser sogenannte Reifrock verhinderte, dass die Herren den Damen bei der Begrüßung zu nah kommen konnten, und hielt sie auf Distanz.

Um Interesse an einem Mann zu zeigen, drehte ihm die Frau deshalb die rechte Schulter zu und streckte ihm die Hand entgegen, damit er einen Handkuss andeuten konnte. Wollte die Dame allerdings nichts von ihm wissen, drehte sie demonstrativ die linke Schulter nach vorn und ging. Und diese linke Schulter, das ist die abweisende, die emotionslose, die «kalte Schulter».

Schwein gehabt

Hat jemand «Schwein gehabt», dann hatte er Glück, meist unverhofft oder unverdient.

Schweine spielen in unserer Symbolik eine merkwürdige Rolle: Wenn man jemanden beschimpft, sagt man zum Beispiel «dummes Schwein» oder «blöde Sau» zu ihm. Aber Schweine sind seit vielen Jahrhunderten auch Symbole für Erfolg und Glück, sei es als Sparschwein, sei es bei den Spielkarten, deren Ass früher auch Sau hieß, oder als niedliches Marzipanferkel.

Der Grund dafür: Wer früher ein Schwein besaß, war gut auf eventuelle Notzeiten vorbereitet, denn Schweine waren (und sind) wichtige Fleisch- und Fettlieferanten. Wenn man also Nahrungsengpässe überlebt hat, dann manchmal nur, weil man (ein) «Schwein gehabt» hatte.

Spam-Mail

«Spam-Mails» sind massenhaft versendete unerwünschte Werbemails, mit denen Inhaber einer E-Mail-Adresse überschwemmt werden und die deswegen viele als Ärgernis empfinden.

Das Wort «Spam» ist ursprünglich eine Abkürzung für *Spiced Ham* (gewürzter Schinken) und der Markenname für ein weitverbreitetes günstiges Dosenfleisch, das seit 1937 unter diesem Namen vertrieben wird.

Richtig populär ist das Wort allerdings erst später durch die britische Komikertruppe *Monty Python* geworden. In einem ihrer Sketche werden in einem Restaurant ausschließlich Gerichte mit Spam® serviert. Egal was man bestellt, auf dem Teller befindet sich immer dieses weder besonders edle noch hochwertige Dosenfleisch. 132-mal fällt das Wort «Spam» in dieser Szene und wurde so zum Symbol für unerwünschte Dinge, denen man unter keinen Umständen entgehen kann. Und so kam dann auch das Wort «Spam» zu seiner heutigen Bedeutung: unerwünschter Mist, den man täglich auf seinem Computer vorfindet.

Etwas spitzkriegen

Wer etwas «spitzkriegt», der entdeckt etwas Verborgenes, findet etwas Vertrauliches heraus oder lüftet ein Geheimnis.

Das Wort «spitz» taucht in unzähligen Redewendungen und Zusammenhängen in unserer Umgangssprache auf: Man kann etwas «auf die Spitze treiben», ein Sachverhalt kann sich «zuspitzen», oder man kann eine «spitze Bemerkung» machen.

«Spitz» ist außerdem auch die Bezeichnung für einige Hunderassen, von denen manche früher im gesamten deutschen Sprachraum weit verbreitet waren. Spitze gelten bis heute als extrem aufmerksam, pfiffig und wachsam.

Als der österreichische Außenminister und spätere Staatskanzler Fürst Metternich im frühen 19. Jahrhunderts seinen Kampf gegen die Opposition organisierte, wurden unzählige Agenten und Spione angeheuert, um an Informationen über politische Gegner zu gelangen. Schon bald hießen diese Agenten im Wiener Volksmund nach den aufmerksamen kleinen Hunden «kleine Spitze», auf Österreichisch «Spitzel». Und wenn diese «Spitzel» etwas Geheimes zutage förderten, dann hatten sie es «spitzgekriegt».

Spitzname

«Spitznamen» sind entweder Kosenamen, die Verliebte einander gern geben, oder mehr oder weniger spöttische Beinamen, die einem Menschen oft aufgrund körperlicher Auffälligkeiten oder anderer Eigenschaften verliehen werden.

«Spitz» ist im Deutschen ein Wort mit vielen verschiedenen Bedeutungen. Einmal beschreibt es, dass ein Gegenstand zugespitzt, eckig oder kantig ist. Aber auch ein schriller Schrei kann spitz sein und ein sexuell erregter Mensch ist manchmal spitz wie Lumpi (siehe «Spitz wie [Nachbars] Lumpi sein», S. 113).

Darüber hinaus kann eine ironische Bemerkung ebenfalls spitz sein. Seit dem 17. Jahrhundert hat das Adjektiv «spitz» auch die Bedeutung von «spöttisch» und «abwertend», beschreibt also den Umstand, dass man sich über etwas oder jemanden lustig macht. Damals ist auch die Bezeichnung «Spitzname» entstanden, ursprünglich war es also ein Name, mit dem man jemanden verspottet und veralbert hat.

Einen Spleen haben

Wer «einen Spleen hat», der ist ein wenig schrullig, hat sonderbare Ideen, ist vielleicht ein Exzentriker, ohne aber völlig durchgeknallt oder gaga zu sein.

Dass Menschen «einen Spleen haben», ist sprachlich gesehen ein Import aus England. Das Wort *«spleen»* hat im Englischen viele Bedeutungen. Unter anderem bezeichnet es ein Organ, das unterhalb des Zwerchfells liegt, nämlich die Milz, und zwar in Anlehnung an sowohl den griechischen als auch den lateinischen Namen *«splen»*. (Wenn auch in der Medizin die zweite lateinische Bezeichnung *«lien»* gebräuchlicher ist.)

Außerdem bedeutet *«spleen»* aber auch «Wut», «Stimmung» oder «Verstimmung» sowie «schlechte Laune». Viele Jahrhunderte lang glaubten die Menschen, dass hier, in der Milz, verschiedene Launen und Stimmungen ihren Ursprung haben. Wenn jemand sich auffällig oder ungewöhnlich verhielt, glaubte man dementsprechend an eine Fehlfunktion der Milz. Und so entstand der Spruch: «Du hast einen Spleen», also wörtlich «Du hast eine Milz».

Splitternackt

«Splitternackt» ist man, wenn die letzte Hülle gefallen ist.

Splitternackt hat seinen Ursprung im Niederdeutschen. Aus dem 15. Jahrhundert ist ein Text überliefert, in dem Adam seine Eva im Paradies eingehend betrachtet und völlig zutreffend feststellt: «Ik sê, wy stân hir splitternaket.»

Höchstwahrscheinlich geht diese Formulierung nicht auf Splitter – welcher Art auch immer – zurück, sondern auf den Splint. Das ist ein Fasergewebe, das bei Bäumen zwischen der Rinde und dem eigentlichen Holzstamm liegt. Erst wenn zusätzlich zu der Rinde auch der Splint entfernt wurde, ist der Stamm völlig nackt. So existierte neben dem «splitternackt» lange Zeit auch das «splinternackt». Und weil der Splint, wie gesagt, ausgesprochen faserig aufgebaut ist, sagen wir manchmal auch, jemand ist splitterfasernackt.

Jemandem fällt ein Stein vom Herzen

Wem ein «Stein vom Herzen fällt», der ist erleichtert, er ist eine schwere Last los und kann wieder aufatmen.

Es mag schräg klingen, ist aber wahr: Im Mittelalter war es üblich, dass verurteilten Tätern als Strafe auferlegt wurde, irgendwelche Dinge eine bestimmte Strecke weit zu tragen. So mussten Bauern ein Pflugrad, Dienstboten einen Sattel und Adlige sogar Hunde bis über die Landesgrenze schleppen. Das Ganze war eine äußerst demütigende Prozedur, und manchmal wurde den Verurteilten danach die eigentliche Strafe erlassen.

Menschen, die über andere die Unwahrheit verbreitet oder sie öffentlich schlechtgemacht hatten, wurden mit dem Tragen des sogenannten Schandsteins oder Lastersteins bestraft. Im Grunde handelte es sich dabei nicht um einen Stein, sondern um eine Kette mit mehreren Steinen. Da baumelte einem also eine ganz erhebliche Last vom Hals und somit über dem Herzen. Und wenn man diese Last endlich wieder los war, dann ist einem tatsächlich ein Stein vom Herzen gefallen.

Eine Standpauke halten

Eine «Standpauke» ist eine heftige Zurechtweisung, eine harte Ermahnung, eine Strafpredigt.

Wenn ein Untergebener von seinem Vorgesetzten mal so richtig zusammengefaltet wird, ist es unvorstellbar, dass dieser dabei entspannt im Sessel sitzt. Richtige Strafpredigten werden auch heute noch von allen Beteiligten im Stehen absolviert, und auf historischen Abbildungen sieht man häufig beide, den Sünder und den Strafenden, im Stehen.

Der zweite Wortbestandteil der Standpauke stammt vom mittelhochdeutschen «püken», was so viel bedeutet wie auf etwas draufzuschlagen. So kam das Musikinstrument Pauke zu seinem Namen, aber auch Geistliche, die während einer eindringlichen Predigt auf die Brüstung ihrer Kanzel schlugen, haben gepükt, also gepaukt.

Und auch Lehrer haben ja schon immer mal eindringlich auf ihr Pult gehauen, wenn sie sauer waren, weswegen sie den schönen Ehrentitel «Pauker» verliehen bekamen.

Jemanden im Stich lassen

Wenn man jemandem in einer Notsituation nicht hilft, wenn man ihn seinem Schicksal überlässt, dann lässt man ihn «im Stich». Aber auch ein Auto oder Ähnliches kann mich «im Stich» lassen, wenn es unverhofft den Geist aufgibt.

Diese Redewendung ist seit dem 15. Jahrhundert bekannt. Sie geht auf die damals üblichen Turnierkämpfe zurück, in denen städtische Bürger die früheren Ritterturniere nachahmten. Wer dabei als Knappe seinen Gefährten allein ließ, setzte ihn großer Gefahr durch gegnerische Lanzen oder Schwerter aus, er ließ «im Stich».

Später hat sich der Begriff dann immer mehr verselbständigt. So setzte sich für Turniere ganz allgemein die Bezeichnung «Stechen» oder «Stich» durch, auch wenn längst nicht mehr mit Stichwaffen gekämpft wurde. Noch heute fallen im Pferdesport viele Entscheidungen erst im sogenannten Stechen. Und wenn man in einer Diskussion verbale Angriffe abwehren möchte, sind stichhaltige Argumente eine große Hilfe.

Jemanden zur Strecke bringen

Wer «jemanden zur Strecke bringt», der besiegt ihn, verhaftet ihn oder macht ihn total fertig.

Der Ursprung dieser Redewendung liegt in der Sprache der Jäger. Wenn eine große Jagd, eine sogenannte Gesellschaftsjagd, zu Ende ist, werden traditionell alle erlegten Tiere in einer festgelegten Ordnung in Reih und Glied ausgelegt, sodass jeder das

Ergebnis der Jagd überblicken kann. Diese im Anschluss an eine Jagd nach bestimmten Kriterien am Boden präsentierten Tiere nennt man in ihrer Gesamtheit «die Strecke».

Die Redewendung besagt also bildhaft, dass man einen Menschen symbolisch erlegt hat und ihn jetzt neben den ganzen toten Hasen, Rehen und Wildschweinen ablegt. Man hat ihn also «zur Strecke gebracht».

Jemandem eine Strafe aufbrummen

Wem «eine Strafe aufgebrummt» wird, der muss im Allgemeinen den Weg ins Gefängnis antreten. Und dort muss er sie dann «abbrummen». Es kann aber auch harmloser sein: Auch ein gelbgesperrter Fußballspieler muss seine Zeitstrafe «abbrummen» und eine Weile lang auf der Bank sitzen.

Mit gemütlichen Brummbären hat diese Redewendung nichts zu tun, dafür mit ganz anderen Tieren: In der alten deutschen Gaunersprache Rotwelsch gab es das Wort «Brummbajes» als Bezeichnung für einen Bienenstock. Weil die Honig-, Pollen- oder Brutwaben in einem Bienenstock entfernt an die wabenartig angeordneten Zellen in einem Gefängnis erinnern, war Brummbajes gleichzeitig die Bezeichnung für ein Gefängnis. Auch dort wurde im übertragenen Sinne wie bei den Bienen gebrummt.

In Schlesien ging man sprachlich noch einen Schritt weiter – wenn hier jemandem eine Gefängnisstrafe bevorstand, dann sagte man: Der wird demnächst nur noch Brummsuppe serviert bekommen.

Sündenbock

Wenn man jemanden zum «Sündenbock» macht, dann bestraft man ihn für etwas, wofür er nichts kann. Der Sündenbock muss die Schuld eines anderen übernehmen und an dessen Stelle dafür büßen.

Die Redensart geht auf einen uralten jüdischen Brauch zurück. An Jom Kippur, dem Versöhnungstag der Juden, wurden dem Hohepriester traditionell zwei Böcke als Sühneopfer für die Sünden des Volkes übergeben. Danach wurde per Los entschieden, welcher der beiden dem Herrn geopfert und welcher am Leben gelassen wurde – auch wenn dieses Überleben wahrscheinlich nicht lange angedauert haben dürfte, denn ihm wurden jetzt symbolisch die Sünden des Volkes aufgebürdet, um anschließend in die Wüste gejagt zu werden. Dort wurde er als Sündenbock seinem Schicksal überlassen.

T

In der Tinte sitzen oder stecken

Scher dich zum Teufel

Toi, toi, toi

Tschüs oder Tschüss

Iss deinen Teller leer, dann gibt's morgen schönes Wetter

Terz machen

Mit jemandem Tacheles reden

In trockenen Tüchern sein

Auf Teufel komm raus

Mit jemandem Tacheles reden

Wer «Tacheles redet», spricht die ungeschminkte Wahrheit aus und sagt die Dinge ohne Umschweife. Er ist sozusagen Mitglied im *Club für klare Aussprache* und kennt kein Pardon.

Man könnte vermuten, dass Tacheles eine Figur aus der griechischen Sagenwelt ist, die dafür bekannt war, die Dinge beim Namen zu nennen, sich also knallhart und unmissverständlich auszudrücken. So klingt die Redewendung jedenfalls ... Aber diesen Herrn Tacheles hat es nie gegeben.

Das Wort geht vielmehr auf das hebräische *«tachlit»* zurück und bedeutet «Ziel» oder «Zweck». Von dort ist es ins Jiddische gewandert, hat sich dabei zu «tacheles» gewandelt und ist dann in die deutsche Alltagssprache eingegangen. Es ist also ein Gespräch gemeint, das klar und deutlich zielgerichtet ist.

«Mit jemandem Tacheles reden» ist heute noch eine sehr gebräuchliche Redewendung im Hochdeutschen, allerdings eher in den gehobenen sozialen Milieus, weniger in den sogenannten bildungsfernen Schichten.

Iss deinen Teller leer, dann gibt's morgen schönes Wetter

Mit diesem Spruch sollen Kinder dazu motiviert werden, wirklich alles aufzuessen.

Diese pädagogische Formel geht auf eine plattdeutsche Formulierung zurück: «Et dien Töller leddig, dann givt dat morgen goods wedder.» Als diese Lebensweisheit dann später ins Hochdeutsche übergegangen ist, hat sich ein Übersetzungsfehler eingeschlichen: Das «wedder» meinte im Original nicht das Wetter, sondern hieß «wieder». Der eigentliche Spruch bedeutet also: Iss deinen Teller leer, dann gibt es morgen Gutes wieder. Mit anderen Worten: Nur wer seinen Teller vollständig leer isst, bekommt tags drauf wieder etwas Leckeres serviert – und nicht die aufgewärmten Reste vom Vortag.

Terz machen

Wenn jemand «Terz macht», dann regt er sich extrem auf, macht viel Aufhebens um etwas, er zetert und schimpft.

Die Terz in ihrer weiblichen Form kennen wir alle noch aus dem Musikunterricht. Es ist ein Intervall von drei Tönen auf einer Tonleiter beziehungsweise der dritte Ton einer Tonleiter. *Der* Terz, den jemand macht, ist in seinem Ursprung nicht eindeutig geklärt.

Wen man allerdings mal im berühmten alten Wörterbuch der Gebrüder Grimm nachschlägt, stößt man auf drei interessante alte Bedeutungen, die der Terz zumindest damals hatte: Einmal war es ein bestimmter Hieb beim Fechten, dann ein Kunststoß beim Billard und außerdem noch die sogenannte Dreiblattfolge beim Kartenspiel, gemeint sind drei aufeinander folgende einfarbige Blätter.

Egal ob beim Fechten, Billard oder Kartenspiel: der Terz ist in allen drei Fällen ein Vorgang, der zumindest Aufmerksamkeit, wenn nicht sogar Aufsehen erregt, und es könnte gut sein, dass der Terz, den man macht, wenn man wütend ist, hier seinen Ursprung hat.

Scher dich zum Teufel

«Scher dich zum Teufel» ist eine wütende Aufforderung an jemanden, zu verschwinden.

Das Verb «scheren» hat im Deutschen drei Bedeutungen: Einmal kann man natürlich ein Schaf scheren, indem man ihm die Wolle abrasiert. Dann kann ein Fahrzeug, ein Auto oder ein Schiff seitlich ausscheren, also die Fahrtrichtung zur Seite hin ändern. Und drittens gab es schon im Althochdeutschen das Verb «sceron», das so viel bedeutete wie «ausgelassen sein», «herumspringen». Daraus ist später «schern» geworden und das hieß «schnell weglaufen». Und genau das ist die Bedeutung unseres heutigen Wortes «scheren» in dieser Redewendung: Hau schnell ab, und zwar dahin, wo du hingehörst, nämlich zum Teufel!

Auf Teufel komm raus

Wir tun etwas «auf Teufel komm raus», wenn wir ein Ziel unbedingt, um jeden Preis, auf jeden Fall erreichen wollen und mit aller Kraft an diesem Plan festhalten.

Der Teufel war früher im Volksglauben ein wirklich gefährlicher, finsterer Dämon, und man hat es möglichst vermieden, seinen Namen auszusprechen, denn dadurch hätte man ihn womöglich angelockt. Vor diesem Hintergrund war es natürlich ein absoluter Tabubruch, ihn nicht nur beim Namen zu nennen, sondern ihn auch noch zu rufen: «Teufel, komm raus aus deinem finsteren Loch!» Wer sich das getraut hat, dem war wirklich jedes Mittel recht, um ans Ziel zu gelangen, egal wie, auch auf die Gefahr hin, dass der Teufel höchstpersönlich dabei rauskam.

Toi, toi, toi

Der Ausruf «Toi, toi, toi!» bedeutet, dass man jemandem bei einer schwierigen oder unangenehmen Aufgabe Glück und Erfolg wünscht.

Der Volksaberglauben ist eine merkwürdige Sache: Früher hat man zum Beispiel geglaubt, dass man jemandem nie einfach mal so etwas Gutes wünschen durfte, weil auf diese Weise vielleicht böse Geister hätten neidisch werden können. Deshalb hat man einen Abwehrzauber angewendet, der das verhindern sollte. Eine wichtige Rolle spielte dabei wie so oft die magische Zahl «Drei». Man hat nach dem Wunsch dreimal auf Holz geklopft oder dreimal kräftig ausgespuckt. Eventuell ist das «Toi» aus dem nachgeahmten Geräusch des Spuckens entstanden, noch wahrscheinlicher ist aber, dass man als Abwehrzauber dreimal den Namen des Teufels ausgerufen beziehungsweise angedeutet hat, denn aussprechen durfte ein gläubiger Mensch den ja nun auch wieder nicht. So hat man sich auf die erste Silbe beschränkt, natürlich dreimal – toi, toi, toi!

In der Tinte sitzen oder stecken

Wer «in der Tinte sitzt» oder auch «in der Tinte steckt», der befindet sich in großen Schwierigkeiten und hat erhebliche Probleme.

Dunkle und schmuddelig aussehende Flüssigkeiten waren noch nie sehr beliebt im deutschen Sprachraum. Deshalb sind sie oft ein Symbol für Missgeschicke oder Pech. Das gilt für die Tinte genauso wie für die Patsche, also eine nasse Pfütze, in der man stecken kann. Und auch in Frankreich sitzt man in einer Flüssigkeit, wenn man Probleme hat: Die Redewendung heißt *«être dans la panade»*, man sitzt also in einer Brotsuppe. Genauso wie die Tinte kein wirklich angenehmer Aufenthaltsort …

Tschüs oder Tschüss

«Tschüs» war ursprünglich ein norddeutscher Abschiedsgruß, inzwischen wird das Wort aber in ganz Deutschland immer beliebter und verdrängt auf weiter Fläche die früher häufigste Abschiedsformel «auf Wiedersehen». Viele Sonderformen haben sich inzwischen gebildet, unter anderem «Tschüssi», «Tschüssing» oder «Tschö». In den 1980er Jahren war auch die Formulierung «Tschüssikowski» eine Zeitlang beliebt, die aber heute eher als stillos und veraltet gilt.

Ausgangspunkt für das heutige «Tschüs» ist ein alter lateinischer Gruß mit sehr religiösem Inhalt: *«Ad deum»*, was so viel bedeutet wie «mit Gott» oder «bei Gott». Dieses *«Ad deum»* ist dann in viele Sprachen übernommen und anschließend abgewandelt worden, etwa als «Ade» in Deutschland, «*Adieu*» in Frankreich oder «*Adiós*» in Spanien.

In den Niederlanden ist später aus dem spanischen «*Adiós*» der Gruß «*Atjüs*» beziehungsweise «*Atschüss*» geworden, und der wiederum hat sich dann in ganz Norddeutschland verbreitet und dabei weiter sprachlich abgeschliffen. Aus diesen Formen hat sich das knappe norddeutsche «Tschüs» entwickelt.

In trockenen Tüchern sein

Ein Vorgang ist «in trockenen Tüchern», wenn er erfolgreich abgeschlossen wurde. Es kann sich auch um ein Projekt oder einen Vertrag handeln. Häufig bedeutet die Redewendung auch, dass etwas in Sicherheit ist.

Es gibt keine eindeutige Antwort auf die Frage, wo diese «trockenen Tücher» herkommen. Klar ist nur, dass die Formulierung relativ neu und wahrscheinlich 1886 in einem Zeitungsartikel zum ersten Mal aufgetaucht ist.

Relativ oft hört man die Vermutung, dass die Redewendung darauf zurückgeht, dass Menschen, die in ein Unwetter geraten und völlig durchnässt sind, schnellstmöglich neue, trockene Kleidung anziehen sollten, um sich nicht zu erkälten.

Die häufigste Herleitung geht aber auf Säuglinge zurück. Die werden ja unmittelbar nach der Geburt in sauberen frischen Windeln quasi «trockengelegt». Dann haben sie das Schlimmste überstanden und sind in Sicherheit – in trockenen Tüchern.

V

Etwas verballhornen

Jemanden verhohnepipeln

In der Versenkung verschwinden

Verschollen sein

Jemanden veräppeln

Etwas auf Vordermann bringen

Sich verfranzen

Vaterland und Muttersprache

Vaterland und Muttersprache

«Vaterland» ist das eigene Herkunftsland oder das der Vorfahren (Vorväter). Die «Muttersprache» lernt man als Kleinkind von den Eltern.

Das deutsche Wort «Vaterland» ist schon seit dem 11. Jahrhundert gebräuchlich und bezeichnete ursprünglich das Land, das dem Vater gehörte und das man später erben sollte, um es zu bewirtschaften. Im Kriegsfall kämpfte man entsprechend um Vaters Land, und so wohnt diesem Wort bis heute ein sehr patriotischer Klang inne.

Das Erlernen der Sprache wiederum hatte mehr mit der Mutter zu tun. Mit ihr hatte das Baby den engsten Kontakt, von ihr und nicht vom Vater lernte es die ersten Wörter und damit die Grundlagen für die «Muttersprache».

Jemanden veräppeln

Wer jemanden «veräppelt», der verspottet oder veralbert ihn. Er führt ihn mit einem meist harmlosen Spaß vor.

Möglicherweise geht die Redewendung auf die jiddische Sprache zurück. Das Wort *«eppel»* hat hier die Bedeutung von «nichts». Wenn man «jemanden veräppelt», dann macht man ihn also damit symbolisch zum Nichts. Man «vernichtet» ihn gewissermaßen.

Wahrscheinlicher ist jedoch eine zweite Herleitung: Früher war es üblich, dass das Publikum, wenn ihm zum Beispiel eine

Theateraufführung nicht gefiel, die Schauspieler schon mal mit faulen Äpfeln beworfen hat, man hat sie «veräppelt».

Und es kamen durchaus nicht nur Äpfel zum Einsatz, sondern auch andere Obstsorten, und eine davon hat in einer weiteren Redewendung bis heute überlebt. Wenn ich jemandem mal so richtig die Meinung sage, dann wird dieser arme Mensch von mir nicht «veräppelt», sondern ordentlich «angepflaumt».

Etwas verballhornen

Wer etwas «verballhornt», der arbeitet an einer Sache, meistens an einem Text, mit der Absicht, ihn besser zu machen, ihn zu korrigieren. Er erreicht aber genau das Gegenteil, das Ergebnis ist schlechter als das Ausgangsmaterial. Wer etwas «verballhornt» hat, der hat es, wie man heute sagt, verschlimmbessert. Das Ergebnis nennt man Verballhornung.

Der Ausdruck geht zurück auf einen Buchdrucker namens Johann Ballhorn (in einer davon abweichenden Schreibweise auch Balhorn, also mit nur einem «l»), der im 16. Jahrhundert in Lübeck gelebt hat. 1586 hat er eine Neuauflage des Lübecker Stadtrechts veröffentlicht, die vor schwerwiegenden Fehlern und gut gemeinten, aber völlig sinnentstellenden Korrekturen nur so strotzte. Der Ärger war groß, und die Proteste gegen dieses Buch wurden nicht nur in Lübeck laut, denn das Lübecker Stadtrecht galt auch in anderen Städten.

Die Autoren dieses fehlerhaften Buches waren im Wesentlichen Juristen aus dem Lübecker Stadtrat, die aber als Verfasser nicht genannt wurden. Auf dem Buch erschien nur der

Name des Verlegers Johann Ballhorn, sodass er den Spott und die Häme allein zu spüren bekam.

Bis ins 17. Jahrhundert hinein wurden diverse Prozesse um dieses skandalumwitterte Buch geführt, wodurch breite Schichten den Namen Ballhorn kannten als Synonym für fehlerhaftes Arbeiten, für gut gemeinte Verschlimmbesserungen, für «Verballhornungen».

Sich verfranzen

«Verfranzt» hat sich jemand, wenn er sich verirrt oder verfahren hat. Er kann aber auch in anderer Weise verwirrt sein, zum Beispiel bei einer Rede nicht mehr weiterwissen und die Übersicht verloren haben.

Die Redewendung «sich verfranzen» geht auf die Fliegersprache in der Zeit des Ersten Weltkriegs zurück. Im damaligen Flugfunk gab es interessante Bezeichnungen oder Spitznamen für Pilot und Copilot. Der Pilot einer zweisitzigen Maschine wurde Emil genannt, den Copiloten nannte man Franz. Er war im Wesentlichen für die Navigation des Flugzeugs verantwortlich, wobei man damals allein auf die recht ungenaue sogenannte Koppelnavigation mit Flugkarte, Daumen, Uhr und Kompass angewiesen war.

Weil diese Vorgehensweise auf vergleichsweise groben Messungen und Schätzungen beruhte, konnte es natürlich schnell einmal vorkommen, dass dieser Franz die Flugroute falsch berechnete und das Flugzeug sich verirrte. Der Grund war klar: Der Franz hatte sich verfranzt.

Jemanden verhohnepipeln

Wenn man jemanden «verhohnepipelt», dann veralbert man ihn, man macht ihn zum Gespött, man nimmt ihn auf den Arm.

Grundlage für dieses Wort ist ein Ausdruck aus der Zeit von Martin Luther. Damals aß man gern mal die eine oder andere «hole Hip», das war eine Waffel, die man rollte, sodass sie innen hohl war. Diese Waffeln gibt's auch heute noch, inzwischen heißen sie Hippen, und man bekommt sie zum Beispiel zur Eistüte gerollt oder rund als Zugabe zum Speiseeis.

Früher zogen die Verkäufer solcher Waffeln von Tür zu Tür und boten ihr Gebäck an. Sie waren unter dem Namen Hohlhipper bekannt. Es war üblich, dass bei diesen Verkaufsgesprächen ohne Ende gelästert, getratscht und Unsinn geredet wurde. So kam es zur Entstehung des Verbs «hohlhippen», später «honnippeln» und schließlich zu unserem heutigen «verhohnepipeln».

Verschollen sein

Wenn Menschen «verschollen sind», dann werden sie vermisst und können nicht wieder aufgefunden werden. Ihr Aufenthaltsort ist nicht herauszubekommen.

Wenn man sich einen Eisbären vorstellt, der auf einer kleinen Eisscholle sitzt und unglücklicherweise aufs Meer hinausgetrieben wird, dann könnte man durchaus auf die Idee kommen, dass das Wort «verschollen» tatsächlich etwas mit Eisschollen zu tun hat.

Tatsächlich hat diese Redensart aber einen anderen Hintergrund: Sie geht zurück auf den Schall. Wenn Musik mit einem Schlussakkord zu Ende geht, sagt man heute: Sie klingt aus beziehungsweise sie ist verklungen. Früher sagte man jedoch: Sie verschallt oder, wenn sie definitiv zu Ende war, sie ist verschollen, also verschwunden und nicht wieder aufzufinden – genauso wie ein Mensch, der nicht mehr da ist und von dem man nicht weiß, wo er sich befindet.

In der Versenkung verschwinden

Wer «in der Versenkung verschwunden» ist, der ist unerwartet und spurlos verschwunden, und das für einen längeren Zeitraum. Die Formulierung wird häufig benutzt, wenn ein populärer Künstler keinen Erfolg mehr hat und nicht mehr im Licht der Öffentlichkeit steht.

Schon in den Tragödien der alten Griechen gab es den *Deus ex Machina*, also wörtlich die Gottheit aus der (Theater-)Maschine, die plötzlich und unerwartet auf der Bühne erschien und in einer aussichtslosen Situation rettend eingriff.

Aus der Welt des Theaters stammt auch das Gegenteil, die Versenkung, in der jemand verschwinden kann. Durch einen Versenkungsmechanismus im Boden der Theaterbühne war es möglich, dass Schauspieler plötzlich und auf scheinbar unerklärliche Weise unsichtbar wurden. Sie waren quasi nach unten abgetaucht, sie waren «in der Versenkung verschwunden».

Etwas auf Vordermann bringen

Wenn man zum Beispiel seine Wohnung «auf Vordermann bringt», dann räumt man sie auf, bringt sie in Ordnung, richtet sie wieder her.

Tatsächlich gibt es in Wohnungen keine Vordermänner, aber es gibt sie beim Militär. Besonders bei feierlichen Anlässen wie Staatsbesuchen oder Empfängen für einen hohen Gast verlangt das Protokoll, dass die Soldaten ordentlich aufgereiht strammstehen und sich nicht etwa wie ein chaotischer Haufen präsentieren. Deswegen richtet sich jeder präzise an seinem Vordermann aus und stellt sich genauso hin wie er.

Irgendwann hat der Vordermann dann sprachlich die Welt des Militärs verlassen und ist in die Alltagssprache eingegangen, sodass wir heute alles Mögliche auf Vordermann bringen können, auch wenn es mit dem ordentlichen Strammstehen von Soldaten überhaupt nichts mehr zu tun hat.

Wikipedia

Windjammer

Jemandem auf den Wecker gehen

W

Etwas in den Wind schlagen

Schmutzige Wäsche waschen

Mit allen Wassern gewaschen sein

Die Werbetrommel rühren

Durch den Wind sein

Sich einen Wolf laufen

Witzbold

Von wegen

Auf einer Wellenlänge sein oder liegen

Schmutzige Wäsche waschen

Wird «schmutzige Wäsche gewaschen», dann wird über Fehler, Schwächen oder auch Vergehen anderer Menschen hergezogen, und im Streit gelangen bisher verborgene, vertrauliche Vorgänge aus dem Privatleben ins Licht der Öffentlichkeit.

Im Mittelalter war es üblich, dass sich die Frauen einer Ortschaft einmal wöchentlich an einer Quelle oder einem Fluss trafen, um dort Wäsche zu waschen. Dabei wurde dann ausgiebig über die Fehler und Missetaten der nicht Anwesenden gesprochen, es gab Klatsch und Tratsch ohne Ende, die Gerüchteküche lief auf Hochtouren.

Dabei kamen auch solche Sachen zur Sprache, die andere Menschen, zu Recht oder zu Unrecht, in ein schlechtes Licht rückten, kurz gesagt, es wurde jede Menge «schmutzige Wäsche gewaschen». Und noch heute sagen wir ja über unsinnige Gerüchte und hirnloses Gerede: «Das ist dummes Gewäsch.»

Mit allen Wassern gewaschen sein

Wer «mit allen Wassern gewaschen ist», der kennt alle Tricks – in einem bestimmten Bereich oder auch, was das Leben im Allgemeinen angeht. Er lässt sich nichts vormachen. Womöglich zeichnet er sich aber auch durch negative Eigenschaften aus. Dann verhält er sich hinterhältig und verschlagen.

Ist jemand mit allen Wassern gewaschen, bedeutet das nicht, dass er als sehr reinlicher Mensch ausgiebig in verschiedenen Wassersorten gebadet hat, die Redewendung kommt vielmehr aus der Sprache der Seefahrer. Wer früher weit herumgekommen war, vielleicht sogar alle Weltmeere besegelt hatte, der war ein wirklich erfahrener «Seebär», er war symbolisch «mit allen Wassern gewaschen».

Vor einigen Jahren hat der wortgewaltige und gewichtige Fußballmanager Reiner Calmund dieser Redewendung eine nette Erweiterung beschert, die dann auch schnell populär wurde: Befragt nach seinen Erfahrungen im Fußballgeschäft antwortete er gern in fröhlichem, rheinischem Singsang: «Isch bin nit nur mit allen Wassern jewaschen, ich kenn alle Oktaven vom Geschäft und bin dreimal chemisch gereinigt.»

Jemandem auf den Wecker gehen

Wenn mir «jemand auf den Wecker geht», dann ist er mir lästig und unangenehm, oder wie man heute sagt: Er nervt.

Höchstwahrscheinlich geht die Redewendung auf das jiddische Wort *«weochar»* zurück, das bedeutet, dass einen etwas enorm aufregt oder ärgert. In seiner eingedeutschten Version ist dieses *«weochar»* dann zum Wecker geworden.

Eine zweite Theorie beruft sich darauf, dass man früher im Volksglauben den Verstand und das klare Bewusstsein oft mit einem Uhrwerk verglichen hat, das unbeirrt ruhig und regelmäßig vor sich hin tickt. Wenn also jemand mein Bewusstsein stört, dann geht er mir auf den Geist, er behindert die reibungslose Arbeit meines inneren Uhrwerks, er geht mir auf den Wecker.

Beide Theorien erscheinen plausibel, und welche die richtige ist, wird wohl ungeklärt bleiben.

Von wegen

Wenn man etwas ausdrücklich verneint und die Aussage von jemand anderem komplett ablehnt, entgegnet man oft «von wegen»! Diese Aussage bedeutet: «Deine Darstellung ist völlig falsch, die Tatsachen sehen ganz anders aus.»

Wenn jemand ein Geschäft angebahnt hat, sagt man oft: «Er hat es auf den Weg gebracht.» Und wenn ein Projekt erfolgreich beendet wurde, heißt es: «Die Beteiligten haben etwas ‹zuwege› gebracht.»

Das Gegenteil ist der Fall, wenn jemand etwas völlig Falsches tut oder behauptet, denn so kommt er vom erfolgversprechenden Weg ab, was er macht, bezeichnen wir daher auch als «abwegig». Deswegen unterbrechen wir ihn und rufen ihm zu: «Irrtum, du bist von den zielführenden Wegen abgekommen! Von wegen!»

Auf einer Wellenlänge sein oder liegen

Wenn zwei Menschen auf einer «Wellenlänge sind» oder auch auf einer «Wellenlänge liegen», dann verstehen sie sich gut, harmonieren miteinander und sind sich sympathisch.

Es gibt Redewendungen, bei denen man deutlich heraushört, aus welcher Zeit sie stammen, weil eine bestimmte Technologie damals gerade neu oder modern war. So ist es auch mit dem Spruch von der Wellenlänge: Im 19. Jahrhundert wurde die Funktechnik von den Physikern immer weiter vorangetrieben. Die erste funktionierende Funkverbindung gelang 1896 dem Italiener Guglielmo Marconi. Und im 20. Jahrhundert ist das Funken dann zu einer wichtigen Kommunikationstechnik geworden.

In einem Funksender werden elektrische Wellen in einer bestimmten hohen Frequenz moduliert, und nur wenn der Empfänger der Nachricht sein Gerät auf genau diese Wellenlänge eingestellt hat, kann er die Nachricht optimal empfangen. Um also gut miteinander klarzukommen, müssen die beiden «auf einer Wellenlänge liegen».

Die Werbetrommel rühren

Wenn man für jemanden oder für etwas «die Werbetrommel rührt», dann macht man die betreffende Person oder Sache in der Öffentlichkeit bekannt. Heute würde man sagen, man betreibt eine Werbekampagne oder promotet etwas.

Diese Redewendung hört sich relativ modern an, und man könnte meinen, sie sei erst nach der Industrialisierung in Zusammenhang mit der modernen Konsumgesellschaft entstanden. Umso mehr erstaunt es, dass es besagte Werbetrommeln schon vor 400 Jahren gab. Es handelte sich hierbei um Trommeln, die man bei öffentlichen Bekanntmachungen, Veranstaltungen und auf Jahrmärkten einsetzte, um Aufmerksamkeit zu erzeugen, vor allem aber, um Landsknechte für den Kriegsdienst anzuwerben. Auf öffentlichen Plätzen wurde so auf den Söldnerdienst aufmerksam gemacht.

Ein Dokument aus dem Jahr 1681 beschreibt, wie damals ein Krieg vorbereitet wurde, und auch die «gerührte Werbetrommel» wird hier schon genannt: «Es werden die wercke an den festungen eilends verbessert, pulver, bley, lebensmittel und mehr voelcker hineingeschafft, die werb-trummeln starck geruehret.»

Wikipedia

Die «Wikipedia» ist bei weitem das populärste Nachschlagewerk im Internet. Es steht allen Nutzern zur Verfügung und kann von ihnen erweitert oder korrigiert werden. Nachdem es in den ersten Jahren seit der Gründung 2001 viele Diskussionen um die Seriosität und Wirksamkeit der sogenannten «Schwarmintelligenz» gab, ist das Online-Lexikon heute oft eine verlässliche Quelle, wenn schnelle Informationen und ein erster Überblick über ein Thema gesucht werden. Die Fehlerquote ist relativ niedrig, trotzdem sollte jeder User die Wikipedia-Informationen immer mit Hilfe anderer Quellen gegenchecken.

Auf Hawaii gibt es heute noch eine Sprache, in der sich Reste des alten Polynesisch mit dem heutigen Englisch vermischen. Hawaii Pidgin nennt sich diese Sprache, und oft kann man dort den Ausruf hören: *«Hey c'mon, wiki wiki!»*, zu Deutsch: «Los, komm her, es wird Zeit, mach schnell!» Dieses «wiki», das also «schnell» bedeutet, wurde als Teil des Namens ausgewählt – und etablierte sich schnell zum Spitznamen des Online-Angebots –, als Wikipedia im Januar 2001 online ging.

Der zweite Wortteil «pedia» entstammt dem englischen Wort für Enzyklopädie *«encyclopedia»*. Zusammen bedeuten die Wortbestandteile «wiki» und «pedia» also nichts anderes als schnelles Nachschlagewerk oder schnelles Lexikon.

Etwas in den Wind schlagen

Wenn man gute Ratschläge, Warnungen oder Hinweise einfach ignoriert oder geringschätzig abtut, dann «schlägt man sie in den Wind».

Wir alle kennen diese Handbewegung: Wenn wir etwas lächerlich finden oder total unangebracht und doof, dann wedeln wir es mit der Hand quasi symbolisch kurz weg. Interessant ist, dass dieses «In-den-Wind-Schlagen» früher eine sogenannte Rechtsgebärde war, die vor Gericht Gültigkeit hatte. Im *Sachsenspiegel*, einem mittelalterlichen Rechtsbuch, wird beschrieben, wie das abzulaufen hatte: Erschien ein Beklagter nicht vor Gericht, konnte der Kläger dreimal symbolisch in den Wind schlagen und der Rechtsstreit war zu seinen Gunsten entschieden. Er hatte damit alle Probleme des Verfahrens beseitigt, er hatte sie einfach «in den Wind geschlagen».

Durch den Wind sein

Wer «durch den Wind ist», der ist verwirrt, unkonzentriert, oft auch erschöpft und müde, jedenfalls nicht in Topform.

Wenn man beim Segeln ein Ziel erreichen will, das in der Richtung liegt, aus der auch der Wind kommt, muss man diverse anstrengende und komplizierte Manöver fahren, bei denen versucht wird, das Ziel in einem Zickzackkurs anzusteuern. Bei diesem sogenannten Kreuzen fährt man, stark vereinfacht gesagt, schräg zum Wind und sorgt dafür, dass man quasi auf Umwegen zum Ziel kommt. Schon mit kleinen Jollen sind diese Manöver nicht gerade ein Vergnügen, mit den großen Windjammern früherer Zeiten waren sie es erst recht nicht. Wenn man schließlich «durch den Wind war», wie es in der Seemannssprache hieß, dann hatte man es geschafft, aber man war auch körperlich erschöpft.

Windjammer

«Windjammer» ist eine Bezeichnung für große Segelschiffe wie zum Beispiel das deutsche Segelschulschiff Gorch Fock.

Ging es den Matrosen zur Blütezeit der Großsegler vor rund 150 Jahren so schlecht, dass auf den Schiffen ständig geheult und gejammert wurde? Natürlich nicht, das Wort erklärt sich, wenn man es auf Englisch ausspricht. «*To jam*» hat im Englischen viele Bedeutungen, darunter musikalisch frei improvisieren, aber auch blockieren, stauen, klemmen und vor allem drücken oder pressen.

Und hier kommt der Windjammer her, denn der Wind musste bei diesen Schiffen schon mal richtig in die Segel drücken oder pressen, damit sie vom Fleck kamen. Also Entwarnung: Niemand hat auf den Windjammern gejammert außer dem Wind, und der hat bloß kräftig die Segel *gejammt*.

Witzbold

Als «Witzbold» gilt ein Mensch, der permanent gute Laune zu haben scheint und immer für einen Scherz oder dummes Zeug zu haben ist. Manchmal können diese Menschen auch lästig werden, nämlich dann, wenn sie permanent ihre Witzigkeit beweisen wollen und anderen damit auf den Geist gehen.

Der «Witzbold» setzt sich aus zwei Wortteilen zusammen. Interessanterweise bezeichnete «bold» früher einen Menschen, der besonders mutig oder stark war. So lautet das englische Wort für mutig noch heute *«bold»*. Und «wizzi» bedeutete im Althochdeutschen so viel wie Wissen, Vernunft oder Verstand. So war der Witzbold noch im 16. Jahrhundert, ein kluger Mensch, ein starker und mutiger Denker.

Erst im 19. Jahrhundert hat sich diese Bedeutung langsam verschoben: Jetzt wurde der «Witzbold» langsam zum Spaßmacher und Spötter. In unserem heutigen Sprachgebrauch wird das einst positive «bold» häufig auch im abschätzigen Sinne verwendet, wie in Raufbold oder Trunkenbold. Da ist man dann doch lieber ein harmloser Witzbold.

Sich einen Wolf laufen

Ein «Wolf» entsteht, wenn bei langen Märschen oder Läufen Hautstellen ständig Kontakt miteinander haben und sich aneinander reiben, zum Beispiel im Bereich der Oberschenkel. So entstehen gerötete, teilweise entzündete Bereiche. Diese ursprüngliche Bedeutung des «Wolfs» ist heute in den Hintergrund getreten, stattdessen kann die Redewendung für alles herhalten, was man exzessiv betreibt. So kann man sich unter anderem einen «Wolf tanzen, schreiben oder auch telefonieren».

Ursprung der Redewendung ist eine Hautkrankheit mit dem medizinischen Namen *Lupus erythematodes*, der auf Deutsch so viel bedeutet wie «Roter Wolf». Heute lässt sich diese Krankheit recht gut behandeln, aber früher hat sie zu regelrechten Verstümmelungen vor allem im Gesichtsbereich geführt, von denen die Ärzte sagten, sie erinnerten an Verletzungen nach dem Biss eines Wolfs. Es gibt auch Quellen, die davon sprechen, dass nach dem Abheilen Narben zurückgeblieben seien, die den Patienten ein wolfsähnliches Aussehen verliehen.

Wie dem auch sei: Von diesen Hautschäden bekam die Krankheit ihren Namen, und bald übertrug man die Bezeichnung «Wolf» auf alle möglichen Hautschäden, also wunde Stellen, Ekzeme oder Entzündungen.

X

Jemandem ein X für ein U vormachen

Z

Zappenduster

Jemandem ein X für ein U vormachen

Wenn man «jemandem ein X für ein U vormacht», dann beschummelt, betrügt oder übervorteilt man ihn.

Die Redewendung geht auf das lateinische Alphabet zurück, dessen Besonderheit darin besteht, dass bestimmte Buchstaben gleichzeitig für bestimmte Zahlen stehen. Das große V steht für die Ziffer 5, und ein großes X ist gleichbedeutend mit der Zahl 10.

Viele Jahrhunderte lang ist auch in Deutschland mit diesen Symbolen gerechnet worden. Wenn man sich jetzt mal ein solches V vorstellt, dann fällt auf, wie leicht man es in ein X verwandeln kann, indem man einfach nur die beiden schrägen Striche des V jeweils nach unten verlängert. Schon hat man ein X, und aus einer 5 ist eine 10 geworden. Diese Betrugsmasche bot sich natürlich bei Rechnungen aller Art an, vor allem auch in Gasthäusern, wo der vielleicht schon leicht angeheiterte Zecher nicht mitbekommen hat, wie aus 5 getrunkenen Bieren auf diese Art ruck, zuck 10 werden konnten. Der Wirt hatte dem Gast also eigentlich ein X für ein V vorgemacht. Weil unser heutiges U wiederum aus dem lateinischen V hervorgegangen ist, kam es schließlich zu der Redewendung mit dem X und dem U.

Zappenduster

«Zappenduster» ist es bei völliger Dunkelheit, so wie in der tiefsten Nacht. Manchmal wird die Formulierung auch im übertragenen Sinne gebraucht, um schlechte Aussichten zu beschreiben,

zum Beispiel: «In Sachen Karriere sieht es bei ihm zappenduster aus.»

Einige Sprachforscher führen «zappenduster» auf die alte Gaunersprache Rotwelsch zurück, in der Mitternacht «zofon» hieß, abgeleitet von *«zophon»*, dem hebräisch-jiddischen Wort für Mitternacht. Daraus sei dann im Laufe der Zeit «zappen» entstanden. Demnach würde «zappenduster» bedeuten «so dunkel wie um Mitternacht».

Andere, unter ihnen die Dudenredaktion, vermuten einen anderen Ursprung. Sie beziehen sich auf den Zapfenstreich, mit dem den Soldaten in den Feldlagern früher das Ende des nächtlichen Alkoholausschanks verkündet wurde. Wenn anschließend die Lichter im Lager gelöscht wurden, war es in jeder Hinsicht «zappenduster».

Literatur

Blum, Lothar; Rölleke, Heinz (1997): Redensarten des Volks, auf die ich immer horche. Das Sprichwort in den Kinder- und Hausmärchen der Gebrüder Grimm. Stuttgart: S. Hirzel Verlag.

Duden: 11. Redewendungen. Wörterbuch der deutschen Idiomatik. Mehr als 10 000 feste Wendungen, Redensarten und Sprichwörter. 3., überarbeitete und aktualisierte Auflage. Leipzig: Brockhaus Verlag/Verlag Bibliogaphisches Institut.

Essig, Rolf B. (2007): Wie die Kuh aufs Eis kam. Wundersames aus der Welt der Worte. Köln: Verlag Kiepenheuer und Witsch.

Essig, Rolf B. (2009): Da wird doch der Hund in der Pfanne verrückt. Die lustigen Geschichten hinter unseren Redensarten. München: Hanser Verlag.

Grimm, Jacob und Wilhelm (1986): Das Grimmsche Wörterbuch. Untersuchungen zur lexikographischen Methodologie. Hrsg.: Dückert, Joachim. Stuttgart: S. Hirzel Verlag.

Hutter, Claus Peter; Goris, Eva (2008): Warum haben Gänse Füßchen? Vom Ursprung unserer Wörter und Redensarten. München: Droemer Knaur Verlag.

Kluge, Friedrich; Seebold, Elmar (2002): Etymologisches Wörterbuch der deutschen Sprache. 24., durchgesehene und erweiterte Auflage. Berlin/New York: de Gruyter Verlag.

Köster, Rudolf: Duden Redensarten. Herkunft und Bedeutung. 2., überarbeitete und ergänzte Auflage. Leipzig: Brockhaus Verlag/Verlag Bibliogaphisches Institut.

Kube, Sigi (2008): Der Wolf im Schafspelz tappt im Dunkeln. Die Herkunft alltäglicher Redewendungen. München: Droemer Knaur Verlag.

Küpper, Heinz (1983): Illustriertes Lexikon der deutschen Umgangssprache. Stuttgart: Klett Verlag.

Lipper, Elinor (1981): Beliebte Ausdrücke und was dahintersteckt. Genf: Edito Service Verlag.

Mieder, Wolfgang (Hrsg.) (1986): Deutsche Sprichwörter und Redensarten. Ditzingen: Philipp Reclam jun. Verlag.

Müller, Klaus (Hrsg.) (2005): Lexikon der Redensarten: Herkunft und Bedeutung deutscher Redewendungen. München: Bassermann Verlag.

Röhrich, Lutz (2009): Lexikon der sprichwörtlichen Redensarten. Berlin: Verlag Directmedia Publishing.

Internetquellen

www.besserwisserseite.de/worte.phtml

www.biddelberner.de/4670/171951.html

www.br-online.de/wissen/bildung/redensarten-DID1239118655746/index.xml

http://www.etymologie.info/~e/_e/_e-wwdmon.html

www.etymologie.tantalosz.de/index.php

www.focus.de/wissen/bildung/allgemeinbildung-tests/redensarten_aid_13056.html

www.fragenohneantwort.de/kurz.htm

www.geo.de/GEOlino/mensch/redewendungen/deutsch

http://www.korrekturen.de/website-links/wortschaetze_der_uni_graz.shtml

www.mahnert-online.de/redewendungen.html

www.phraseo.de/

www.redensarten-index.de/suche.php

www.redensarten.net/

www.selvaxx.de/Umgangssprache.html

www.staff.uni-marburg.de/~nail/redensarten.htm

www.wispor.de/kat-rede.htm

de.wikipedia.org/wiki/Portal: Sprache/Liste_der_Redensarten

de.wikipedia.org/wiki/Liste_gefl%C3%BCgelter_Worte

de.wiktionary.org/wiki/Wiktionary:Deutsch/Redewendungen

Mein Dank geht außerdem an die Gesellschaft für deutsche Sprache (GfdS) in Wiesbaden und das Institut für niederdeutsche Sprache in Bremen.

Inhalt

Das für dieses Buch verwendete FSC®-zertifizierte Papier
Holmen Book Cream liefert Holmen, Schweden.